Perdita A. Wingender
Westdevisen und Devisenschwarzmärkte
in sozialistischen Planwirtschaften

Schriften zum Vergleich von Wirtschaftsordnungen

Herausgegeben von
Prof. Dr. G. Gutmann, Köln
Dr. H. Hamel, Marburg
Prof. Dr. K. Pleyer, Köln
Prof. Dr. A. Schüller, Marburg

Unter Mitwirkung von
Prof. Dr. D. Cassel, Duisburg
Prof. Dr. H.-G. Krüsselberg, Marburg
Prof. Dr. H. J. Thieme, Bochum
Prof. Dr. U. Wagner, Pforzheim

Redaktion: Dr. Hannelore Hamel

Band 40: Westdevisen und Devisenschwarzmärkte
in sozialistischen Planwirtschaften

Gustav Fischer Verlag · Stuttgart · New York · 1989

Westdevisen und Devisenschwarzmärkte in sozialistischen Planwirtschaften

Von
Perdita A. Wingender

14 Abbildungen, 7 Tabellen und 6 Übersichten

Gustav Fischer Verlag · Stuttgart · New York · 1989

Anschrift der Verfasserin:
Dr. Perdita A. Wingender
Ruhr-Universität Bochum
Fakultät für Wirtschaftswissenschaft
Gebäude GC 3/146
Universitätsstraße 150
4630 Bochum 1

DANKE!
Bettina, Jasmin, Lothar und Uwe

CIP-Titelaufnahme der Deutschen Bibliothek

Wingender, Perdita A.:
Westdevisen und Devisenschwarzmärkte in sozialistischen Planwirtschaften / Perdita A. Wingender. – Stuttgart; New York: Fischer, 1989
  (Schriften zum Vergleich von Wirtschaftsordnungen; Bd. 40)
  Zugl.: Diss.
  ISBN 3-437-50329-4
NE: GT

© Gustav Fischer Verlag · Stuttgart · New York · 1989
Wollgrasweg 49 · D 7000 Stuttgart 70
Alle Rechte vorbehalten
Druck: S & W Druckerei und Verlag GmbH, Marburg
Printed in West Germany

ISBN 3-437-50329-4
ISSN 0582-0243

Vorwort

In der Vergangenheit wurden Außenwirtschaftsbeziehungen sozialistischer Planwirtschaften untereinander und insbesondere mit westlichen Marktwirtschaften vorwiegend unter institutionell-organisatorischen Aspekten diskutiert. Die Zahlungsbilanzdefizite einzelner sozialistischer Länder - verursacht durch die geringe Konkurrenzfähigkeit der Exportgüter auf den Weltmärkten - wurden auf die mangelnde Leistungsfähigkeit der staatlichen Betriebe sowie die strikt vom staatlichen Außenhandelsmonopol reglementierten Außenwirtschaftsbeziehungen zurückgeführt. Die wachsende Devisenknappheit in sozialistischen Ländern wurde zur massiven Barriere für eine Ausweitung der Außenwirtschaftsbeziehungen zwischen sozialistischen Planwirtschaften und westlichen Marktwirtschaften.

In den meisten Analysen vernachlässigt blieb das Phänomen funktionierender Schwarzmärkte, auf denen Inlandswährung gegen Westdevisen und Westdevisen gegen besonders knappe Konsum- und Produktionsgüter getauscht werden. Solche spontanen Marktbeziehungen insbesondere im privaten Sektor entwickelten sich schon zu einer Zeit, als Devisenbesitz noch ein strafbares Delikt war. Zunehmend wurde privater Devisenbesitz toleriert oder gar gefördert, um die Devisenknappheit der staatlichen Außenhandelsmonopole zu mindern. Welche Bedeutung haben Westdevisen als Tausch-, Zahlungs- und Wertaufbewahrungsmittel in sozialistischen Planwirtschaften? Von welchen Faktoren hängen Devisenangebot und -nachfrage des privaten Sektors ab? Weshalb breiten sich solche Nebenwährungssysteme in sozialistischen Planwirtschaften aus, wie beeinflussen sie die gesamtwirtschaftlichen Prozesse und welche Möglichkeiten bestehen für die politische Führung, hierdurch ausgelöste ökonomische und politische Instabilitäten zu vermeiden?

Diese Fragen greift die Autorin des vorliegenden Buches auf, das auf der im Frühjahr 1988 abgeschlossenen und von der Fakultät für Wirtschaftswissenschaft der Ruhr-Universität Bochum angenommenen Dissertation basiert. Sie wendet traditionelle Geld-, Währungs- und Wirtschaftssystemtheorien, wie sie für Marktwirtschaften konzipiert wurden, auf die Handlungen des privaten Sektors in sozialistischen Planwirtschaften an und ermöglicht so interessante Einblicke in das Portfolioverhalten von Wirtschaftssubjekten unter divergierenden Handlungsbedingungen. Die Produktions- Beschäftigungs- und Preisniveaueffekte, die durch private Außenwirtschaftsbeziehungen ausgelöst werden, begründen Risiken für das sozialistische Geld- und Währungssystem, aber auch Chancen, sofern sie durch ordnungspolitische Reformen der Außenwirtschaftsbeziehungen genutzt werden. Die aktuellen Reformdiskussionen in den sozialistischen Planwirtschaften bestätigen, daß auch und gerade diese wirtschaftlichen Aktivitäten eine zentrale Bedeutung für den Erfolg ordnungspolitischer Reformen haben.

Bochum, im April 1989 H. Jörg Thieme

Inhaltsverzeichnis

Abbildungen 5

Tabellen 7

Übersichten 8

Symbole 9

I. Außenwirtschaftsbeziehungen in sozialistischen Planwirtschaften 11

II. Außenwirtschaftliche Rahmenbedingungen 14

    A. Staatliches Monopol auf dem Gebiet der Außenwirtschaft 14

        1. Ziel und Begründung des staatlichen Monopols 14

        2. Außenhandels- und Valutamonopol 16

        3. Inkonvertibilität und Wechselkurssystem 24

    B. Funktionsprobleme 32

        1. Systemimmanente Devisenknappheit 32

        2. Außenwirtschaftsbeziehungen des privaten Sektors 41

3.	Westdevisen und Geldfunktionen	43
4.	Geldangebotssteuerung	50

III. **Außerstaatliche Devisenmärkte**   54

   A. Übertragungswege von Westdevisen   54

   B. Devisenschwarzmärkte   59

       1. Definition   59

       2. Schwarzmärkte für Ostdevisen   61

       3. Westschwarzmärkte für Westdevisen   64

       4. Ostschwarzmärkte für Westdevisen   71

   C. Ursachen, Erscheinungsformen und Ausmaß   74

       1. Nebenwährungen   75

       2. Gesetzliche Regelungen und Möglichkeiten der Verwendung von Westdevisen   77

       3. Quantitatives Ausmaß von Westdevisen   85

       4. Entwicklung der Schwarzmarktwechselkurse   94

IV. Monetäre Theorie des Schwarzmarktwechselkurses — 108

A. Währungssubstitutionsmodell — 109

1. Vermögenstheoretische Grundlagen — 109
2. Vermögensformen in sozialistischen Planwirtschaften — 113

B. Währungsnachfragefunktionen — 117

1. Ertrags-, Risiko- und Transaktionskostenstruktur — 118
2. Verhaltensfunktionen — 125
3. Partielle Ableitungen — 127

C. Gleichgewichtsbestimmung — 142

D. Anpassungsprozesse — 148

1. Variation des Währungsangebots — 148
2. Wechselkurserwartungen — 150
3. Staatliche Rationierung — 153
4. Rationierungserwartungen — 159
5. Institutionelle Veränderungen — 165

E. Zusammenfassung 167

V. Konsequenzen von Westdevisen und Devisenschwarzmärkten in sozialistischen Planwirtschaften 171

A. Wirtschafts- und gesellschaftspolitische Implikationen 171

1. Realeffekte expansiver monetärer Impulse bei unterschiedlichen Entwicklungsstufen eines Nebenwährungssystems 171

1.1. Westdevisenläden 174
1.2. Güterschwarzmärkte 178
1.3. Devisenschwarzmärkte 181

2. Staatliche Anpassungsstrategien 185

B. Indikatorfunktion des Schwarzmarktwechselkurses 190

VI. Ergebnisse und Schlußfolgerungen 200

Anhang 202

Literatur 210

Abbildungen

Abb. 1 : M-Ost/DM-West - Wechselkurse in West-Berlin mit Trend: Januar 1985 - Juli 1987 ... 69

Abb. 2 : Schwarzmarktwechselkurse pro US-Dollar (Index, Basisjahr 1966=100) für Osteuropa und China: 1955 - 1985 ... 96

Abb. 3 : Schwarzmarktwechselkurse pro US-Dollar (Index, Basisjahr 1966=100) für Bulgarien, die CSSR und die DDR: 1955 - 1985 ... 98

Abb. 4 : Schwarzmarktwechselkurse pro US-Dollar (Index, Basisjahr 1966=100) für die UdSSR, Ungarn und Rumänien: 1955 - 1985 ... 99

Abb. 5 : Schwarzmarktwechselkurse pro US-Dollar (Index, Basisjahr 1966=100) für Polen und China ... 100

Abb. 6 : Ostwährungs-Geldmarkt ... 147

Abb. 7 : Expansive inländische Geldpolitik ... 149

Abb. 8 : Variationen der Wechselkurserwartungen ... 153

Abb. 9 : Zunahme der Rationierung ... 159

Abb. 10: Veränderung der Rationierungserwartungen ... 164

Abb. 11: Variationen der Integrationskomponente   167

Abb. 12: Schwarzmarktwechselkurs Zloty/US-Dol-
lar mit Trend: 1951 - 1985   198

Anhang

Abb. I : DM/US-$ und Schwarzmarktwechselkurse
des US-$ in Bulgarien, der CSSR und
der DDR: 1955 - 1985   208

Abb. II: Schwarzmarktwechselkurs Zloty/US-Dollar
für 1987 (Monatsendwerte) mit Trend   209

Tabellen

Tab. 1 : Umsätze der Westdevisengeschäfte
in Polen von 1975 - 1984   88

Tab. 2 : Entwicklung des Bardevisenbestandes
in Polen von 1980 - 1983   90

Anhang

Tab. I   : M-Ost/DM-West - Entwicklung in
West-Berlin   203

Tab. II : Schwarzmarktwechselkurse pro US-Dollar (in Ostwährungseinheiten)   204

Tab. III : Schwarzmarktwechselkurse pro US-Dollar (Index: Basisjahr 1966=100) 205

Tab. IV : DM/US-Dollar - Wechselkurs   206

Tab. V   : Schwarzmarktwechselkurs Zloty/US-Dollar für 1987 (Monatsendwerte)   207

Übersichten

Übersicht 1: Leitung und Organisation sozialistischer Außenhandelsbeziehungen   19

Übersicht 2: Außenwirtschaftsbeziehungen in sozialistischen Planwirtschaften   42

Übersicht 3: Währungen und Geldfunktionen in sozialistischen Planwirtschaften   48

Übersicht 4: Übertragungswege von Westdevisen   58

Übersicht 5: Währungen, Einsatzmöglichkeiten von Westdevisen und Devisenregulierungen   78

Übersicht 6: Geldfunktionen und Ertrags-, Risiko- und Transaktionskostenstruktur unterschiedlicher Währungen in sozialistischen Planwirtschaften   120

Symbole

1. Allgemeine Regeln und Zeichen

Größen des Inlandes:	Tiefgestelltes I
Größen des "internen" Auslandes:	Tiefgestelltes A
Angebotsgrößen:	Hochgestelltes S
Nachfragegrößen:	Hochgestelltes D
Privater Sektor:	Hochgestelltes P
Erwartete Größen:	gekennzeichnet mit *
Gewünschte Größen:	gekennzeichnet mit +
Änderungsraten:	g

2. Großbuchstaben

AÜ	=	Angebotsüberschuß
B	=	Bargeldumlauf
D	=	Depositen
D_A^P	=	Devisenanlagekonten
G_A^P	=	Devisengutscheine
I	=	Integrationskomponente
M	=	Geldmenge
NÜ	=	Nachfrageüberschuß
P	=	Preisniveau
P_{AI}	=	P der Westdevisenläden
P_{AII}	=	P der Güterschwarzmärkte
R	=	Rationierungskoeffizient
U	=	Nutzenstruktur
W	=	Vermögen
Y	=	Einkommen

3. Kleinbuchstaben

α = Parameter

e = Schwarzmarktwechselkurs

i = Zinsniveau

k = Kassenhaltungskoeffizient

v = Umlaufgeschwindigkeit

"Die Ökonomie wirkt als Schlichter. Sie bringt Ost- und Westideologien einander näher und stellt ihre vielen gemeinsamen Probleme heraus."

K.E. BOULDING (1976), S.141.

I. Außenwirtschaftsbeziehungen in sozialistischen Planwirtschaften

Wie in westlichen Marktwirtschaften können auch in sozialistischen Staaten (sozialistische Planwirtschaften) verstärkt außenwirtschaftliche Verflechtungen beobachtet werden, die zunehmend auch auf westliche Marktwirtschaften gerichtet sind. Außenwirtschaftsbeziehungen, d.h. Transaktionen gegen Devisen, erfolgen in sozialistischen Planwirtschaften auf staatlicher, zentralistischer Ebene.

Die Erfahrungen aus sozialistischen Ländern und westliche Presseberichte weisen jedoch auf die Existenz und die zunehmende Bedeutung <u>privater</u> Außenwirtschaftstransaktionen hin: Devisen aus dem westlichen Ausland können in staatlichen Westdevisenläden und zur Anlage im staatlichen Bankensektor genutzt werden. Auf Schwarzmärkten für Devisen werden westliche Währungen zu einem flexiblen Wechselkurs angekauft und verkauft und als Zahlungsmittel auf Güterschwarzmärkten verwendet (Nebenwährungssystem).[1]

---

[1] Die Begriffe Geld und Währung werden in dieser Arbeit synonym verwendet. Devisen bezeichnen alle Geld- und Währungseinheiten, die nicht von der einheimischen Staatsbank emittiert werden. Zur Abgrenzung von Devisen und der inländisch emittierten Währungseinheit werden im folgenden weitere Begriffspaare verwendet: Inlandswährung - Auslandswährung bzw. inländische Währung - ausländische Währung; Ostwährung - Westwährung bzw. Westdevisen; sozialistische Währung - westliche Währung; heimische Währung - Fremdwährung; inkonvertible - konvertible Währung.

Die Analyse außenwirtschaftlicher Beziehungen in sozialistischen Planwirtschaften beschränkt sich bisher auf die Beschreibung institutioneller Rahmenbedingungen und die theoretische Erklärung von Zahlungsbilanzungleichgewichten. Private Außenwirtschaftsbeziehungen werden vernachlässigt.

Das mag daran liegen, daß offizielle Daten über die Höhe der Westdevisenbestände und der Schwarzmarktwechselkurse nicht vorliegen und der Einfluß privater Außenwirtschaftstransaktionen auf die gesamtwirtschaftliche Entwicklung als vernachlässigbar angesehen wird.

Fehlendes offizielles Zahlenmaterial darf aber nicht die Analyse des faktischen Verhaltens von Wirtschaftssubjekten verhindern, da sonst die Funktionsweise eines Wirtschaftssystems nicht vollständig erfaßt wird. Dies gilt besonders dann, wenn die Bedeutung von Schwarzmärkten angesichts der für sozialistische Planwirtschaften hinreichend belegten Güterknappheit auf offiziellen Märkten groß ist. Daher ist es Ziel dieser Arbeit, die Bedeutung von Westdevisen und Devisenschwarzmärkten theoretisch zu durchdringen und den potentiellen Einfluß unterschiedlicher Entwicklungsstufen eines Nebenwährungssystems auf das sozialistische Wirtschaftsleben aufzuzeigen. Darüber hinaus wird das vorhandene Datenmaterial ausgewertet und dazu verwendet, die tatsächlichen Westdevisenbestände bzw. tatsächlichen Schwarzmarktwechselkurse zu approximieren.

Um die Funktionen von Westdevisen und die Existenz von Devisenschwarzmärkten zu begründen, werden zunächst die außenwirtschaftlichen Rahmenbedingungen in sozialistischen Planwirtschaften und daraus resultierende Funktionsprobleme aufgezeigt.

Anschließend werden Übertragungswege von Westdevisen dargestellt und unterschiedliche Schwarzmärkte von Devisen abgegrenzt. Vorhandenes Datenmaterial wird ausgewertet, um die quantitative Bedeutung der Westdevisenverwendung und die Struktur der Westdevisenhaltung zu approximieren und die Entwicklung der Wechselkurse auf den Schwarzmärkten in den osteuropäischen Ländern (Bulgarien, CSSR, DDR, Polen, Rumänien, Ungarn, UdSSR) und China aufzuzeigen.

Um Höhe und Schwankungen der Wechselkurse auf dem Schwarzmarkt zu erklären, wird ein monetäres Vermögensmodell vorgestellt, wonach der Wechselkurs bestimmt wird durch Umstrukturierungen der privaten Kassenbestände zwischen in- und ausländischer Währung (Währungssubstitution). Dazu wird zunächst eine explizite Analyse der Währungsnachfragen durchgeführt.

Abschließend wird die qualitative Bedeutung von Westdevisen und Devisenschwarzmärkten untersucht, indem deren Einfluß auf Beschäftigung sowie Output aufgezeigt und die Aussagefähigkeit der Entwicklung der Schwarzmarktwechselkurse für die systemvergleichende Analyse beurteilt werden.

II. Außenwirtschaftliche Rahmenbedingungen

A. Staatliches Monopol auf dem Gebiet der Außenwirtschaft

1. Ziel und Begründung des staatlichen Monopols

In der Politischen Ökonomie des Sozialismus wird das durch Ricardo (1817)[1] bekannt gewordene Theorem der komparativen Kosten als notwendige Bedingung für außenwirtschaftliche Beziehungen kontrovers diskutiert.[2] Doch bereits Marx[3] akzeptierte den "rationalen Kern" der klassischen Theorie der komparativen Vorteile, die besagt, daß selbst ein Land mit absoluten Produktivitätsnachteilen durch den internationalen Handel ökonomische Vorteile bzw. Nutzeneffekte (Zuwachs des Nationaleinkommens im Verhältnis zum dafür notwendigen Aufwand) erzielen kann. Durch die internationale Arbeitsteilung kann danach gesellschaftliche Arbeit eingespart, die Arbeitsproduktivität erhöht und die Produktionsstruktur effizienter gestaltet werden.[4] Aufbauend auf der Marxschen

---

[1] Vgl. D. RICARDO (1817), deutsch 1972, S. 10 ff.

[2] Einen Überblick geben G. KOHLMEY (1968), S. 77 ff.; AUTORENKOLLEKTIV (1984), S. 164 ff. Vgl. für westliche Marktwirtschaften K. ROSE (1963), 9. A. 1987, S. 271 ff., S. 301 ff.; J. SCHUMANN (1977), S. 403 ff.; D. BENDER (1980), 3. A. 1988, S. 420 ff.

[3] Vgl. K. MARX (1953), S. 755, S. 811; derselbe (1973), S. 247.

[4] Vgl. G. KOHLMEY (1968), S. 87; AUTORENKOLLEKTIV (1984), S. 167 f., S. 171 ff.

Außenwirtschaftstheorie[5] wird auch in neueren theoretischen Arbeiten - und vor allen Dingen von offizieller Seite - in verschiedenen sozialistischen Ländern zunehmend auf die wachstumsfördernde Funktion des internationalen Handels hingewiesen, den es planmäßig zu nutzen und weiterzuentwickeln gilt.[6]

Nach der Politischen Ökonomie des Sozialismus ist es das Ziel, die komparativen Vorteile der internationalen Arbeitsteilung zur Förderung des ökonomischen Wachstums auf der Basis des sozialistischen Eigentums auszunutzen, indem die sozialistischen Prinzipien der Leitung, Planung, Organisation und Kontrolle geschlossener gesamtwirtschaftlicher Aktivitäten auch auf außenwirtschaftliche Beziehungen zu übertragen sind. Diesem Prinzip des sogenannten demokratischen Zentralismus folgend, obliegen daher alle außenwirtschaftlichen Aktivitäten dem zentralistisch organisierten Monopol des Staates.[7] Die wichtigsten Aufgaben des rechtlich in der Verfassung verankerten Außenwirtschaftsmonopols bestehen darin, die Vorzüge der internationalen Arbeitsteilung wirksam zu machen und die Risiken des internationalen Handels zu minimieren, indem erstens unerwünschte Abhängigkeitspositionen vermieden und zweitens die nationale Wirtschaft vor den Krisenerscheinungen des kapitalistischen

---

[5] Die marxistische Außenwirtschaftstheorie ist dadurch gekennzeichnet, daß das Theorem der komparativen Kosten in die Arbeitswertlehre integriert und auf dieser Basis die Kategorie des "internationalen Wertes" abgeleitet wird (vgl. hierzu H.-D. KÜHNE, 1968). Da also nicht die Kostentheorie bzw. die Produktionsfaktortheorie zugrundegelegt wird, spricht man in der sozialistischen Literatur statt von komparativen Kosten von komparativen Vorteilen. Vgl. hierzu G. KOHLMEY (1968), S. 83 und AUTORENKOLLEKTIV (1984), S. 164 ff.

[6] Vgl. T. KISS (1968), S. 270 f.; H. BLESSING, G. GROTE, C. LUFT (1986), S. 537 f.

[7] Vgl. AUTORENKOLLEKTIV (1986,1), S. 26 f.; LEXIKON DER WIRTSCHAFT. FINANZEN (1986), S. 52.

Auslandes geschützt werden.[8] Zur Erfüllung dieser Aufgaben wird das staatliche Außenwirtschaftsmonopol unterteilt in das Außenhandelsmonopol, das Außenhandelstransportmonopol und das Valutamonopol.[9]

2. Außenhandels- und Valutamonopol

Das staatliche Außenhandelsmonopol ist das alleinige Recht des sozialistischen Staates, die realen außenwirtschaftlichen Beziehungen zu leiten, zu planen, durchzuführen und zu kontrollieren und damit - nach den Prinzipien des demokratischen Zentralismus - eine ökonomische Grundlage für die auf dem Gebiet der Außenwirtschaft tätigen Betriebe zu schaffen.

Die Volkskammer als oberstes staatliches Organ entscheidet über die außenwirtschaftlichen Entwicklungsziele und transformiert Perspektiv- und Jahresvolkswirtschaftspläne in Gesetze. Dabei konnte in den letzten Jahren eine Strategieveränderung auf dem Gebiet der Außenwirtschaft dahingehend beobachtet werden, daß sich die Funktion des internationalen Handels vom Lückenbüßer (exportfinanzierte Importe zur Überwindung traditioneller Rohstoffknappheiten) zum exportorientierten Wachstumsfaktor entwickelt hat.[10] Der Ministerrat überführt die vorgesehene Strategie in Leitlinien und Verordnungen und faßt Beschlüsse für alle untergeordneten Organe, die im Außenhandel tätig sind. Die staatliche Plankommission erstellt unter Mitarbeit des Ministeriums

---

[8] Vgl. AUTORENKOLLEKTIV (1984), S. 46 ff.

[9] Vgl. AUTORENKOLLEKTIV (1985), S. 263.

[10] Vgl. T. KISS (1968), S. 269 f.; B.D. SEVERA (1977), S. 35; AUTORENKOLLEKTIV (1984), S. 163 f.: Dort wird diese Entwicklung mit der zunehmenden Bedeutung des "substitutiven Außenhandels" gegenüber dem früher dominierenden "komplementären Außenhandel" beschrieben; DDR-HANDBUCH (1979), 3. A. 1985, S. 123; H.-H. DERIX, M. HAENDCKE-HOPPE (1987), S. 209.

für Außenhandel und der Industrieministerien einen Außenhandelsplan. Dieser umfaßt den "Ex- und Importplan nach Ländern bzw. Wirtschafts- und Währungsgebieten, den Exportplan nach Verantwortungsbereichen, Erzeugnisgruppen und Erzeugnissen, den Importplan nach Bilanzorganen und Erzeugnissen, den Außenhandelstransportplan, den Plan der Marktarbeit, den Plan des Valutaaufkommens und -bedarfs sowie Teilpläne im Rahmen der innerbetrieblichen Planung in den Außenhandelsbetrieben...".[11] Ein wesentliches Instrumentarium auf ministerialer Ebene zur Realisierung des Außenhandelsmonopols ist ein differenziertes Genehmigungs-, Kontingent- und Lizenzsystem für Export- und Importaktivitäten.[12]

Die Durchführung der staatlichen Import- und Exportaufgaben unterliegt speziellen Außenhandelsbetrieben, juristisch und ökonomisch selbständige Personen, die das staatliche Angebots- und Nachfragemonopol auf außenwirtschaftlichem Gebiet verwirklichen. Die Außenhandelsbetriebe exportieren und importieren in eigenem Namen auf der Basis von Weltmarktpreisen, aber auf Rechnung der Kombinate bzw. Produktionsbetriebe. Die Devisenumsätze und -ausgaben der Außenhandelsbetriebe werden mit Hilfe staatlich festgelegter Umrechnungskurse in sogenannte Valutagegenwerte[13] umgerechnet, während der Zahlungsverkehr der Außenhandelsbetriebe mit den inländischen Kombinaten und Produktionsbetrieben auf der Basis von Inlandspreisen erfolgt. Überschüsse aus diesen Geschäften müssen die Außenhandelsbetriebe an den Staatshaushalt abführen, Defizite werden vom Staatshaushalt über das Preisausgleichskonto finanziert.[14] Mit diesen Regelungen soll eine strikte Trennung zwischen Binnen- und

---

[11] LEXIKON DER WIRTSCHAFT. FINANZEN (1986), S. 49.

[12] Vgl. ebenda.

[13] Vgl. AUTORENKOLLEKTIV (1984), S. 194 und S. 29 f. dieser Arbeit.

[14] Vgl. M. ALLEN (1976), S. 722; P.-G. SCHMIDT (1985), S. 135 ff.

Außenwirtschaft garantiert und damit verhindert werden, daß Schwankungen der Weltmarktpreise auf das inländische Preisgefüge übertragen werden. Seit Beginn der achtziger Jahre werden die Außenhandelsbetriebe zunehmend entweder den jeweiligen Industrie- oder Fachministerien oder direkt den einzelnen Kombinaten zugeordnet. Damit werden den Kombinatsdirektoren größere Entscheidungsbefugnisse hinsichtlich der Außenwirtschaftsaktivitäten erteilt. Mit der Auflockerung der strikten organisatorischen Trennung von Produktion und Außenhandel soll eine stärkere, am Weltmaßstab orientierte devisenrentable Exportproduktion gewährleistet werden.[15] Die Außenhandelsbetriebe bleiben aber weiterhin dem Minister für Außenhandel unterstellt (Doppelunterstellung der Außenhandelsbetriebe), um eine Erfüllung des Volkswirtschaftsplans zu garantieren.[16]

Das System der Leitung und Organisation des sozialistischen Außenhandels kann am Beispiel der DDR wie folgt dargestellt werden:

---

[15] Vgl. AUTORENKOLLEKTIV (1986,1), S. 39; zu einer kritischen Würdigung dieser Reformansätze vgl. E. LIESELTRIEBNIGG (1984), S. 182 ff.

[16] Vgl. DDR-HANDBUCH (1979), 3. A. 1985, S. 104.

Übersicht 1: Leitung und Organisation sozialistischer
            Außenhandelsbeziehungen

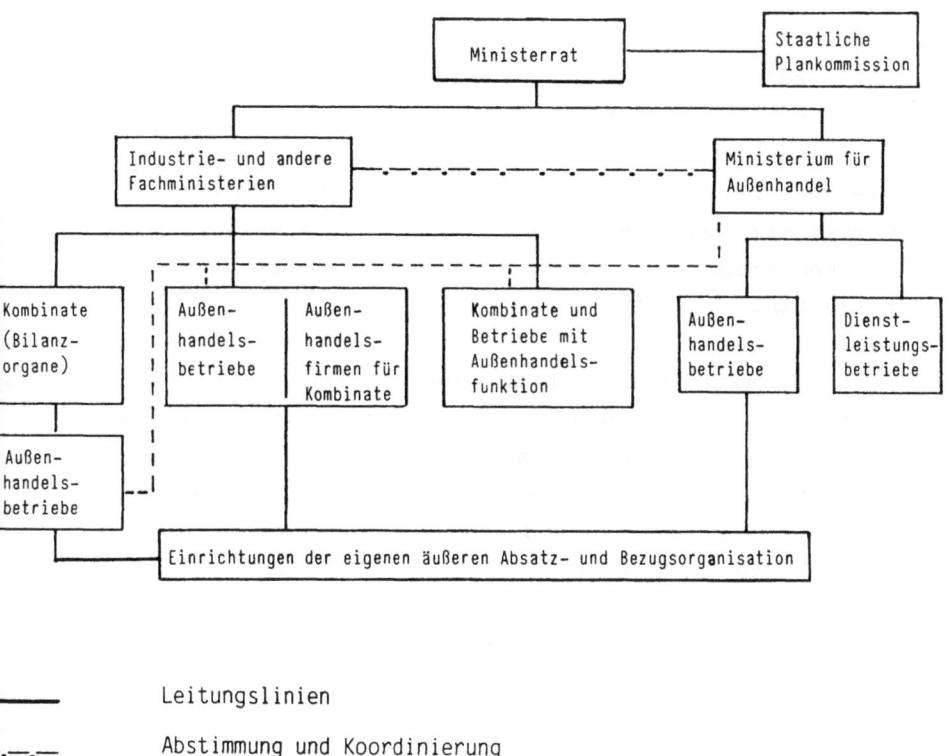

————— Leitungslinien

—·—·— Abstimmung und Koordinierung

------ Leitungsbeziehungen im Rahmen der doppelten
       Unterstellung des Außenhandelsbetriebes

Quelle: AUTORENKOLLEKTIV (1984), S. 304.

Das staatliche Valutamonopol ist das alleinige Recht zuständiger staatlicher Organe, die naturalen außenwirtschaftlichen Beziehungen (Außenhandel) monetär zu alimentieren und darüber hinausgehende Devisen- und Kreditbeziehungen mit dem Ausland durchzuführen.[17] Ein traditionelles Valutamonopol, das die sozialistische Binnenwirtschaft auf monetärer Ebene vor unerwünschten Störungen aus dem Ausland schützen soll, wird in der Politischen Ökonomie des Sozialismus durch folgende Merkmale charakterisiert:[18]

- Die zwischenstaatlichen vertraglichen Regelungen auf dem Gebiet der Valutabeziehungen werden ausschließlich durch die Regierung bzw. durch die von ihr beauftragten Organe getroffen.

- Der sozialistische Staat konzentriert alle Valutamittel[19] in einem staatlichen Valutafonds (Auslandskonten, auf ausländische Währungen lautende und im Ausland zahlbare Anweisungen, z.B. Wechsel, Schecks, Edelmetallbestände und bare ausländische Zahlungsmittel). Die operative Fondsverwaltung obliegt den vom Staat dazu beauftragten Banken. Darüber hinaus bestimmt der Staat weitere zuständige Staatsorgane für die Leitung, Planung, Organisation und Kontrolle aller Valutabewegungen.[20]

---

[17] Vgl. W. EHLERT, K. KOLLOCH, W. SCHIESSER, K. TANNERT (1982), S. 120.

[18] Vgl. AUTORENKOLLEKTIV (1984), S. 245 f.; AUTORENKOLLEKTIV (1986,1), S. 28 f.

[19] Nach § 5 Devisengesetz der DDR umfassen die Devisenwerte (Valutamittel) nicht allein Sorten (Münzen und Noten), sondern auch andere Forderungen und Verbindlichkeiten, die auf ausländische Währung lauten (z.B. Schecks, Guthaben, Wertpapiere), sowie sonstige Vermögensgegenstände (z.B. Edelmetalle, Edelsteine, Perlen).

[20] Vgl. W.I. LENIN (1960), S. 378; I. LEVCHUK (1979), S. 79.

- Die internationalen Valutabewegungen der Länder werden auf der Grundlage staatlicher Pläne und Bilanzen durchgeführt. Außerplanmäßige Valutatransaktionen bedürfen der Genehmigung der zuständigen Staatsorgane.

- Die Ein- und Ausfuhr der landeseigenen Währung ist prinzipiell untersagt. Inländische Wirtschaftssubjekte sind verpflichtet, Devisenwerte anzumelden und den zuständigen Banken anzubieten.

In der DDR ist das Valutamonopol im Devisengesetz verankert.[21] Der Minister für Finanzen ist für die Durchführung und die Kontrolle der Einhaltung des Gesetzes verantwortlich (§ 7 Abs. 2 Devisengesetz). Er erläßt dazu erforderliche rechtliche Regelungen (Genehmigung des Valutaumlaufs, Ein- und Ausfuhr von Devisen, Devisen für den Reiseverkehr, Anmelde- und Anbietungspflicht von Devisenwerten; § 11 Abs. 3, § 12 Abs. 1, § 16 Abs. 4 Devisengesetz).

Das Hauptanliegen der Valutaplanung ist die Gewährleistung einer hohen Effektivität bei der Erwirtschaftung und dem Einsatz von Valutamitteln sowie die Sicherung der Zahlungsfähigkeit des sozialistischen Staates gegenüber dem Ausland. Die Valutaplanung wird nach dem Prinzip des demokratischen Zentralismus von der staatlichen Plankommission und den Ministerien für Außenhandel und Finanzen in Zusammenarbeit mit den Industrieministerien und nach den Planentwürfen der Außenhandelsbetriebe durchgeführt. Auf zentraler Ebene werden alle Valutaeinnahmen und -ausgaben im zentralen Valutaplan zusammengefaßt, der identisch ist mit der Zahlungsbilanz des Staates.[22]

---

[21] Vgl. DEVISENGESETZ vom 19. Dezember 1973 und seine fünf DURCHFÜHRUNGSVERORDNUNGEN und das GESETZ ZUR ÄNDERUNG UND ERGÄNZUNG DES DEVISENGESETZES vom 22. Juni 1979.

[22] Vgl. AUTORENKOLLEKTIV (1984), S. 352.

Parallel zur Planung des internationalen Handels wird die Zahlungsbilanz gegliedert nach Quellen des Valutaaufkommens und dem Verwendungszweck der Valuten:

- Exporte und Importe für Waren und Leistungen entsprechend der Handelsbilanz. Dabei gilt die Regel, daß die planmäßig zu realisierenden Importe durch die Exporte zu finanzieren sind.[23]

- Kommerzielle und nichtkommerzielle Dienstleistungen entsprechend der Dienstleistungsbilanz.

- Kreditvergabe und -aufnahme, einschließlich der Kreditrückzahlungen.

Zweites Gliederungskriterium ist die territoriale Struktur der Valutaeinnahmen und -ausgaben nach Wirtschafts- und Währungsgebieten (sozialistische Länder bzw. nichtsozialistische Länder) und nach zum Einsatz kommenden Währungen (Transferabler Rubel, bilaterale Verrechnungseinheiten, konvertible Währungen).[24]

Bei der Organisation und Kontrolle der Valutabeziehungen spielen die Banken eine überaus wichtige Rolle. In der DDR beispielsweise sind das die Staatsbank, die Deutsche Außenhandelsbank AG (Abwicklung des Zahlungs- und Verrechnungsverkehrs, Finanzierung der Außenhandelsbetriebe, Beziehungen mit der internationalen Bank für wirtschaftliche Zusammenarbeit auf der Basis des Transferablen Rubels) und die Deutsche Handelsbank AG (finanztechnische Abwicklung von Transitgeschäften, Verrechnungsbank im innerdeutschen Han-

---

[23] Vgl. AUTORENKOLLEKTIV (1984), S. 211, S. 349; AUTORENKOLLEKTIV (1985), S. 267 und P.-G. SCHMIDT (1985), S. 129 f.

[24] Vgl. AUTORENKOLLEKTIV (1984), S. 352; LEXIKON DER WIRTSCHAFT. FINANZEN (1986), S. 626.

del).[25] Nur diese Banken sind berechtigt, Konten (getrennt nach sozialistischen und nichtsozialistischen Ländern und kommerziellen und nichtkommerziellen[26] Leistungen) in ausländischer Valuta im In- und Ausland zu halten (§ 14 Abs. 3 Devisengesetz), Zahlungsaufträge von Staatsorganen, Kombinaten und Außenhandelsbetrieben gegenüber dem Ausland zu erfüllen (§ 13, § 14 Abs. 2 Devisengesetz), Valuten für den Reiseverkehr gegen Mark der DDR abzugeben (§ 14 Abs. 1 Devisengesetz) und ausländische Valuta in Mark der DDR entsprechend den vom Präsidenten der Staatsbank festgelegten Devisenumrechnungssätzen umzutauschen (§ 14 Abs. 1, § 15 Devisengesetz).[27]

Die Konsequenzen des dargestellten Valutamonopols sind: Erstens, daß die sozialistischen Währungen grundsätzlich nicht auf den ausländischen Devisenmärkten gehandelt werden, so daß sich der Umlauf der heimischen Währung allein auf das Inland beschränkt (Binnenwährung); zweitens, daß neben dem staatlichen Devisenmarkt keine außerstaatlichen Devisenmärkte zugelassen werden, um die ungeplante Zirkulation ausländischer Währungen im Inland zu verhindern.[28]

---

[25] Vgl. DDR-HANDBUCH (1979), 3. A. 1985, S. 270.

[26] Der kommerzielle Zahlungsverkehr umfaßt alle mit dem Warenimport und -export verbundenen außenwirtschaftlichen Währungsbeziehungen. Dem nichtkommerziellen Bereich werden alle internationalen Zahlungen im Reiseverkehr, bei Transportleistungen, bei Kultur- und Sportveranstaltungen, aus Transfers von Renten, Löhnen, Gehältern, Honoraren, Unterstützungen und Erbschaften zugeordnet. Vgl. AUTORENKOLLEKTIV (1985), S. 266; LEXIKON DER WIRTSCHAFT. FINANZEN (1986), S. 629.

[27] Vgl. AUTORENKOLLEKTIV (1984), S. 246 und DEVISENGESETZ der DDR.

[28] Vgl. AUTORENKOLLEKTIV (1986,1), S. 28.

3. Inkonvertibilität und Wechselkurssystem

Die Konvertibilität einer Währung ist das uneingeschränkte Recht bzw. die Möglichkeit, daß sowohl In- als auch Ausländer die betreffende Währung jederzeit in eine andere Währung (Devisenkonvertibilität) oder in Güter (Warenkonvertibilität) umtauschen können.[29] Die restriktiven Rahmenbedingungen des staatlichen Valutamonopols führen dazu, daß die sozialistische Währung - auch innerhalb der sozialistischen Länder - inkonvertibel ist. Wie wichtig die Inkonvertibilität der sozialistischen Währung für die Existenz und Durchführung des sozialistischen Außenhandelsmonopols ist, kann durch die Untergliederung der Inkonvertibilität der Währung nach Transaktionsart und beteiligten Personen aufgezeigt werden:[30]

- Wegen der Deviseninkonvertibilität der sozialistischen Währung für Ausländer sind die staatlichen Währungsinstitutionen nicht verpflichtet, legal erworbene Bestände an Inlandswährung in fremde Währungen einzutauschen. Ebenso ist es dem Devisenausländer nicht gestattet, die Bestände an Inlandswährung auf Devisenmärkten zu veräußern. Damit sollen außerplanmäßige Importe der Außenhandelsbetriebe gegen Binnenwährung verhindert werden. Ansonsten könnten die ausländischen Exporteure Forderungen des Währungsumtausches an die Staatsbank stellen.

- Die Deviseninkonvertibilität der sozialistischen Währung für Inländer verbietet den staatlich nicht genehmigten Umtausch von Inlandswährungsbestände in ausländische

---

[29] Vgl. WORLD CURRENCY YEARBOOK (1985), S. 9; Matejka erweitert diese Definition, indem alle Transaktionen zu einer "single exchange rate" durchgeführt werden müssen. Vgl. H. MATEJKA (1974), S. 179 und AUTORENKOLLEKTIV (1984), S. 255.

[30] Vgl. R.I. MC KINNON (1979), S. 48; P.-G. SCHMIDT (1985), S. 126 f.

Währungseinheiten. Auch hierdurch sollen außerplanmäßige Importe verhindert werden.

- Die Wareninkonvertibilität der sozialistischen Währung für Ausländer soll garantieren, daß diese keine den personellen Verbrauch übersteigende Warenmenge im Inland zu Inlandspreisen gegen Inlandswährung erwerben können; denn der Export unterliegt allein den Außenhandelsbetrieben zu staatlich fixierten Exportpreisen, und zwar in Auslandswährung.

Die Inkonvertibilität der sozialistischen Währung ist notwendiger Bestandteil des traditionellen Außenhandelsmonopols: Eine Konvertibilität der sozialistischen Währung würde das staatliche Außenhandelsmonopol durch außerplanmäßige Transaktionen unterminieren[31]; zudem ist die Konvertibilität der Binnenwährung nicht mit der Methode zentraler Planung vereinbar, sondern erfordert vielmehr ein dezentrales Entscheidungssystem und somit weitgehende Reformen der klassischen Zentralverwaltungswirtschaft.[32]

---

[31] Vgl. I. LEVCHUK (1979), S. 78 ff.; A. GWIAZDA (1986), S. 37.

[32] Zur Diskussion über die Vorteile einer Konvertibilität der sozialistischen Währung und Vorschläge für notwendige Reformen vgl. M.R. WYCZALKOWSKI (1966), S. 155 ff.; A. ZWASS (1970), S. 367 ff.; H. MATEJKA (1974), S. 175 ff.; O. KUSCHPETA (1978), S. 198 f.; J. WILCZYNSKI (1978), S. 189 f.; R.I. MC KINNON (1979), S. 48 f.; B.D. SEVERA (1983), S. 155 f. Selbst wenn de jure die Konvertibilität der Währung gegeben ist, muß sie de facto nicht gewährleistet sein: Erstens, wenn die Güter und Dienstleistungen nicht den qualitativen Ansprüchen der Handelspartner entsprechen und deshalb nicht nachgefragt werden. Vgl. A. GWIAZDA (1986), S. 37, der dann von einer "Nicht-Konvertibilität von Gütern und Waren" spricht. Zweitens, wenn den inländischen Währungseinheiten kein entsprechendes quantitatives Konsumgüterangebot gegenübersteht. Zu letzterem F.D. HOLZMAN (1965), 5. A. 1985, S. 374: "To sum up from the point of view of non-residents, bloc currencies are not only inconvertible in the usual sense, but also undesirable of the substantial uncertainties regarding their exchange ability for goods."

Die Inkonvertibilität der sozialistischen Währung erfordert für internationale Handelstransaktionen einen komplexen staatlichen Verrechnungsapparat. Da zudem die Binnenwährung im Außenhandel keine Zahlungsmittelfunktion übernehmen kann, entstehen zusätzliche Finanzierungsprobleme. Um den Verrechnungs- und Finanzierungsaufwand zu minimieren, werden bevorzugt bilaterale (naturale) Handelsvereinbarungen und -abkommen mit den sozialistischen und kapitalistischen Ländern abgeschlossen.[33] Aber selbst der angestrebte Ausgleich von Forderungen und Verbindlichkeiten aus Außenwirtschaftsoperationen erfordert eine wertmäßige Erfassung. Wegen der Trennung von Außen- und Binnenwirtschaft bzw. Weltmarkt- und Inlandspreisen müssen für die Planung und Plandurchführung zwei Arten von Zahlungsbilanzen aufgestellt werden: Erstens eine externe Zahlungsbilanz, in der alle Forderungen und Verbindlichkeiten in ausländischer Währung oder sozialistischer Valutawährung erfaßt werden; zweitens eine interne Zahlungsbilanz, die sämtliche Außenwirtschaftstransaktionen in Binnenwährung ausweist.[34] Neben den dafür notwendigen fiktiven Wechselkursen sind realistische Wechselkurse für den tatsächlichen An- und Verkauf inländischer Währungseinheiten notwendig.[35] In den einzelnen sozialistischen Ländern existieren daher keine Einheitswechselkurse, sondern weitverzweigte multiple Wechselkurssysteme[36]: Neben dem "offiziellen" Wechselkurs wer-

---

[33] Vgl. F.D. HOLZMAN (1965), 5. A. 1985, S. 371; J. WILCZYNSKI (1974), S. 216; A. GWIAZDA (1986), S. 31.

[34] Dabei ist es möglich, daß die externe Zahlungsbilanz nicht ausgeglichen, während die interne Zahlungsbilanz ausgeglichen ist und umgekehrt, vgl. D. CASSEL, M. SCHUBERT (1979), S. 193; H.F. BUCK (1980), S. 143 f.; P.-G. SCHMIDT (1985), S. 135 ff.

[35] Vgl. A. ZWASS (1979), S. 181 f.

[36] Als Überblick über die verschiedenen multiplen Wechselkurssysteme in einigen Ostblockländern vgl. J.M. VAN BRABANT (1985); T.A. WOLF (1985); WORLD CURRENCY YEARBOOK (1986).

den spezielle Wechselkurse für den kommerziellen und den nichtkommerziellen Zahlungsverkehr staatlich festgelegt.[37]

Der "offizielle" Wechselkurs wird auf der Basis eines fiktiven Goldgehaltes bestimmt. Über die Goldparitäten anderer sozialistischer Währungen kann das Austauschverhältnis der sozialistischen Währungen untereinander bestimmt werden. Da die Goldparitäten unabhängig von den nationalen Preisverhältnissen festgelegt werden, bringen sie das reale Kaufkraftverhältnis der einzelnen sozialistischen Länder nicht zum Ausdruck.[38] Die Aufgabe des "offiziellen" Wechselkurses ist auf eine rein verrechnungstechnische Funktion für offizielle Statistiken beschränkt. In einigen Ländern ist dieser unveränderliche Basiswechselkurs mittlerweile durch sogenannte Valutakurse abgelöst worden. Diese amtlichen Wechselkurse stehen in einem festen Paritätsverhältnis zum Transferablen Rubel. Die Valutakurse folgen daher Paritätsänderungen des Transferablen Rubels gegenüber westlichen Währungen.[39] Die Valutakurse bestimmen nur den "Außenwert" der sozialistischen Währung, da zu diesem Kurs keine Devisen eingetauscht werden.[40]

Im kommerziellen Zahlungsverkehr werden - entsprechend den Anforderungen der territorialen Gliederung der Zahlungsbilanz - Wechselkurse nach Wirtschafts- und Währungsgebieten und nach der Art der Währung unterschiedlich festgelegt:

- Der Handel der RGW-Staaten erfolgt in Transferablen Rubeln (TR). Diese Verrechnungseinheit wurde 1964 mit der Gründung der Internationalen Bank für Wirtschaftliche Zusammenarbeit (IBWZ) eingeführt. Bis 1971 wurde der TR

---

[37] Vgl. LEXIKON DER WIRTSCHAFT. FINANZEN (1986), S. 586.
[38] Vgl. B.D. SEVERA (1983), S. 152.
[39] Vgl. K. BOLZ (1985), S. 1453.
[40] Vgl. H. MACHOWSKI (1984), S. 155.

durch denselben amtlichen Goldgehalt wie der sowjetische Rubel bestimmt. Seit 1971 wird der TR an einen Währungskorb der wichtigsten westlichen Handelspartner der RGW-Länder angepaßt. Die Zahlungen zwischen den RGW-Staaten erfolgen durch bargeldlose Übertragungen auf die jeweiligen TR-Konten bei der IBWZ. Die Mitgliedsländer sind dabei gehalten, beim Abschluß von Handelsabkommen zu gewährleisten, daß sich ihre Forderungen und Verbindlichkeiten innerhalb eines Jahres mit allen Mitgliedern der Bank insgesamt (also nicht bilateral) ausgleichen (multilaterales Clearing).[41] Da Guthaben in TR weder in andere Währungen umgetauscht noch zur dringenden Beschaffung notwendiger Güter innerhalb und außerhalb des RGW-Raumes verwendet werden können, sind die sozialistischen Länder - soweit sie keine Defizite erwarten[42] - weiterhin bestrebt, ihre Zahlungsbewegungen bilateral auszugleichen.[43] Insgesamt erfüllt der TR daher nur Verrechnungsfunktionen.[44]

- Der kommerzielle Zahlungsverkehr mit dem westlichen Ausland vollzieht sich vorwiegend in frei konvertierbaren Währungen. Eine Ausnahme bildet der innerdeutsche Handel, der mit dem Berliner Abkommen vom 20.09.1951 auf der Basis des bilateralen Clearings in Verrechnungseinheiten über die Deutsche Bundesbank und die Staatsbank

---

[41] Vgl. G. GUTMANN (1986), S. 72.

[42] Vgl. F.D. HOLZMAN (1965), 5. A. 1985, S. 376 f.

[43] Vgl. B.D. SEVERA (1983), S. 156; A. GWIAZDA (1986), S. 32.

[44] Während I. KONSTANTINOV (1983) und AUTORENKOLLEKTIV (1984), S. 113 f., den TR als eine konvertible Währungseinheit bezeichnen, die alle Geldfunktionen ausübt, wird dies strikt abgelehnt von A. ZWASS (1979), S. 227; M. SCHMITT (1980), S. 201 f.; A.H. SMITH (1983), S. 163; H. MACHOWSKI (1984), S. 159; A. GWIAZDA (1986), S. 33.

der DDR abgewickelt wird.[45] Dabei entspricht eine Mark-West (DM) einer Mark-Ost (M).

- Bilaterale Clearing-Abkommen auf der Grundlage von Verrechnungseinheiten werden auch mit einigen Entwicklungsländern abgeschlossen.[46]

- Die einzelnen, in verschiedenen Auslandswährungen aufgestellten Zahlungsbilanzen werden über die staatlich festgelegten Valutakurse in Valutawährungseinheiten (z.B. Valutamark, Valutarubel) umgerechnet und dann zu einer einheitlichen externen Zahlungsbilanz in Valutawährung zusammengefaßt. Sie dient der Berichterstattung über die Entwicklung des Außenhandels.[47] Die Valutakurse erfüllen eine reine Verrechnungsfunktion zu statistischen Zwecken.

- Die interne Zahlungsbilanz in Binnenwährung (Valutagegenwerte) erhält man schließlich, indem die externe Zahlungsbilanz in Valutawährung mit internen währungsgebiets- und länderspezifischen Umrechnungs- und Richtungskoeffizienten bewertet wird. Da die Valutagegenwerte die Basis für die staatliche Abrechnung der Außenhandelsgeschäfte mit den Außenhandels- und Produktionsbetrieben und für die Ermittlung von Außenhandelsrentabilitäten sind[48], übernehmen die nicht veröffentlichten Koeffizienten hauptsächlich Lenkungs- und Orientierungsfunktionen.[49] Diese Austauschverhältnisse zwischen Valuta- und Binnenwährungen werden so variiert, daß die

---

[45] Vgl. DDR-HANDBUCH (1979), 3. A. 1985, S. 1533.
[46] Vgl. AUTORENKOLLEKTIV (1984), S. 254.
[47] Vgl. LEXIKON DER WIRTSCHAFT. FINANZEN (1986), S. 553.
[48] Vgl. ebenda.
[49] Vgl. B.D. SEVERA (1983), S. 153; DDR-HANDBUCH (1985), S. 1129.

am Außenhandel beteiligten Betriebe dazu stimuliert werden, die staatlich gewünschte Außenhandelsstruktur zu erfüllen.[50]

Im nichtkommerziellen Zahlungsverkehr sind Währungsisolationen kaum möglich, da die Dienstleistungen innerhalb eines sozialistischen Landes nur in Inlandspreisen ausgedrückt und in Inlandswährung beglichen werden können.[51] Daher wurde sehr frühzeitig ein detailliertes System von Sonderkursen - getrennt nach Transaktionen mit sozialistischen und nichtsozialistischen Ländern - eingeführt.

Für den nichtkommerziellen Zahlungsverkehr (einschließlich Tourismus) zwischen den RGW-Staaten wurden auf der Prager Konferenz vom 8. Februar 1963 Währungsparitäten auf der Basis eines Warenkorbes (Lebenshaltungskostenindex einer vierköpfigen Diplomatenfamilie) festgelegt. Die Wechselkurse sind immer dann anzupassen, wenn die Lebenshaltungskosten innerhalb eines Landes um mehr als 5 Prozent variieren.[52]

Im nichtkommerziellen Zahlungsverkehr mit westlichen Währungen werden im wesentlichen Touristenkurse und nur gelegentlich davon abweichende nichtkommerzielle Wechselkurse für westliche Ausländer und Reisekurse für inländische Westreisende unterschieden. Um den Devisenzufluß aus dem Westen zu begünstigen, zahlt die Staatsbank als Zuschlag auf die offiziellen Wechselkurse erhebliche flexible oder fixe Prämien an die Westdevisenbesitzer[53] - außer in der

---

[50] Vgl. H.F. BUCK (1980), S. 159 f.

[51] Vgl. B.D. SEVERA (1983), S. 154; A. GWIAZDA (1986), S. 30.

[52] Vgl. J.M. VAN BRABANT (1985), S. 147.

[53] Vgl. A. ZWASS (1974), S. 64; J. WILCZYNSKI (1978), S. 177; J. VANOUS (1980), S. 6 ff.; M. SCHMITT (1980), S. 197; J.M. VAN BRABANT (1985), S. 161 ff.

DDR und der UdSSR[54]. In der CSSR z.B. betrug der Prämiensatz Ende 1984 75 Prozent, in Bulgarien 80 Prozent des offiziellen effektiven Wechselkurses. Für Auslandsüberweisungen und Diplomaten erhöht sich der Prämiensatz in der CSSR sogar auf 100 Prozent.[55] Andererseits wird der Devisenabfluß dadurch begrenzt, daß inländischen Westreisenden nur begrenzte Devisenkontingente zugeteilt werden zu einem Reisekurs, der neben dem offiziellen Wechselkurs noch eine erhebliche Wechselkurssteuer beinhaltet und insgesamt den Touristenkurs weit übersteigt.[56] In der CSSR sind beispielsweise auf den offiziellen effektiven Wechselkurs eine 125-prozentige Steuer und noch eine zusätzliche Gebühr von 125 Prozent zu entrichten. In Polen beträgt die Wechselkurssteuer für Westreisende 150 Prozent des effektiven Wechselkurses.[57]

Wechselkurse haben daher folgende Bedeutung in sozialistischen Planwirtschaften:

- Entsprechend dem System zentraler Planung und Plandurchführung und dem Prinzip der strikten Trennung zwischen Außen- und Binnenwirtschaft übernehmen Wechselkurse einerseits die Funktion eines passiven Verrechnungsinstruments. Andererseits werden einige Kurse aktiv als Lenkungs- und Kontrollinstrument zur Stimulierung der politisch gewünschten Außenhandelsstruktur und -volumina eingesetzt.

- Dennoch wird der Intra-RGW-Handel nicht durch Variationen von Wechselkursen, sondern durch staatliche

---

[54] Für die DDR gilt die Verrechnungseinheit: 1 M = 1 DM und in der UdSSR der effektive Rubelwechselkurs. Vgl. WORLD CURRENCY YEARBOOK (1986), S. 312 und S. 852.

[55] Vgl. WORLD CURRENCY YEARBOOK (1986), S. 129 und S. 140.

[56] Vgl. J.M. VAN BRABANT (1985), S. 165 f.

[57] Vgl. WORLD CURRENCY YEARBOOK (1986), S. 229 und S. 683.

Kontingentierung bestimmt.[58] Fluktuationen der Wechselkurse auf den internationalen Finanzmärkten beeinflussen hingegen die geplante Struktur des Außenhandels mit westlichen Handelspartnern.[59]

- Die Wechselkurse werden nicht durch Angebot und Nachfrage bestimmt, sondern gemäß politischen und ideologischen Zielsetzungen staatlich fixiert. In den meisten Fällen entsprechen sie daher nicht den tatsächlichen realen Kaufkraftverhältnissen[60] und sind nicht Ausdruck des Währungsvertrauens der inländischen Bevölkerung in die Inlandswährung. Damit verzerren die Wechselkurse die nationalen und internationalen Wertrelationen.

- Wirtschaftliche Ungleichgewichte äußern sich nicht in Wechselkursschwankungen. Damit fehlt ein wichtiges Signal und Regulativ für Fehlallokationen innerhalb des internationalen Handels.

B. Funktionsprobleme

1. Systemimmanente Devisenknappheit

Wegen der Inkonvertibilität der heimischen Währung werden außenwirtschaftliche Transaktionen mit dem westlichen Ausland auf der Basis von Weltmarktpreisen und in konvertibler Währung durchgeführt. Die damit angestrebte Abschirmung der sozialistischen Planwirtschaft vor unerwünschten Auslandseinflüssen kann nur garantiert werden, wenn Devisenerlöse aus den Exporten den notwendigen Finanzbedarf für die geplanten Importe decken; denn nur dann entstehen keine Abhängigkeitsprobleme bei der Devisenbeschaffung zum Aus-

---

[58] Vgl. B.D. SEVERA (1983), S. 153.
[59] Vgl. J.M. VAN BRABANT (1985), S. 126.
[60] Vgl. A. GWIAZDA (1986), S. 33 f.

gleich von Ungleichgewichten in der externen Zahlungsbilanz in westlicher Währung.

Die Realität zeigt jedoch, daß die meisten Zentralverwaltungswirtschaften durch permanente Zahlungsbilanzungleichgewichte gekennzeichnet sind und somit chronische Devisenlücken aufweisen. Die Ursachen für die asymmetrische Entwicklung von Im- und Exporten liegen bereits in den zahlreichen Unvollkommenheiten der zentralen Planung und der Plandurchführung außenwirtschaftlicher Transaktionen.

Bei der Aufstellung der Export- und Importpläne unterliegen die staatlichen Plankommissionen einer Verkaufsillusion, indem sie die am Weltmarkt tatsächlich absetzbaren Exportgütermengen überschätzen.[61] Mangelnde Produktqualitäten, unzureichende Serviceleistungen und komplizierte langwierige Vertragsabschlüsse genügen nicht den sich rasch ändernden Anforderungen des Welthandels. Der Abbau dieser Markthemmnisse wird durch die vorgegebenen Wirtschaftsbedingungen erschwert: Zentrale Planung, fehlender Wettbewerb, das System der Planerfüllung und quantitativer Plankennziffern. Die zur Förderung der staatlich gewünschten Absatzfähigkeit der Exportgüter im internationalen Handel notwendigen Innovations- und Motivationskräfte der staatlichen Betriebe werden hierdurch gehemmt.[62] Zudem verleiten ehrgeizige Importziele dazu, die quantitative Produktion nicht absetzbarer Exportgüter zu erhöhen.[63]

Produktionsausfälle, Engpaßsituationen in der inländischen Produktion und permanente betriebliche Nachfrageüberschüsse erfordern zusätzliche ungeplante Importe, ohne die die geplante Exportproduktion gefährdet wäre bzw. die inländi-

---

[61] Vgl. F.D. HOLZMAN (1979), S. 77.
[62] Vgl. J. WINIECKI (1984), S. 101 f.
[63] Vgl. F.D. HOLZMAN (1979), S. 78.

schen Pläne nicht - oder noch schlechter - erfüllt werden können.[64] Zudem lösen chronische inländische Konsumgüterangebotslücken Unzufriedenheit in der Bevölkerung aus. Um das daraus entstehende Konfliktpotential abzubauen, muß der Staat ein bestimmtes Limit an verfügbaren Konsumgütern zur Verfügung stellen, das nur auf dem Wege zusätzlicher Importe zu realisieren ist.

Chronische Zahlungsbilanzungleichgewichte und permanente Devisenlücken können durch folgende Alternativen außenhandelspolitischer Strategien überwunden oder zumindest abgebaut werden:

- Der rentable Exportanteil an der inländischen Produktion ist zu erhöhen und die Produktqualität zu verbessern, um die Absatzchancen auf dem Weltmarkt zu steigern.

- Importreduzierung entweder durch Importsubstitution oder andere Maßnahmen die den Import einschränken.

- Das offizielle Wechselkurssystem ist an die realistischen internationalen Wirtschaftsverhältnisse anzupassen.

- Staatliche Devisenreserven können aufgelöst und Kredite im westlichen Ausland aufgenommen werden.

- Indem kommerzielle und nichtkommerzielle Transaktionen gegen Westdevisen innerhalb des sozialistischen Landes offiziell eingeführt und ausgeweitet werden, eröffnen sich neue inländische Devisenquellen.

In den letzten Jahren konnten immer wieder neue Reformansätze in den sozialistischen Ländern - wenn auch mit unterschiedlicher Intensität - beobachtet werden, durch die

---

[64] Vgl. J. WINIECKI (1984), S. 96.

die außenwirtschaftlichen Situationen verbessert werden sollten.

Die vornehmlich export- und wachstumsorientierten Reformen hatten überwiegend den Abbau der Isolation der inländischen Produktionsbetriebe von den Außenmärkten zum Ziel, um damit die Motivation der Betriebe zur Steigerung ihrer Exporttätigkeit zu erhöhen. Mit einer zunehmenden Einordnung der Export- und Importtätigkeit in die Verantwortungsbereiche der inländischen Produktionsbetriebe soll die strikte Trennung zwischen Außenhandel und Produktion überwunden und die Konkurrenz der am Export beteiligten Betriebe erhöht werden.[65] Darüber hinaus soll durch den direkten Eingang der Exportergebnisse in das gesamte betriebliche Ergebnis der Produktionsbetriebe bzw. der Kombinate ("einheitliches Betriebsergebnis") ein engerer binnen- und außenwirtschaftlicher Rechnungszusammenhang hergestellt werden[66]; denn die direkte Verbindung von Exportleistungsfähigkeit und betrieblicher Fondsbildung ist ein materielles Anreizinstrument für die betriebliche Exportmotivation. Als weiterer materieller Anreiz gilt die Möglichkeit, daß ein inländischer Produktionsbetrieb aus den Exporterlösen einen eige-

---

[65] So etwa bei der Wirtschaftsreform in Polen 1981/1982, wo joint ventures eingerichtet wurden, an denen der Staat mit 51 Prozent beteiligt ist; der Rest verbleibt in den Händen der Produktionsbetriebe. Zusätzlich können einige Produktionsbetriebe Außenhandelslizenzen beantragen oder eine joint venture auswählen, mit der sie ihre Außenhandelstransaktionen durchführen wollen. Vgl. J. ADAMS (1986), S. 302. In der DDR wurde 1981 mit den Reformen zur Kombinatsbildung die Doppelunterstellung der Außenhandelsbetriebe eingeführt (vgl. S. 18 dieser Arbeit). Zusätzlich können "Eigengeschäftstätigkeiten" beantragt werden. Vgl. U. DIECK (1985), S. 125.

[66] "In allen Fällen, in denen das einheitliche Betriebsergebnis (1971 in der DDR eingeführt, P.A.W.) gebildet wird, bezahlt der Außenhandelsbetrieb dem Exportbetrieb den im Exportvertrag mit dem ausländischen Partner vereinbarten Preis. Somit beeinflußt die Höhe der auf den Außenmärkten erzielten Preise das Ergebnis der Kombinate und Betriebe direkt." AUTORENKOLLEKTIV (1984), S. 364.

nen Devisenfonds bilden kann bzw. Devisenkredite erhält und über deren Verwendung für Importe und Investitionen eigenständig entscheiden kann.

Die Reformversuche erzielten aber nicht die gewünschten Erfolge. In den sozialistischen Ländern sind gegenwärtig nur wenige Betriebe bekannt, die die Außenhandelsfunktion besitzen und ohne Vermittlung der staatlichen Außenhandelsbetriebe Außenhandelsgeschäfte tätigen können.[67] Die einheitlichen Betriebsergebnisse erfordern Faktoren zur Umrechnung der Außenhandelspreise in Inlandspreise. Da diese Koeffizienten willkürlich festgelegt sind, werden die Exportumsätze der Produktionsbetriebe und damit deren betriebliche Fondsbildung verzerrt. Damit unterbleibt in beiden Fällen der direkte Zusammenhang zwischen den Auslandsmärkten und den inländischen Produktionsbetrieben.[68] Der Anreiz zur betrieblichen Devisenfondsbildung unterblieb wegen relativ niedriger, staatlich vorgegebener Rückbehaltungssätze für die betrieblichen Deviseneriöse aus dem Export (in Polen 1984 z.B. 12,5 Prozent) und wegen des Risikos, daß betriebliche Devisenkonten im staatlichen Bankensystem eingefroren werden.[69] Insgesamt konnten daher ein Anstieg der rentablen Exporte und damit zusätzliche Devisenzuflüsse nicht erreicht werden.

Viele sozialistische Länder nahmen deshalb Kredite in westlichen Ländern auf, um die Devisenknappheit zu mindern, was aber letztlich zur größten Verschuldungskrise im Ostblock führte. In vielen kleineren sozialistischen Ländern (z.B. Polen, Rumänien) stiegen die Verschuldung (einschließlich Zinszahlung) und die fehlenden staatlichen Devisensummen daraufhin so stark an, daß diese Länder kurzfristig ihre

---

[67] Vgl. J. ADAMS (1986), S. 301 f.; H.-H. DERIX, M. HAENDCKE-HOPPE (1987), S. 210 f.

[68] Vgl. H.-H. DERIX, M. HAENDCKE-HOPPE (1987), S. 212 f.

[69] Vgl. J. ADAMS (1986), S. 302.

Schulden nicht begleichen, sondern nur umschulden konnten.[70]

Wegen der zunehmend schlechteren Devisenlage waren daher viele sozialistische Länder gezwungen, ihre Importe trotz starker Importabhängigkeit zu reduzieren. Die drastischen Importkürzungen schränkten die inländische Bedarfsdeckung erheblich ein.[71] Importsubstitution ist nur dann sinnvoll, wenn der Bedarf an Inputfaktoren für die inländische Produktion nicht die Aufwendungen von Importen übersteigt. Aufgrund der unspezialisierten Produktionsstruktur und der rohstoffintensiven Produktionsverfahren dürfte die Strategie der Importsubstitution die Produktivitäts- und Effektivitätsfortschritte der sozialistischen Planwirtschaften eher hemmen.[72]

Die Zahlungsbilanzungleichgewichte und die daraus resultierenden Devisenprobleme deuten auf eine Überbewertung der sozialistischen Währung hin. Das Wechselkurssystem läßt aber keine Abwertung der inländischen Währung zu, um die Exporte zu motivieren bzw. die Importe zu reduzieren. Damit fehlt ein entscheidender Ausgleichsmechanismus von Zahlungsbilanzungleichgewichten. Die staatliche Zentrale könnte eine Abwertung simulieren, indem die inländischen Exportpreise unter den Weltmarktpreisen festgelegt werden. Der Erfolg ist jedoch gering, wenn Antidumpinggesetze Billigexporte verhindern bzw. die westliche Exportnachfrage preisunelastisch ist, d.h. den Preisvorteilen östlicher Exportprodukte erhebliche Nicht-Preisnachteile gegenüberstehen.[73] Die Problematik überbewerteter inflexibler Wechsel-

---

[70] Vgl. H. MACHOWSKI (1984), S. 164 f.; OECD (1985), S. 15.

[71] Vgl. J. WINIECKI (1984), S. 99; E. BÖHM (1986), S. 101.

[72] Vgl. J. WINIECKI (1984), S. 96 f.

[73] Vgl. F.D. HOLZMAN (1979), S. 78 f.

kurse wurde in den sozialistischen Ländern erkannt und zu Beginn der achtziger Jahre bei den Reformen in Ungarn und Polen aufgegriffen. In Ungarn werden seit 1981 der kommerzielle und nichtkommerzielle Wechselkurs zu einem einheitlichen effektiven Wechselkurs zusammengefaßt. Gleichzeitig wurde die Außenkonvertibilität des Forints angestrebt, d.h. die Verpflichtung, von Ausländern gehaltene Forint-Guthaben im In- und Ausland jederzeit in westliche Währungen zu konvertieren. In Polen wird seit 1982 der Wechselkurs des Binnenzloty im Außenhandel direkt - d.h. ohne Umrechnung über den Valutazloty - zu westlichen Währungseinheiten veröffentlicht (effektiver Wechselkurs). Die Festlegung des Wechselkurses erfolgt auf der Basis der durchschnittlichen Produktionskosten, die nötig sind, um eine Einheit Westwährung im Export zu erwirtschaften.[74] Die seit der Wechselkursreform eingeführte beschränkte Flexibilität des Wechselkurses reichte nicht aus, um die angestrebte Exportrentabilität von mindestens 75 Prozent des Westexportes zu erreichen. Der Zloty ist trotz mehrmaliger Kurskorrekturen weiterhin überbewertet.[75] Die Anpassung der Kurse erfolgt nicht aus dem Verhältnis der inländischen Kaufkraft des Zloty zur Kaufkraft der ausländischen Währungen, sondern aus den gewichteten Kursveränderungen der westlichen Währungen der zehn wichtigsten Handelsländer untereinander.[76] Zudem existieren weiterhin gespaltene Wechselkurse. Da der Wechselkurs für die Berechnung der inländischen Rohstoffpreise erheblich unter den Wechselkursen für Handelstransaktionen liegt, werden rohstoff- und damit importintensive Exporte gefördert.[77] Insgesamt konnten in den einzelnen Ländern trotz staatlicher Simulierung von De-

---

[74] Vgl. E. BÖHM (1983), S. 215.
[75] Vgl. J. ADAMS (1986), S. 302.
[76] Vgl. H. GABRISCH (1983), S. 193.
[77] Vgl. E. BÖHM (1983), S. 215 f.

visenmärkten die notwendigen Abwertungen bisher nicht realisiert werden.[78]

Gründe für die von offizieller Seite nur schwerfällige Bereitschaft zu Reformen des klassischen Außenhandels- und Valutamonopols dürften einmal in der Befürchtung des Verlustes der Abschirmung gegenüber dem kapitalistischen Ausland liegen und auf der anderen Seite in dem Kontrollverlust über die inländische Planerstellung und -durchführung durch wachsende Handlungs- und Entscheidungsspielräume der Betriebe und der privaten Haushalte.

Die bisher beschriebenen Strategien der Exportförderung, der staatlichen Kreditaufnahme (staatliches Devisenangebot steigt) und der Importreduzierung (staatliche Devisennachfrage sinkt) bedürfen zwar einer Auflockerung des staatlichen Außenhandels- und Valutamonopols. Da diese Reformen aber ausschließlich den Handlungsbereich des staatlichen Sektors betreffen, sind sie aus zentraler Sicht wegen der verbleibenden Kontrollmöglichkeiten überschaubar und sowohl ökonomisch als auch politisch vertretbar. Jedoch konnte auch gezeigt werden, daß sie nicht die permanente Devisenknappheit der sozialistischen Länder erheblich und ohne Wohlstandseinbußen abbauen konnten, nicht zuletzt wegen fehlender Unterstützung der Bevölkerung und politischer Krisen.[79]

Als letzte Möglichkeit, den chronischen Devisenmangel zu überwinden, bleibt die Eröffnung neuer Devisenquellen. Diese Strategie erfordert, das strenge Außenwirtschaftsmonopol weiter aufzuweichen. Sie unterscheidet sich von den vorherigen dadurch, daß der private Sektor miteinbezogen wird und damit dessen Entscheidungs- und Handlungsspielräume erweitert werden. Wegen der zugespitzten Devisenlage

---

[78] Vgl. für Ungarn: K. BOTOS, W. RIECKE (1985), S. 188.
[79] Vgl. J. ADAMS (1986), S. 306.

wurde aber in vielen sozialistischen Ländern eine Anpassung des restriktiven staatlichen Devisenmonopols in diese Richtung akzeptiert und durchgeführt.

Um die Devisenzuflüsse in den staatlichen Sektor aus bestehenden und wachsenden Westdevisenbeständen des privaten Sektors zu aktivieren, wurde in den sozialistischen Ländern Anfang der siebziger Jahre - in unterschiedlichem Ausmaß[80] - die private Westdevisenverwendung modifiziert:[81]

- Die private Kassenhaltung von Westdevisen und deren freiwillige Verwendung wurde zunehmend legalisiert.

- Die Anlage von Westdevisen im staatlichen Bankensektor wurde motiviert durch (zinsbringende) Anlagen auf Devisenkonten, verbunden mit außergewöhnlichen Privilegien (Reisegenehmigung, Kaufgenehmigung in staatlichen Westdevisenläden).

- Staatliche Westdevisenläden wurden eingerichtet, in denen Devisenbesitzer knappe und begehrte Inlands- und Auslandswaren erwerben können.

Die letzten beiden Maßnahmen garantieren, besonders bei fehlender Anbietungspflicht von Westdevisen, daß die privaten Westgeldbestände auch tatsächlich in den offiziellen Bankensektor gelangen und damit der staatliche Valutafonds aufgestockt werden kann.

Westdevisen können zudem von Ausländern abgeschöpft werden, indem der Westtourismus gefördert und ausgeweitet wird und

---

[80] Zu Einzelheiten, Besonderheiten und Unterschieden der privaten Devisenverwendung und -absorption in einzelnen Ländern vgl. Kapitel III, Übersicht 5.

[81] Vgl. E. SELL, H.J. THIEME (1980), S. 139; J. BACZYNSKI (1985), A. 280 f.; P. WYCZANSKI (1985), A. 274 f.

Mindestumtauschsätze und Visagebühren eingeführt bzw. erhöht werden.

2. Außenwirtschaftsbeziehungen des privaten Sektors

Alle Transaktionen, die gegen Devisen erfolgen, also auch solche im Inland, werden hier als Außenwirtschaftstransaktionen bezeichnet. In Übersicht 2 sind die Außenwirtschaftstransaktionen in sozialistischen Planwirtschaften dargestellt.

Die Außenwirtschaftstransaktionen des staatlichen Sektors werden auf der Basis des Außenwirtschaftsmonopols direkt mit den ausländischen Handelspartnern durchgeführt. Bei Warenkäufen aus dem Ausland werden Westdevisen abgegeben (Warenimporte) und bei Warenverkäufen an das Ausland Westdevisen erwirtschaftet (Warenexporte). Bei Kapitaltransaktionen entstehen entsprechend Kapitalimporte bzw. -exporte. Der Staat ist Devisenanbieter und Devisennachfrager auf dem staatlichen Devisenmarkt.

Die private Verwendung von Westdevisen erfolgt hingegen unmittelbar im sozialistischen Inland. Die "Inseln" der Westdevisenverwendung innerhalb des sozialistischen Landes können dann als "internes Ausland" bezeichnet werden. Warenkäufe vom "internen Ausland" sind dann "interne" Warenimporte; Warenverkäufe "interne" Warenexporte; Kapitaltransaktionen sind dann entsprechend "interne" Kapitalimporte bzw. -exporte.

Ursachen, Erscheinungsformen und Konsequenzen dieser "internen" Außenwirtschaftsbeziehungen werden in den nachfolgenden Kapiteln analysiert.

Übersicht 2: Außenwirtschaftsbeziehungen in sozialistischen Planwirtschaften

Wirtschafts-sektor (Welt-)Markt-integration	Staatliches Außenwirtschaftsmonopol	Private Außenwirtschaftsbeziehungen
(Welt-) Gütermärkte	Auslands - Gütermärkte (im Ausland): Verkäufe ≙ Warenexporte ≙ Devisenanbieter Käufe ≙ Warenimporte ≙ Devisennachfrager	Auslands - Gütermärkte (im Inland): (Westdevisenläden, Schwarzmärkte) Verkäufe ≙ "interne" Warenexporte ≙ Devisenanbieter Käufe ≙ "interne" Warenimporte ≙ Devisennachfrager
(Welt-) Kapitalmärkte	Auslands - Kapitalmärkte (im Ausland): Verkäufe ≙ Kapitalimporte ≙ Devisenanbieter Käufe ≙ Kapitalexporte ≙ Devisennachfrager	Auslands - Kapitalmärkte (im Inland): (Devisenschwarzmärkte) Verkäufe ≙ "interne" Kapitalimporte ≙ Devisenanbieter Käufe ≙ "interne" Kapitalexporte ≙ Devisennachfrager

3. Westdevisen und Geldfunktionen

Nachdem die institutionellen Rahmenbedingungen und verschiedenen Erscheinungsformen von Außenwirtschaftsbeziehungen dargestellt wurden, kann die ökonomische Bedeutung von Westdevisen analysiert werden. Dabei ist zu fragen, ob und inwieweit Fremdwährungen Geldfunktionen im sozialistischen Inland übernehmen.[82] Hierbei kann von den traditionellen Funktionen des Geldes (Rechenmittel, Tausch- und Zahlungsmittel und Wertaufbewahrungsmittel) ausgegangen werden, die auch in der Politischen Ökonomie des Sozialismus - mit anderen Begriffen[83] - verwendet werden.

Die Tauschmittelfunktion wird von einer Geldart dann uneingeschränkt erfüllt, wenn damit unmittelbar beliebige Güter gekauft und Zahlungen geleistet werden können.[84] Das setzt voraus, daß erstens eine Geldform als allgemeines Zahlungsmittel im Tauschverkehr akzeptiert wird und zweitens der direkte Zugriff auf Güter und Dienstleistungen ohne bzw. mit geringen Kosten (eines Umtausches) gewährleistet ist.

Bei Transaktionen, die zu einem späteren Zeitpunkt erfolgen sollen, sind Unsicherheiten über die zukünftige wirtschaftliche Entwicklung zu beachten. Eine Geldform erfüllt dann uneingeschränkt eine Wertaufbewahrungsfunktion (als Vermögensobjekt), wenn sie Kaufkraft intertemporal sichern kann. Das ist der Fall, wenn sowohl der eigene Preis des Geldes, also sein Nominalwert (Kapitalwert) keinen Veränderungen

---

[82] Die Unterscheidung nach einzelnen Geldfunktionen kann zudem in Kapitel IV genutzt werden, um die spezifischen Determinanten der gewünschten Kassenbestände an in- und ausländischer Währung abzuleiten.

[83] Maß der Werte und Maßstab der Preise, Zirkulations- und Zahlungsmittelfunktion und Akkumulationsfunktion. Vgl. AUTORENKOLLEKTIV (1985), S. 31 ff.; W. SCHLIESSER, U. ZUFELDE (1985), S. 692 ff. und AUTORENKOLLEKTIV (1986,2), S. 361.

[84] Vgl. J.M. KEYNES (1936), S. 170.

ausgesetzt ist und ebenso der Realwert dieses Geldes nicht durch Schwankungen des allgemeinen Preisniveaus verändert wird.[85]

Die heimische Währung einer sozialistischen Planwirtschaft erfüllt als gesetzliches, von der Staatsbank emittiertes Zahlungsmittel generell sowohl die Tauschmittel- als auch die Wertaufbewahrungsfunktion im Inland. Da die inländische Währung aber nur in geringem Maße im staatlichen Westdevisensektor und auf Güterschwarzmärkten (second economy, Schattenwirtschaft) akzeptiert wird, beschränkt sich die Tauschmittelfunktion im wesentlichen auf den staatlichen Sektor. In Zeiten offener Preisinflation oder steigender Konsumgüterrationierung im staatlichen Sektor sinkt der Realwert bzw. die Kaufkraft der inländischen Währung und schmälert somit ihre Funktion als Wertaufbewahrungsaktivum.

Seit den Devisenreformen der siebziger Jahre haben die Westdevisen in sozialistischen Planwirtschaften zunehmend Tausch- und Wertaufbewahrungsfunktion übernommen.[86] Wirtschaftssubjekte können, teilweise ohne Nachweis der Devisenquelle, quantitativ und qualitativ begehrte Konsumgüter direkt gegen Westdevisen in staatlichen Westwährungsläden erwerben. Darüber hinaus werden aus dieser letzten attraktiven Verwendungsmöglichkeit Westdevisen auf den Güterschwarzmärkten als Zahlungsmittel akzeptiert.[87]

Westdevisen erfüllen also die Kriterien eines Tauschmittels, weil sie erstens als Zahlungsmittel akzeptiert werden und zweitens, ohne vorherigen Umtausch in die inländische Währung, zu Käufen bzw. Zahlungsverpflichtungen genutzt werden können. Die Ausübung der Tauschmittelfunktion bleibt

---

[85] Vgl. E.-M. CLAASSEN (1970), 2. A. 1980, S. 42.
[86] Vgl. E. SELL, H.J. THIEME, (1980), S. 131.
[87] Vgl. J. VANOUS (1980), S. 3.

allerdings auf besondere Bereiche der sozialistischen Planwirtschaft beschränkt. Westdevisen befriedigen damit aber tatsächlich einen Teil der inländischen Transaktionsnachfrage nach Geld.

Das Ausmaß der Tauschmittelfunktion von Westdevisen ist abhängig von dem "Grad der Weltgütermarktintegration"[88], d.h. dem Umfang der Möglichkeiten, im Inland Fremdwährungen für aktuelle wirtschaftliche Transaktionen als Zahlungsmittel einzusetzen. Das Verwendungspotential wird bestimmt durch Anzahl, Umfang und Sortiment staatlicher Westgeldläden und durch die Anzahl der Schwarzmärkte, die zur Überwindung von quantitativen und qualitativen Gütermarktrationierungen genutzt werden können. Der "Grad der Weltgütermarktintegration" wächst ebenso mit einer Verringerung staatlicher Friktionen und Barrieren (z.B. einer Verringerung staatlicher Kontrollen und Bestrafungen), die das freiwillige Agieren der privaten Wirtschaftssubjekte auf den Schwarzmärkten erleichtert. In den sozialistischen Ländern hat sich die Weltgütermarktintegration in den letzten Jahren verstärkt: So stieg nicht nur die Anzahl der staatlichen Westdevisenläden[89], sondern in weiten Bereichen der sozialistischen Wirtschaft ist das Vorhandensein von West-

---

[88] Dieser Begriff ist entliehen aus einem Währungssubstitutionsmodell für eine offene Marktwirtschaft, der dort die zunehmende Offenheit und Interdependenz internationaler Gütermärkte und die damit wachsende Rolle der Auslandswährungen für Inländer – zur Reduzierung von Transaktionskosten – zum Ausdruck bringen soll. Vgl. D.T. KING, B.H. PUTNAM, D.S. WILFORD (1978), S. 203.

[89] Vgl. DDR-HANDBUCH (1979), 3. A. 1985, S. 672. Seit Ende 1986 wurde auch in der UdSSR die Anzahl von Westgeldläden erhöht.

währungsbeständen überhaupt erst eine Voraussetzung für ökonomische Transaktionen geworden.[90]

Westdevisen übernehmen darüber hinaus auch Wertaufbewahrungsfunktionen in sozialistischen Planwirtschaften.[91] Während die Inlandswährung dem Risiko des Realwertverlustes durch Konsumgüterrationierung im staatlichen Sektor ausgesetzt ist, bieten Westwährungsbestände einen besonders hohen Sicherheitsgrad gegenüber diesem Realwertrisiko, indem sie Zugriffschancen auf besonders knappe Leistungen ermöglichen (sichere Vermögensaufbewahrung). Diese Vermögensaufbewahrungsfunktion wird um so besser erfüllt, je gesicherter die Kaufkraft von Westwährungen im sozialistischen Inland auch für die Zukunft ist. Denn durch Preissteigerungen in Westdevisenläden und auf Güterschwarzmärkten (in ausländischen Währungseinheiten) wird die Kaufkraft der Fremdwährungen reduziert.[92] Die Westdevisen unterliegen also ebenso einem Realwertrisiko.

Zusätzlich stellen Westdevisen ein attraktives Medium der Vermögensanlage in sozialistischen Planwirtschaften dar, da nur eine beschränkte Anzahl von inländischen Alternativen

---

[90] So muß z.B. in Polen für Auslandsreisen zusätzlich zu dem obligatorischen Devisenausfuhrfonds ein Teil des Urlaubspreises in Westwährung bezahlt werden. Darüber hinaus sind private Dienstleistungen und Schwarzmarkttransaktionen nur auf der Basis von Westwährungen möglich bzw. werden solche Wirtschaftssubjekte, die Westwährungen besitzen, bevorzugt behandelt.

[91] Vgl. A. KATSENELINBOIGEN (1977), S. 84.

[92] Vgl. H.J. THIEME (1983), S. 205.

der Vermögenshaltung existiert.[93] Da die Ertragssätze der alternativen Vermögensformen staatlich fixiert sind, die Ertragssätze für Devisen aber marktmäßig auf den illegalen Devisenschwarzmärkten ermittelt werden, steigt deren Attraktivität; denn bei kurzfristigen Wechselkursschwankungen auf dem Devisenschwarzmarkt entstehen Spekulationsmöglichkeiten (profitable Vermögensanlage). Mit der Existenz von Devisenschwarzmärkten und der damit verbundenen Möglichkeit von Veränderungen der Wechselkurse wird daher ein Element der Unsicherheit zukünftiger Vermögenswerte eingeführt, da Kursgewinne ebenso wie -verluste entstehen können (Nominalwert bzw. Kapitalwertrisiko). Letztlich bieten Westdevisenbestände auch ein langfristiges Wertaufbewahrungsmittel in politisch und ökonomisch unsicheren Zeiten (z.B. Gefahr von Währungsreformen).[94]

Inwieweit Westdevisen als Wertaufbewahrungsmittel verwendet werden, ist abhängig vom "Grad der Weltkapitalmarktintegration"[95], d.h. von den Möglichkeiten der Wirtschaftssubjekte, auf Devisenschwarzmärkten zu agieren. Diese Integration dürfte mit zunehmender staatlicher Duldung außerstaatlicher Devisenmärkte ansteigen.

Übersicht 3 stellt die Geldfunktionen in- und ausländischer Währungen gegenüber. Dabei wird deutlich, daß beide Geldar-

---

[93] Vgl. K.-H. HARTWIG, H.J. THIEME (1984), S. 94; P. WYCZANSKI (1985), A. 276; H. BREZINSKI (1987), S. 155. Die zunehmende Rolle von Auslandswährungen als Realwertsicherung und Vermögensanlagealternative kann verstärkt auch in Entwicklungsländern beobachtet werden. Vgl. V. TANZI, M. BLEJER (1982), S. 781; C.L. RAMIREZ-ROJAS (1986), S. 36; G. ORTIZ (1983) und Kapitel IV. A. 2., S. 132 f.

[94] Vgl. J. VANOUS (1980), S. 3; für Entwicklungsländer: G. ORTIZ (1983), S. 83.

[95] Vgl. D.T. KING, B.H. PUTNAM, D.S. WILFORD (1980), S. 203.

Übersicht 3: Währungen und Geldfunktionen in sozialistischen Planwirtschaften

Geldfunktion / Währung	Recheneinheitsfunktion	Tauschmittelfunktion			Wertaufbewahrungsfunktion		
		Staatlicher Sektor	Staatlicher Westdevisensektor	Schwarzmärkte	Nominalwertsicherheit	Realwertsicherheit	
						Konsumgüterrationierung	Preisinflation
Inländische Währung	ja	ja	beschränkt	beschränkt	ja	nein	nein
Ausländische West-Währung	ja	beschränkt	ja	ja	nein	ja	nein

ten generell Geldfunktionen erfüllen, aber nicht vollständig substituierbar sind:[96]

- Wenn die Grenzen der Verwendbarkeit der beiden Geldformen als Tauschmittel auch fließend und nicht immer genau zu bestimmen sind[97], so kann die Akzeptanz der Ostwährungen als Tauschmittel im wesentlichen auf den staatlichen Sektor und die Akzeptanz der Westwährungen als Zahlungsmittel auf den staatlichen Westdevisensektor und die Schwarzmärkte beschränkt werden.

- Die beiden Währungsarten unterscheiden sich ebenso hinsichtlich ihrer Risiken der Wertaufbewahrung. Gemeinsam unterliegen Ost- und Westwährungen - in einzelnen Ländern in unterschiedlichem Ausmaß - dem Preisinflationsrisiko. Die Ostwährung ist zusätzlich der Konsumgüterrationierung im staatlichen Sektor ausgesetzt. Die Westwährung stattdessen, schließt man "Devisenhaltungsinflation" aufgrund von Westdevisenläden- und Schwarzmarktgüterrationierung aus, ist dem Kapitalwertrisiko - und damit der Unsicherheit über zukünftige pekuniäre Erträge - ausgesetzt.

Wegen der weitreichenden Fähigkeit der Westdevisen zur Abgabe von Gelddiensten und der unvollkommenen Substitution zwischen Ost- und Westwährung können Westdevisen als Nebenwährung im sozialistischen Inland bezeichnet werden.[98]

Da Westdevisen als Tauschmittel im "internen Ausland" akzeptiert werden, ermöglichen sie private "interne" Waren-

---

[96] Vgl. E. SELL, H.J. THIEME (1980), S. 131.

[97] So werden auch Transaktionen im staatlichen Sektor bei besonders knappen und dringend benötigten Gütern mit Westdevisen durchgeführt oder können Güter in Westdevisenläden und auf Schwarzmärkten auch gegen überhöhte Ostmark-Preise erworben werden.

[98] Vgl. E. SELL, H.J. THIEME (1980), S. 128.

und Dienstleistungsimporte und -exporte. Damit wird gegen das staatliche Außenhandelsmonopol verstoßen, wonach allein die staatlichen Außenhandelsbetriebe im- und exportieren dürfen. Die Tauschmittelfunktion der Westdevisen ermöglicht somit eine Warenkonvertibilität der ausländischen Währung für Inländer, die über die staatlich kontrollierbare Warenkonvertibilität hinausgeht.

Die aus Wertaufbewahrungsaspekten (Risiken, Erträge) durchgeführten Ankäufe ("interne Kapitalimporte") und Verkäufe von Devisen ("interne Kapitalexporte") durchbrechen zusätzlich das strenge Valutamonopol, denn durch die Existenz von Devisenschwarzmärkten wird eine "illegale" Konvertibilität der inländischen sozialistischen Währung eingeführt. Zudem wird auf dem Devisenschwarzmarkt ein Wechselkurs determiniert, der erheblich von dem des offiziellen Sektors abweichen kann.

Mit der privaten Verwendung von Westdevisen wird daher das staatliche Außenhandels- und Valutamonopol umgangen. Es eröffnen sich neue Entscheidungs- und Handlungsspielräume für den privaten Sektor.

4. Geldangebotssteuerung

Westdevisen erfüllen also im sozialistischen Inland Geldfunktionen. Ist das Ziel der Geldpolitik, den Bedarf der Volkswirtschaft an Tausch- und Wertaufbewahrungsmitteln zu befriedigen, so sind Westdevisen bei der monetären Planung und Steuerung zu berücksichtigen, wenn ungeplante Inflationsimpulse und -wirkungen verhindert werden sollen.[99] Die geldpolitisch relevante Geldmenge im privaten Sektor setzt sich dann aus einer Inlandskomponente M_1^P (Barbestände der Bevölkerung in Inlandswährung B_1^P und Spareinlagen des pri-

---

[99] Vgl. zu den Real- und Nominaleffekten eines expansiven monetären Impulses Kapitel V. A. 1.

vaten Sektors D_I^P) und einer Auslandskomponente M_A^P (Bardevisen der Bevölkerung B_A^P umgerechnet in Inlandswährungseinheiten über den Schwarzmarktwechselkurs e) zusammen:[100]

$$M^P = M_I^P + M_A^P = B_I^P + D_I^P + B_A^P \; e.$$

In sozialistischen Ländern, in denen zusätzlich (verzinsliche) Devisenanlagekonten (D_A^P) eingerichtet werden können und Devisengutscheine (G_A^P) - obligatorisch - ausgegeben werden, ist die private Geldmenge entsprechend zu erweitern:[101]

$$M^P = B_I^P + D_I^P + (B_A^P + D_A^P + G_A^P) \; e.$$

Jede Erhöhung der Westdevisenbestände im privaten Sektor wirkt expansiv auf die gesamte Geldmenge M^P:[102] Bei Umtausch der Westdevisen im staatlichen Bankensektor erhöht sich die Inlandskomponente M_I^P. Unterbleibt der Umtausch, so wird die Außenkomponente der privaten Geldmenge M_A^P ausgeweitet.

Ist der Wechselkurs auf dem Devisenschwarzmarkt höher als der offizielle Wechselkurs, so wird die Geldmenge des privaten Sektors bei einem Nichtumtausch von Westdevisen aufgrund der Umrechnung über den Schwarzmarktwechselkurs e

---

[100] Vgl. E. SELL, H.J. THIEME (1980), S. 134; P. BÖHM, E. BALTENSBERGER (1982), S. 134; G. ORTIZ (1983), S. 86; K.-H. HARTWIG (1987,1), S. 30.

[101] Werden Devisenkonten der freien Verfügbarkeit der privaten Wirtschaftssubjekte entzogen, so sind sie nicht in der Geldmenge zu berücksichtigen, da sie keine Geldfunktionen erfüllen können. Das gleiche gilt für die plötzliche Entwertung von Devisengutscheinen.

[102] Dies gilt auch, wenn die Staatsbank Westdevisen verkauft: Inlandswährung wird zwar dann durch Auslandswährung substituiert, letztere wird aber über den Schwarzmarktwechselkurs höher als die Inlandswährung bewertet.

stärker ansteigen als wenn sie zum offiziellen Wechselkurs im staatlichen Bankensektor konvertiert werden.

Spiegelt der Schwarzmarktwechselkurs eine realistische Kaufkraftrelation zwischen in- und ausländischer Währung wider[103], so bedeutet dies, daß mit einer Einheit Auslandswährung mehr Gütereinheiten im Inland erworben werden können als mit einer inländischen Währungseinheit. Der freiwillige private Umtausch von Westdevisen auf dem staatlichen Devisenmarkt als Entstehungskomponente der privaten Geldmenge dürfte daher relativ gering sein.

Die obligatorische Mindestumtauschpflicht im Westtourismus hat hingegen mit zunehmenden Reiseerleichterungen als Entstehungskomponente der inländischen Geldmenge an Bedeutung gewonnen.[104] Die Inlandskomponente der privaten Geldmenge wird somit auch abhängig von der Touristenzahl aus dem westlichen Ausland.

Werden private Westdevisenbestände für Reisen in den Westen aufgelöst und dort verausgabt, sinkt die private Geldmenge im sozialistischen Inland.

Die Tatsache, daß Westdevisen Bestandteil der relevanten Tausch- und Wertaufbewahrungsgeldmenge sind, stellt die für die monetäre Planung und Steuerung zuständigen staatlichen Organe vor zusätzliche Probleme:

---

[103] Vgl. zur Diskussion, inwieweit der Schwarzmarktwechselkurs die tatsächliche Kaufkraft widerspiegelt bzw. die inländische Währung unterbewertet: B.D. SEVERA (1983), S. 154; J. BACZYNSKI (1985), A. 283; M. NOWAK (1985), S. 22; A. GWIAZDA (1986), S. 36; E.-S. EL-SHAGI (1987), S. 311.

[104] Vgl. Kapitel III. A., S. 56.

- Der staatlichen Planung obliegt nur die inländische Komponente der privaten Geldmenge.[105] Die absolute Höhe und die jährliche Veränderungsrate der Westdevisenbestände kann die staatliche Plankommission nicht vorherbestimmen, denn die Westwährungsbestände gelangen teilweise direkt, d.h. ohne staatliche Beteiligung und Kontrollmöglichkeiten, aus dem Ausland in den Wirtschaftskreislauf des sozialistischen Inlandes.[106] Für eine planmäßige Geldversorgung ist die staatliche Zentrale daher auf Schätzungen der privaten Westdevisenbestände angewiesen.[107]

- Die Steuerung der privaten Geldmenge durch die staatlichen Organe wird erschwert, da mit jedem Zufluß an Westdevisen die Außenkomponente und damit das Zahlungsmittelpotential im privaten Sektor und durch den ungeplanten Umtausch von Westdevisenbeständen im staatlichen Bankensektor die Inlandskomponente außerplanmäßig erhöht wird.

Das Ziel des staatlichen Valutamonopols, die Binnen- und Außenwirtschaft strikt voneinander zu trennen und damit letztlich auch Auslandseinflüsse auf die Geldversorgung im Inland zu vermeiden, wird durch den jederzeitigen ungeplanten Zufluß an Westdevisen und die immerwährende Möglichkeit des Umtausches von Westdevisen im staatlichen Bankensektor also nicht erreicht.

---

[105] Vgl. E. SELL, H.J. THIEME (1980), S. 135.

[106] Vgl. J. BACZYNSKI (1985), A. 281 f.; C.L. RAMIREZ-ROJAS (1985), S. 641 und Kapitel III. A.

[107] So hat das Finanzministerium in Polen in den siebziger Jahren Schätzungen über private Devisenbestände durchgeführt. Vgl. J. BACZYNSKI (1985), A. 282.

III. Außerstaatliche Devisenmärkte

Mit der Zunahme der Verwendungsmöglichkeiten der Westdevisen in sozialistischen Planwirtschaften stieg die Nachfrage des privaten Sektors nach der Nebenwährung erheblich an. Aus dem Versuch, die staatliche Devisenknappheit durch Abzug privater Devisenbestände zu mindern, entstand das zusätzliche Problem der Devisenknappheit im privaten Sektor.

Zwar wurden durch die Einführung von staatlichen Westdevisengeschäften und Devisenanlagekonten bei der Staatsbank - ohne Nachweis der Devisenquellen - die Einsatzmöglichkeiten der Westdevisen einer breiteren Schicht der Bevölkerung zugänglich; auf der anderen Seite erfordert aber die zusätzliche private Devisennachfrage ein entsprechendes Devisenangebot.

Im folgenden wird gezeigt, auf welchen Wegen Westwährungen in das sozialistische Inland übertragen werden und welche Devisenquellen speziell dem privaten Sektor zur Verfügung stehen, um abschließend einen empirischen Überblick über Ausmaß und Entwicklung privater Devisenaustauschbeziehungen in einigen osteuropäischen Planwirtschaften zu geben.

A. Übertragungswege von Westdevisen

Direkte Transfers von Westdevisen aus dem kapitalistischen Ausland an den privaten Sektor des sozialistischen Inlandes[1], d.h. ohne Vermittlung der sozialistischen Staatsorgane, können in folgenden Formen auftreten:[2]

---

[1] Der private Sektor des Inlandes umfaßt hier alle privaten Haushalte.

[2] Vgl. für sozialistische Planwirtschaften J. VANOUS (1980), Table 1, S. 15; allgemein M. NOWAK (1985), S. 21 und für Entwicklungsländer C.L. RAMIREZ-ROJAS (1986), S. 35.

- Inländische Wirtschaftssubjekte mit Wohnsitz im sozialistischen Inland erhalten Geldgeschenke in Westwährungen von westlichen Freunden und Verwandten. Die Wurzeln und der Umfang dieser Zahlungsströme sind häufig historisch erklärbar: z.B. Emigration von Polen in die USA[3] und erzwungene oder freiwillige Trennung von Familien durch und nach dem Mauerbau in Berlin.

- Inländische Wirtschaftssubjekte mit Wohnsitz im sozialistischen Inland erhalten Westdevisenüberweisungen von Wirtschaftssubjekten inländischer Nationalität mit Wohnsitz im kapitalistischen Ausland, die dort in den legalen Besitz von Westdevisen gelangen: Diplomaten, Außenhandelsvertreter, Techniker, Konstrukteure und Bauarbeiter aus dem sozialistischen Inland.

- Ausländischen Wirtschaftssubjekten mit Wohnsitz im sozialistischen Inland werden Westdevisen von westlichen Institutionen auf legaler Basis überwiesen: Diplomaten des kapitalistischen Auslandes, ausländische Studenten, ständige Geschäftsvertretungen, Bauarbeiter und Pensionäre.

- Inländische Wirtschaftssubjekte mit Wohnsitz im sozialistischen Inland, die gelegentlich legal in den Westen reisen oder häufig aus beruflichen Gründen im Inland in engem Kontakt zu westlichen Ausländern stehen und legal Westdevisen erhalten: Künstler, Regierungsmitglieder, Arbeiter und Sportler bzw. Hotel- und Reisebüroangestellte sowie Taxifahrer.

Eine indirekte Quelle der Erhöhung privater Westdevisenbestände ist die legale Konvertierung der heimischen Währung gegen Westdevisen zum offiziellen Wechselkurs bei der inländischen Staatsbank (staatlicher Devisenmarkt). Als

---

[3] Vgl. P. WYCZANSKI (1985), A. 275.

potentielle Devisennachfrager kommen allerdings nur ausgewählte Personengruppen in Frage, die Westdevisen - für speziell in den devisenrechtlichen Regelungen festgeschriebene Zwecke - gegen Inlandswährung erhalten.[4] Lohn- und Prämienzahlungen staatlicher Betriebe und sonstiger öffentlicher Einrichtungen in Westwährungen erhöhen ebenso indirekt - über den Staatssektor - den Zufluß ausländischer Währung an den privaten Sektor.[5]

Die Quellen für den staatlichen Devisenmarkt aus dem westlichen Ausland entspringen im wesentlichen

- aus dem Westtourismus, durch Zahlungen von Visagebühren und Mindestumtauschsätzen[6] oder aus Geschenkdiensten;[7]

---

[4] So steht jedem Wirtschaftssubjekt mit einer Ausreisegenehmigung für das westliche Ausland eine Pauschale an Westdevisen - umgetauscht zum offiziellen Wechselkurs - bei Reiseantritt zu. In der DDR wurde zum 1. Juli 1987 der Devisenumtauschsatz von 70 Ost-Mark auf 15 Ost-Mark im Verhältnis 1 : 1 zur D-Mark reduziert mit der Begründung der staatlichen Devisenknappheit, da der Reiseverkehr in den Westen die DDR jährlich 150 Millionen DM kostet. Vgl. SZ vom 7. Juli 1987, S. 1 f. Vgl. auch P. WYCZANSKI (1985), A. 275.

[5] Vgl. E. SELL; H.J. THIEME (1980), S. 129; "In October (1977, P.A.W.), some East Berliner factory workers shockingly asked their bosses for their salaries to be paid out in hard Deutsche Mark." WORLD CURRENCY YEARBOOK (1985), S. 273.

[6] Die Einnahmen aus dem Mindestumtauschsatz werden jährlich auf fast eine halbe Milliarde DM geschätzt. Vgl. H. LAMBRECHT (1987), S. 634.

[7] Staatliche Geschenke-Shops vertreiben Waren an inländische Wirtschaftssubjekte, die zuvor von Westlern in Westwährung bezahlt wurden. GARLAND schätzt den Umsatz des Geschenkevertriebs Genex und der Intershops in der DDR auf mehr als 850 Millionen DM pro Jahr. Vgl. J. GARLAND (1986), S. 193.

- und aus Krediteinnahmen und Benutzungsgebühren[8];

und versickern

- durch Warenimporte der sozialistischen Außenhandelsbetriebe mit dem westlichen - und teilweise auch sozialistischen - Ausland;[9]

- durch Finanztransfers, z.B. Kreditvergabe an Entwicklungsländer und Benutzungsgebühren im Reiseverkehr.

Die privaten Westdevisenbestände werden durch legale Käufe in den staatlichen Devisenläden und durch Anlage auf staatlichen Devisenkonten teilweise absorbiert. Wegen dieser attraktiven Verwendungsmöglichkeiten dürfte der Umtausch von Westdevisen bei der Staatsbank zum offiziellen Wechselkurs vernachlässigbar gering sein.

In der nachfolgenden Übersicht 4 werden die wichtigsten Übertragungskanäle und Absorptionsmöglichkeiten von Westdevisen zwischen dem sozialistischen Inland und dem kapitalistischen Ausland und innerhalb der Zentralverwaltungswirtschaft zusammengefaßt.

---

[8] Die Bundesrepublik Deutschland zahlt nach Angaben des Bundesministeriums des Inneren jährlich 525 Millionen DM an Transitpauschale und 200 Millionen DM an Postpauschale an die DDR-Regierung. Vgl. SZ vom 7. Juli 1987, S. 1.

[9] Vgl. A. GWIAZDA (1986), S. 31: "Es sollte angemerkt werden, daß einige sozialistische Länder sogenannte 'harte Währungen' (US-Dollar, Schweizer Franken) zur Grundlage von Handelsvereinbarungen haben. Z.B. werden Zahlungen für die Warenlieferung zwischen Polen und der Volksrepublik China in Schweizer Franken abgewickelt. Seit den achtziger Jahren sind einige RGW-Länder wie z.B. Ungarn und die Sowjetunion dazu übergegangen, sich zusätzliche Warenlieferungen, die in den vorher beschlossenen Handelsabkommen nicht vereinbart worden waren, in 'harter Währung' vergüten zu lassen." Die Westdevisen haben somit mittlerweile auch die Funktion einer "staatlichen" Nebenwährung eingenommen.

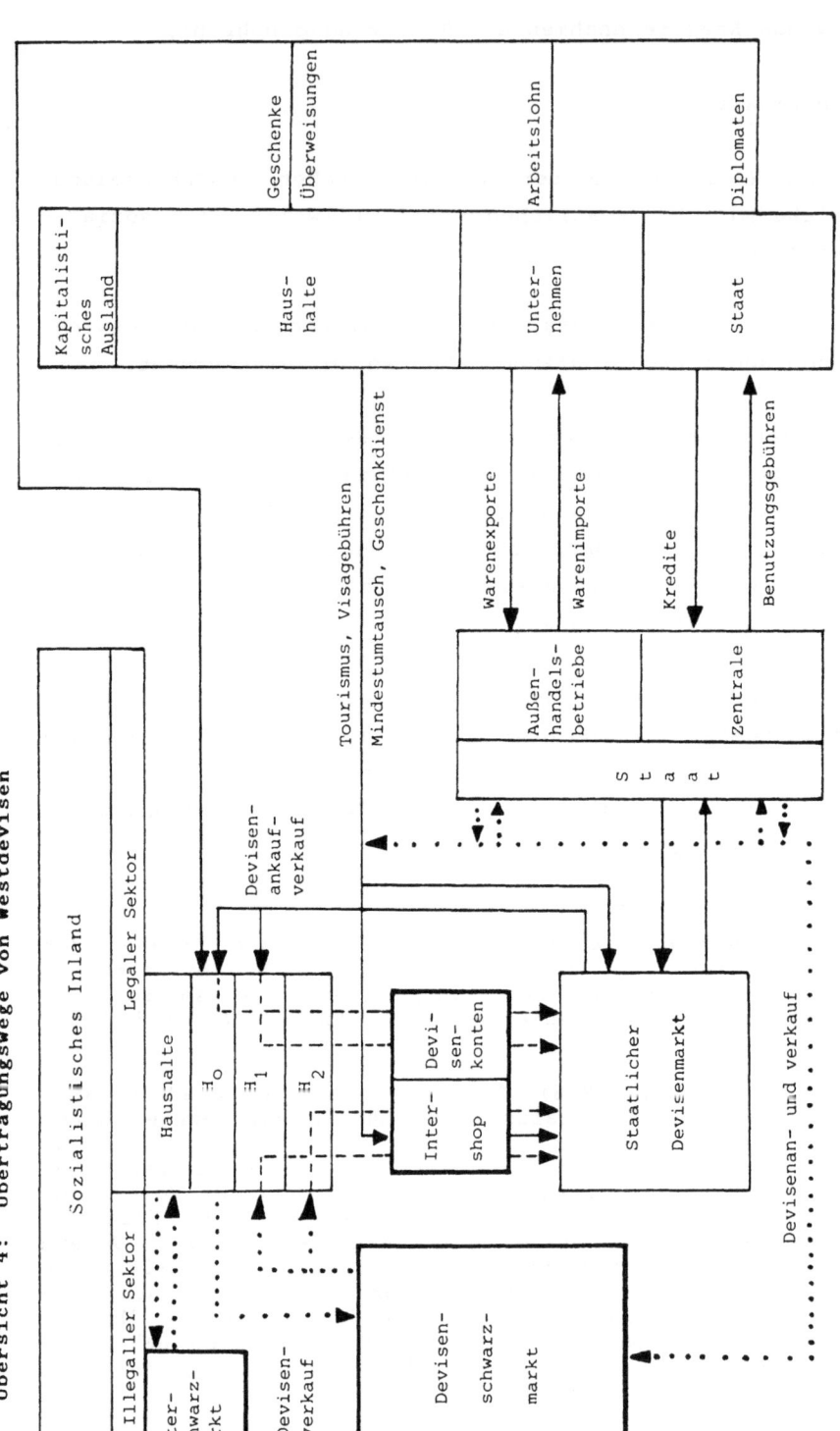

Übersicht 4: Übertragungswege von Westdevisen

Dabei wird deutlich, daß einzelne private Wirtschaftssubjekte in der Devisenversorgung diskriminiert werden. Erstens haben nicht alle inländischen Wirtschaftssubjekte den (gleichen) Zugang zu den privaten Übertragungskanälen von Westdevisen aus dem westlichen Ausland. Zweitens wird die private Devisennachfrage der benachteiligten Wirtschaftssubjekte durch die restriktive Vergabe des staatlichen Devisenangebotes zusätzlich rationiert. Innerhalb der sozialistischen Gesellschaft entsteht ein Zwei-Klassen-System: die Klasse der Devisenbesitzer (H_0, H_1) und die Klasse der "Devisenlosen" (H_2)[10] ("two-tier economy"[11]).

B. Devisenschwarzmärkte

1. Definition

Parallel zu anderen mengenrationierten Gütern und Dienstleistungen wird der private Sektor Wege suchen, um die staatliche Devisenrationierung zu überwinden. Es wird sich ein außerstaatlicher Markt für Devisen herausbilden, auf dem

- Devisenanbieter bereit sind, Westdevisen gegen einen das offizielle Austauschverhältnis überschreitenden Wechselkurs anzubieten;

- Devisennachfrager bereit sind, Westdevisen gegen einen höheren außerstaatlichen Wechselkurs nachzufragen.[12]

---

[10] Vgl. J. BACZYNSKI (1985), A. 283.

[11] WORLD CURRENCY YEARBOOK (1986), S. 309; für Polen wird sogar eine Drei-Klassen-Gesellschaft beschrieben: "Thus Poles were divided into three classes - those with access to U.S. Dollars, those without Greenbacks but with Zlotych, and those who had neither Dollars nor Zlotych." WORLD CURRENCY YEARBOOK (1986), S. 679.

[12] Vgl. S. GUPTA (1980), S. 273; K.-E. LOHMANN (1986), S. 184.

Dieser Devisenmarkt erfüllt die fehlende Allokationsfunktion des staatlichen Devisenmarktes, indem Devisenbestände von den Devisenbesitzern zu den "Devisenminderbemittelten" und "Devisenlosen" umgeleitet werden, und ergänzt zugleich das staatlich reglementierte Devisenangebot, da potentielle Devisenempfänger ihre nicht befriedigte Devisennachfrage auf dem außerstaatlichen Devisenmarkt stillen können.[13]

Damit wird eine zusätzliche private Devisenquelle im sozialistischen Inland eröffnet, die die durch staatliche Devisenreformen erweiterten Einsatzmöglichkeiten von Westdevisen auch für weite Bevölkerungskreise erst realisierbar machen.

Da der Preis für Westdevisen auf diesem außerstaatlichen Markt im Gegensatz zum offiziellen Wechselkurs des staatlichen Devisenmarktes marktmäßig ermittelt wird[14], entstehen zusätzlich Spekulationsmöglichkeiten für alle Bevölkerungsschichten.

Der Handel mit Devisen außerhalb des staatlichen Devisenmonopols ist dennoch weiterhin untersagt. Der oben beschriebene Devisenmarkt ist daher illegal, in dem Sinne, daß die Marktteilnehmer - private oder staatliche In- und Ausländer - offiziell nicht zum An- oder Verkauf von Devisen berechtigt sind. Wegen dieser gegen das staatliche Valutamonopol verstoßenden Tauschakte soll der außerstaatli-

---

[13] In der Literatur wird ausschließlich diese Aggregationsfunktion der Devisenmärkte genannt, während die nicht weniger wichtige Allokationsfunktion - und damit auch das Spekulationsmotiv - vernachlässigt wird. Vgl. M.A. SHEIKH (1976), S. 14; J. VANOUS (1980), S. 3; M. NOWAK (1984), S. 407: "The excess demand thus created is satisfied in a secondary or parallel market."

[14] Vgl. M.I. BLEJER (1978,1), S. 117.

che Devisenmarkt als Schwarzmarkt für Devisen bezeichnet werden.[15]

Je nachdem, welche Landeswährung auf welchem nationalen Territorium gehandelt wird, kann man drei Ausprägungen von Devisenschwarzmärkten unterscheiden: Schwarzmärkte für Ostdevisen, Westschwarzmärkte für Westdevisen und Ostschwarzmärkte für Westdevisen.

2. Schwarzmärkte für Ostdevisen

Schwarzmärkte für Ostdevisen oder Intra-COMECON-Devisenmärkte sind inoffizielle Devisenmärkte innerhalb der sozialistischen Staatsgrenzen, auf denen ausschließlich sozialistische Währungen zu einem marktmäßig ermittelten Wechselkurs gehandelt werden.

RGW-Währungen sind auch innerhalb des östlichen Währungsverbundes nicht konvertibel. Sie können daher nur bei

---

[15] So auch A. KATSENELINBOIGEN (1977), S. 80; J. VANOUS (1980), S. 14; M.I. BLEJER (1978, 2), S. 767: "The term 'black market' is used here to indicate an unofficial market in which transactions are carried out at a price differing from that in the official market. Although black-markets activities are illegal, the governments in the countries studied as a rule tolerated them." Letzteres veranlassen R. DORNBUSCH, D.V. DANTAS, C. PECHMAN, R. DE REZENDE ROCHA, D. SIMOES (1983), S. 26 zur anderen Namensgebung: "The black market is not clandestine, however. Indeed, it is called the 'parallel market', suggesting an intermediate position of legality in that it is illegal, but also conspicuously public and, it would appear, officially tolerated." Darüber hinaus werden auch die Begriffe freier und inoffizieller Markt verwendet, vgl. M. NOWAK (1985), S. 20. Diese Begriffsvielfalt gilt für die Beschreibung außerstaatlicher Aktivitäten in sozialistischen Planwirtschaften generell, vgl. G. GROSSMAN (1977), S. 221.

der inländischen Staatsbank gegen den offiziell fixierten Wechselkurs erworben werden.[16]

Für den nichtkommerziellen Zahlungsverkehr innerhalb der RGW-Länder existieren zudem - neben einigen Ausnahmen für ungarische und ostdeutsche Touristen - Höchstgrenzen für den Umtausch einer osteuropäischen Währung in andere Währungen der sozialistischen Länder. Unterschiede in der quantitativen und qualitativen Konsumgüterversorgung in einzelnen sozialistischen Ländern motivieren die stärker rationierten Wirtschaftssubjekte zu "Einkaufsreisen" in die relativ besser ausgestatteten Länder, wo sie gegen "Hartostwährungen" Güter einkaufen können, die im eigenen Land nicht oder nur zu höheren Preisen zu erwerben sind.

Damit besteht innerhalb der RGW-Staaten ein Bedarf der privaten Wirtschaftssubjekte an Ostwährungen, der durch das reglementierte Devisenangebot des Staates nicht gedeckt wird. Es entwickelt sich ein inoffizieller Devisenmarkt.[17] Dort werden Ostwährungen zu höheren Wechselkursen als den staatlich reglementierten angeboten und nachgefragt.

Besonders ausgeprägt sind diese außerstaatlichen Aktivitäten in Polen, wo ein chronischer Mangel an Konsumgütern herrscht. Für intra-interne private Konsum-

---

[16] Diese RGW-Wechselkurse sind jedoch so festgelegt, daß einige osteuropäische Währungen gegenüber anderen RGW-Währungen über- bzw. unterbewertet sind. Dem konnten auch mehrere Abwertungen z.B. des überbewerteten Zloty gegenüber dem unterbewerteten ungarischen Forint und der Mark der DDR nicht entgegenwirken, vgl. J. VANOUS (1980), S. 33; H. GABRISCH (1983), S. 193; WORLD CURRENCY YEARBOOK (1986), S. 677 ff.

[17] Anders A. ZWASS (1979), S. 183: "The demand for foreign exchange is more or less satisfied only in intra-CMEA relations and in this area no gray market has grown up."

güterimporte aus der DDR, der CSSR und Ungarn werden die Mark der DDR, die Krone der CSSR und der ungarische Forint auf Devisenschwarzmärkten mit Aufschlägen bis zu hundert Prozent auf die offiziellen Kurse gehandelt.[18]

Um den unerwünschten Ausverkauf des auch von den Inländern begehrten Konsumgüterangebotes zu unterbinden, reagierten die obengenannten Länder auf die ungeplanten intra-internen Exporte mit erheblichen Restriktionen für den Osttourismus. So müssen polnische Touristen seit 1972 eine Sondersteuer beim Ankauf von osteuropäischen Währungen entrichten; der Steuersatz beträgt für die DDR-Mark 36 Prozent des Touristenkurses und für die restlichen osteuropäischen Währungen 15 Prozent.[19] Seit 1980 fordert die CSSR von polnischen Touristen einen Mindestumtausch von 80 CSSR-Kronen pro Tag. Daneben wurden Häufigkeit und Dauer der Reisen von Osttouristen in andere osteuropäische Länder beschränkt. So ist es polnischen Touristen seit 1979 untersagt, länger als zwei Wochen in die DDR zu reisen, und ein Aufenthalt in der

---

[18] Vgl. WORLD CURRENCY YEARBOOK (1986), S. 686; A. GWIAZDA (1986), S. 36, hat für Polen folgende Ostwährungsschwarzmarktwechselkurse - im Vergleich zu den offiziellen Touristenkursen - für Juli 1985 ermittelt:

Osteuropäische Währungen	Offizieller Touristenwechselkurs einer Einheit der Fremdwährung in Zloty	Ostwährungsschwarzmarktwechselkurse in Zloty
1 DDR-Mark	31,5	60 - 100
1 CSSR-Krone	10,1	20 - 22
1 Forint	6,0	10 - 15

[19] Vgl. WORLD CURRENCY YEARBOOK (1986), S. 683.

CSSR wird ihnen seit 1980 nur noch für höchstens drei Monate gewährt.[20]

Im weiteren kann auf eine differenzierte Analyse der Intra-COMECON-Schwarzmärkte verzichtet werden, jedoch sind deren Entstehungsgründe bei der Interpretation der unterschiedlichen Entwicklungen der Schwarzmarktwechselkurse für Westdevisen einzelner osteuropäischer Länder zu berücksichtigen.

3. Westschwarzmärkte für Westdevisen

Westschwarzmärkte für Westdevisen sind Devisenmärkte, die sich außerhalb der Staatsgrenzen sozialistischer Planwirtschaften bilden und auf denen sozialistische Währungseinheiten gegen Westwährungseinheiten zu einem marktmäßig ermittelten Wechselkurs angekauft und verkauft werden. Aus der Sicht der westlichen Länder sind diese Devisenmärkte legal; in den sozialistischen Ländern werden sie aufgrund des Ein- und Ausfuhrverbotes von Ostdevisen jedoch als illegale Devisenmärkte betrachtet.

Ostdevisen werden von Diplomaten, Wissenschaftlern, Künstlern und anderen Wirtschaftssubjekten mit häufigen Reisen in den Westen (z.B. Rentnern) im westlichen Ausland und dort vorwiegend an den privaten Wechselstuben[21] der Grenzstädte angeboten. Insbesondere für die erstgenannte Gruppe

---

[20] Vgl. WORLD CURRENCY YEARBOOK (1986), S. 679.

[21] Zur Geschichte der Wechselstuben, die erste wurde im britischen Sektor von Berlin am 2. August 1948 zugelassen und begann mit einem Wechselkurs von 1 D-Mark zu 2,2 Ostmark, vgl. I.L. COLLIER, D.H. PAPELL (1988). Zuvor galt ein fixierter Wechselkurs von 1:1 aus politischen Gründen. Die Nachfrage nach Ostmark war begründet aus der Vorschrift, das 75 v.H. der Löhne in Ostmark ausgezahlt werden mußten. Als wesentliche historische Determinante der Wechselkursentwicklung in den Wechselkursstuben vor dem Berliner Mauer-Bau wird der Flüchtlingsstrom und damit das Angebot von Ostmark genannt. Nach dem Mauer-Bau sank dieser Anteil natürlich drastisch.

ist die Ausfuhr von Ostwährungen relativ risikolos, da sie aufgrund des besonderen Personenstatus beim Grenzübergang häufig keinen Devisenkontrollen unterzogen wird.[22]

Die gegen einheimische Währungen erworbenen Westdevisen werden entweder verwendet, um westliche Luxusgüter zu erwerben oder Devisenkonten im westlichen Ausland zu eröffnen bzw. aufzustocken. Der letztgenannte Weg der Umgehung der staatlichen Devisenrationierung und Devisenverwendung hat den erheblichen Vorteil der Verzinsung. Ein Erwerb von Westdevisen auf dem sozialistischen Schwarzmarkt für Westwährung erlaubt dagegen meist nur eine zinslose Bardevisenhaltung.

Besonders beachtenswert ist, daß die sozialistischen Länder selbst durch direkte Abgesandte oder durch Diplomaten, Angehörige aus Betrieben etc. an den Westschwarzmärkten für Westdevisen handeln.[23] Damit wird gegen die eigenen Devisengesetze verstoßen, was folgende Ursachen hat:

Erstens sind die westlichen Bankzentren für viele sozialistische Staatsbanken die einzigen Quellen, die kurzfristig hohe Beträge von Westdevisen gegen die heimische inkonvertible Währung - wenn auch gegen einen höheren als den offiziellen Wechselkurs - zur Verfügung stellen können. Die kurzfristige Zahlungsunfähigkeit der sozialistischen Länder in Westdevisen kann entweder durch fällig werdende

---

[22] Dies gilt weniger für die letztgenannte Gruppe; so berichtet z.B. die SZ vom 6.4.1987, S. 2, daß ein DDR-Rentner, der 20.000 Ostmark in die Bundesrepublik Deutschland schmuggeln wollte, zu einer Geldstrafe in Höhe von 12.000 Ostmark verurteilt wurde. Zusätzlich wurden die 20.000 Ostmark eingezogen.

[23] "The quantity of banknotes directly of the printing press that was arriving in major centers of external black market activity and the regularity of their arrivals were too great not to suspect a highly organized operation that would have required the participation of government authorities." J. VANOUS (1980), S. 21.

Rückzahlungen von Westdevisenkrediten oder zur Finanzierung dringend notwendiger - geplanter oder ungeplanter - Westgüterimporte verursacht sein.[24] Dabei tauchen die teilweise neuen, teilweise gebrauchten Geldscheine z.B. der DDR in Banderolen der Staatsbank überwiegend in Zürich und Wien, weniger in West-Berlin auf. Es wird vermutet, daß die DDR-Regierung aus Sorge um die Geheimhaltung aufgrund der speziellen innerdeutschen Situation den kostenintensiveren indirekten Umtausch von DDR-Mark in DM über die Schweiz einem direkten Umtausch in West-Berlin vorzieht.[25] Andererseits können die stärkeren Aktivitäten in Zürich und Wien ein Indiz dafür sein, daß außer der DDR auch andere Ostblockstaaten Ost-Mark-Bestände - aus Handelsgeschäften mit der DDR - außerhalb der sozialistischen Staatsgrenzen anbieten, um begehrte und knappe Westdevisen zu erhalten.[26] Eine konkrete Aussage über die Wichtigkeit einzelner Transaktionspartner am Westschwarzmarkt für Westwährung kann wegen fehlender Kontrollmöglichkeiten der Übertragungs- und Absorptionswege von Ostwährungen, insbesondere Ost-Mark-Beständen, in das westliche Ausland nicht gemacht werden.

---

[24] So wird z.B. vermutet, daß ein akuter Silbermangel der mikroelektronischen Industrie in der DDR zu Beginn des Jahres 1987 (DER SPIEGEL (1987), S. 90) und die starke Nachfrage nach industriellen Gütern des Energiesektors und Reparaturleistungen im westlichen Ausland aufgrund der außergewöhnlichen Kälteperiode 1986/87 ein zusätzliches Angebot an DDR-Noten in Westeuropa - und damit verbundene Wechselkursstürze - verursacht haben (DEUTSCHE SPARKASSENZEITUNG (1987), S. 1). Zumindest fiel in West-Berlin der DM-M-Wechselkurs Ende Januar 1987 auf seinen bisherigen Tiefstkurs von 100 Ost-Mark zu 8,85 West-Mark, vgl. J. NAWROCKI (1987), S. 29.

[25] Vgl. J. VANOUS (1980), S. 58 f., Fußnote 17.

[26] Zudem könnte es sein, daß die kleinen privaten Wechselkursstuben in West-Berlin, deren Ost-Mark-Angebot hauptsächlich von Reisenden aus der DDR gespeist wird, diese Ostgeldbestände nicht in Berlin, sondern lieber in Zürich oder Wien zurücktauschen, vgl. J. NAWROCKI (1987), S. 29.

Zweitens suchen die sozialistischen Staatsbanken nach Möglichkeiten der Intervention auf inländischen Devisenschwarzmärkten, je mehr sie die Kontrolle über diese Schwarzmärkte verlieren.[27] Direkte staatliche Interventionen in die inländischen Devisenschwarzmärkte sind wegen des hohen Personaleinsatzes und des notwendigen Vertrauensschutzes der Mittlerpersonen sehr kostspielig. Erhöhen die sozialistischen Autoritäten dagegen das westliche Ostwährungsangebot, so können sie ceteris paribus - ohne hohe Transaktionskosten - den externen westlichen Schwarzmarktwechselkurs anheben. Westtouristen mit einer sehr preiselastischen Devisennachfrage könnten dann motiviert werden, statt im sozialistischen Inland bereits im westlichen Ausland Ostwährungen zu einem günstigeren Wechselkurs zu erwerben, was gleichbedeutend wäre mit einer Verringerung des Schwarzmarktangebotes an Westdevisen und der Schwarzmarktaktivitäten im sozialistischen Inland. Der Erfolg dieser Interventionen erscheint jedoch zweifelhaft, wenn man bedenkt, daß die Einfuhr von Westdevisen im Gegensatz zur Einfuhr von Ostdevisen in sozialistische Länder nicht illegal ist und Westdevisen als Geldgeschenke wesentlich beliebter sind als Geldgeschenke in einheimischer Währung.

Drittens kann die Ausnutzung der Arbitrage zwischen internem und externem Westwährungsschwarzmarktwechselkurs ein staatliches Spekulationsmotiv begründen.[28] Die Staatsbanken werden dann Ostwährungen gegen Westdevisen im westlichen Ausland anbieten, wenn der Schwarzmarktwechselkurs im sozialistischen Inland höher ist als im westlichen Ausland.

---

[27] So etwa, wenn trotz erheblich steigender Touristenzahlen der staatliche Zufluß an Westdevisen stagniert. J. VANOUS (1980), S. 59, Fußnote 18, nennt hierzu das Beispiel Ungarn. Hier sind aufgrund von Visaerleichterungen im Jahre 1977 zwar die Zahl der österreichischen Touristen erheblich, die staatlichen Deviseneinnahmen dagegen nur um ein Prozent angestiegen.

[28] Vgl. J. VANOUS (1980), S. 23.

In diesem Fall erhalten sie beim Rücktausch der erworbenen Westdevisen auf dem internen Schwarzmarkt für Westwährung mehr Ostwährungseinheiten als sie zu Beginn eingesetzt haben. Diese Transaktionen sind aus staatlicher Sicht jedoch nur sinnvoll, wenn ein Rückfluß der nun angestiegenen privaten Westdevisenbestände in den staatlichen Sektor gesichert ist. Denn nur dann wird die Kaufkraftabschöpfung der einheimischen Währung mit einem Anstieg der staatlichen Westdevisenbestände einhergehen. Ist der Wechselkurs auf dem Westschwarzmarkt dagegen höher als der Wechselkurs auf dem internen Schwarzmarkt für Westdevisen, dann wird der sozialistische Staat als Nachfrager nach Ostwährungen im westlichen Ausland auftreten. Beim Rücktausch dieser Ostwährungsbestände in Westdevisen auf dem sozialistischen Schwarzmarkt für Westdevisen erhalten sie dann pro Ostwährungseinheit einen höheren Betrag an Westdeviseneinheiten als sie im westlichen Ausland hingegeben haben.

Neben den staatlichen Institutionen treten zusätzlich Berufsspekulanten als Nachfrager und Anbieter von Ostwährungen auf dem westlichen Devisenschwarzmarkt auf, um Wechselkursgewinne zu realisieren.

Insgesamt scheint es realistischer, daß der inländische Schwarzmarktwechselkurs höher ist als der ausländische.[29] Einerseits übersteigt im kapitalistischen Ausland das Angebot an Ostwährungen die Nachfrage erheblich, was in einem tendenziell steigenden Wechselkurs zum Ausdruck kommt (vgl. als Beispiel Abb. 1). Andererseits besteht ein Nachfrageüberschuß nach Westdevisen im sozialistischen Inland. Zudem dürfte der Schwarzmarktwechselkurs im sozialistischen Inland stärker auf innenpolitische Veränderungen reagieren als der Wechselkurs auf dem Auslandsschwarzmarkt. Dennoch ist nicht auszuschließen, daß Arbitrageprozesse für eine

---

[29] Vgl. A. GWIAZDA (1986), S. 36.

Abb. 1: M-Ost/DM-West - Wechselkurse in West-Berlin
mit Trend: Januar 1985 - Juli 1987

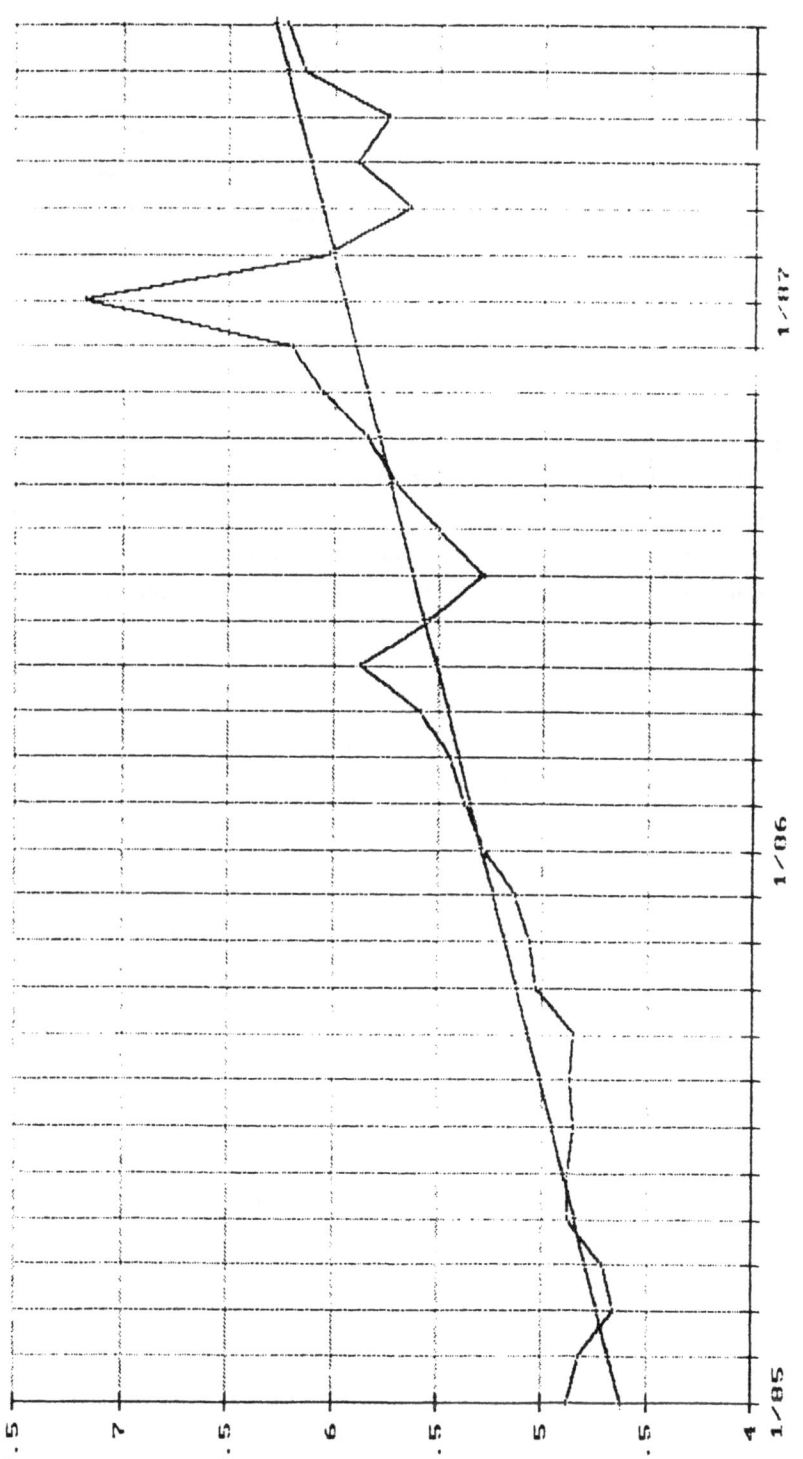

Quelle: Vgl. Tab. I im Anhang.

relative Annäherung der beiden Schwarzmarktwechselkurse sorgen bzw. gleichgerichtete Reaktionen verursachen.

Die Schwarzmarktwechselkurse in Westeuropa können dann als Indikator bzw. Approximation für die Wechselkurse auf den Ostschwarzmärkten für Westwährung genutzt werden. Damit existiert eine leicht zugängliche Datenquelle für die Entwicklung von Schwarzmarktwechselkursen in sozialistischen Planwirtschaften.[30]

Der Umfang der Ostwährungstransaktionen in Westberlin wird in jüngster Zeit vorsichtig auf 80 Millionen Ost-Mark im Jahr geschätzt.[31] Das ist ein sehr geringer Umfang, wenn man bedenkt, daß 1961 monatlich noch etwa 25-30 Millionen Ost-Mark und 1973 sogar 500 Millionen Ost-Mark umgesetzt wurden.[32] Für diesen Rückgang können folgende Gründe ausschlaggebend sein:

- Mit der Änderung des Devisengesetzes in der DDR ist es den privaten Wirtschaftssubjekten erlaubt, Westdevisenbestände zu besitzen, Westgeldgeschenke legal in Empfang zu nehmen und darüber hinaus die Westgeldbestände zu Einkäufen in staatlichen Güterläden zu nutzen. Dadurch wird der interne Devisenzufluß in den sozialistischen Bankensektor erhöht. Es steht dem sozialistischen Staat zumindest langfristig eine ergiebige Devisenquelle zur Verfügung, und er ist nur noch zu kurzfristigen, nicht

---

[30] "The opportunity of using West German marks to satisfy one's personal needs or to serve as a store of value to some extend is reflected in the development of the Western exchange rate of the East German mark against the West German mark. This semi-official exchange rate corresponds to that of the black market in reality." H. BREZINSKI (1987), S. 14, jedoch ohne weitere Quellenangaben, die diese Argumentation auch empirisch stützen könnten.

[31] Vgl. J. NAWROCKI (1987), S. 29.

[32] Vgl. WORLD CURRENCY YEARBOOK, mehrere Jahrgänge.

vermeidbaren Devisentransaktionen mit dem westlichen Ausland genötigt.

- Mit der Lockerung des Devisenmonopols sind die privaten Westdevisenbestände angestiegen. Dem inländischen Devisenschwarzmarkt kann ein höheres Devisenangebot zur Verfügung gestellt werden, auf das nun auch zunehmend private Personen zurückgreifen, die somit ihre Aktivitäten auf den Außendevisenmärkten reduzieren können.

Die Hauptakteure auf dem Westschwarzmarkt für Westdevisen dürften die staatlichen Autoritäten sein. Um den Einfluß der Westdevisen und die damit entstehenden Entscheidungs- und Handlungsspielräume des privaten Sektors innerhalb der sozialistischen Planwirtschaften zu untersuchen, sind schließlich die relevanten Ostschwarzmärkte für Westdevisen zu analysieren.

4. Ostschwarzmärkte für Westdevisen

Ostschwarzmärkte für Westdevisen sind illegale Devisenmärkte auf sozialistischem Staatsgebiet; auf diesen Märkten werden Westwährungen gegen einheimische Währungseinheiten zu einem marktmäßig ermittelten Wechselkurs gehandelt.

Als örtliche Lokalitäten haben sich Standorte herausgebildet, die in engem Kontakt zum Westtourismus und zu den 'Inseln' der internen Güter- und Dienstleistungsexporte und -importe stehen. Hier sind erstens Banken, Wechselstuben, Reisebüros, Hotels, Flughäfen, Zugstationen, Transitstrecken, Raststätten, historische Denkmäler, Kulturzentren und Ausflugsorte zu nennen. Zweitens werden Transaktionen auf den Güterschwarzmärkten und in den staatlichen Westdevisenläden von illegalen Devisentransaktionen begleitet. Schließlich finden illegale Devisengeschäfte auch im internen privaten Bereich statt. Bis auf den letzten Bereich kann die Transparenz der illegalen Devisenmärkte aufgrund der bekannten, festgelegten Standorte relativ groß sein. Die Offenheit der außerstaatlichen Devisengeschäfte wird aber letztlich von der Toleranz der staatlichen Autoritäten bestimmt, da hiervon das Risiko der Bestrafung illegalen Devisenhandels abhängt: Je mehr der Staat illegale Devisengeschäfte zuläßt, desto geringer ist das Risiko der Strafverfolgung. Die dadurch bedingte Transparenz und Offenheit der Devisenschwarzmärkte fördert die Verlagerung illegaler Devisentransaktionen vom Privatbereich auf öffentliche Standorte.

Als Anbieter treten neben den bisher genannten privaten Personengruppen, die direkt oder indirekt Devisen aus dem westlichen Ausland oder von dem staatlichen Devisenmonopol erhalten, auf:[33]

- In- und ausländische Westdevisenbesitzer mit Wohnsitz im Inland, die ihre überschüssigen Westdevisenbestände anbieten, um Wechselkursgewinne zu realisieren, und Touristen, die die Kaufkraft ihrer eigenen Währung erhöhen wollen.

- Staatliche Autoritäten und Berufsspekulanten. Aufgrund der Devisenknappheit dürfte der Staat aber kaum als Anbieter von Westdevisen auftreten.

- Staatliche Betriebe: Sie können Importe überfakturieren, d.h. einen zu hohen Wert für genehmigte Importe in Devisen angeben.[34] Dadurch erhalten sie zusätzliche Devisen zum offiziellen Wechselkurs, die dann am Devisenschwarzmarkt zu einem höheren Wechselkurs verkauft werden können. In ähnlicher Weise wird durch Unterfakturierung von Exporten, durch die Angabe zu geringer Exportwerte, ein Teil der erwirtschafteten Devisen unterschlagen, der

---

[33] Vgl. Übersicht 4, S. 58.
[34] Vgl. W. KOSTRZEWA (1987), S. 22; J. MISALA (1988), S. 8.

dann ebenfalls anschließend am Schwarzmarkt für Devisen angeboten werden kann.[35] Auf der anderen Seite können die staatlichen Betriebe aber auch die Devisen horten und sich damit in Engpaßsituationen fehlende Materialien und auch Arbeitskräfte sichern bzw. Planübererfüllungen garantieren. Dadurch werden aber lediglich illegale Devisenzuflüsse umverteilt, die dann letztlich doch als Quelle des Angebotes für den Devisenschwarzmarkt zur Verfügung stehen.[36]

Die relativen Anteile der verschiedenen Quellen des Devisenangebotes können aufgrund mangelnder Kontrollfähigkeit der Zuflußkanäle nicht ermittelt werden. Das Volumen des Devisenschwarzmarktangebotes dürfte aber im wesentlichen davon bestimmt werden, inwieweit die privaten Deviseninländer gewillt sind, ihre Devisenbestände aufzulösen.[37] Unstrittig ist, daß alle Beteiligten an den Schwarzmärkten

---

[35] Beide Fälle setzen das Einverständnis der ausländischen Handelspartner voraus, die tatsächlichen Devisenpreise falsch anzugeben (staatliches Informationsproblem). Die Reformen des Außenhandelsmonopols, die zunehmend Außenhandelsentscheidungen der Außenhandelsbetriebe auf die Produktionsbetriebe verlagern, fördern letztlich diese illegalen Aktivitäten, da die Kontrollmöglichkeiten der Außenhandelsbetriebe und damit der staatlichen Autoritäten sinken.

[36] In Polen ist seit dem 12.05.1987 der Devisenhandel unter den staatlichen Betrieben legalisiert, indem die neugegründete Bank für Exportentwicklung AG jeden zweiten und vierten Dienstag im Monat den devisenreichen Betrieben einen Teil der Bestände auf den Devisenkonten (sog. Devisenanrechte bzw. RODs) an andere Betriebe in Warschau versteigert. "Die Kaufs- und Verkaufsangebote werden in sog. Versteigerungskontrakten formuliert. Eine Versteigerungseinheit beinhaltet Devisenanrechte auf 100 $." A. POLKOWSKI (1987), S. 12. Der Kurs für den US-$ erreicht dort eine Höhe bis zum Dreieinhalbfachen des offiziellen Wechselkurses, der in etwa dem Wechselkurs auf dem Devisenschwarzmarkt entspricht: Ein sehr hoher Preis für die Korrektur der unflexiblen staatlichen Devisenverteilung. Vgl. J. STRUMINSKI (1987), S. 2

[37] Vgl. J. BACZYNSKI (1985), A. 282.

daran interessiert sind, ihre Westwährungen zu einem bestmöglichen Wechselkurs umzutauschen.

Als Nachfrager auf den Ostschwarzmärkten für Westdevisen treten private Haushalte auf, die aufgrund fehlender Westkontakte oder beruflicher Privilegien nur auf diesem Wege in den Besitz von Westdevisen gelangen und diese dann als Zahlungsmittel im internen Ausland oder als Wertaufbewahrungsmedium nutzen können. Auch private Betriebe, die bei der staatlichen Devisenvergabe benachteiligt werden, besorgen sich die notwendigen Westwährungen auf dem illegalen Devisenschwarzmarkt. Darüber hinaus werden sowohl Berufsspekulanten als auch staatliche Autoritäten Devisen auf dem Schwarzmarkt nachfragen. Jedoch dürfte die Beteiligung des privaten Sektors am Devisenschwarzmarkt überwiegen, da viele Standorte der Schwarzmarkttransaktionen dem Staat nicht zugänglich sind und dieser relativ leicht seine Nachfrage auf Westschwarzmärkte für Westwährung richten kann.

C. Ursachen, Erscheinungsformen und Ausmaß

Devisenschwarzmärkte existieren ausnahmslos in allen sozialistischen Ländern. Sie unterscheiden sich jedoch

- in der überwiegend gehandelten westlichen Nebenwährung,

- in der Verbreitung und im Ausmaß von Devisenschwarzmarktaktivitäten

- und in der relativen Stabilität der Schwarzmarktwechselkursentwicklung.

1. Nebenwährungen

Welche Währung sich im Laufe der Zeit als wichtigste Nebenwährung herauskristallisiert[38], ist bedingt durch historische, geographische, politische und ökonomische Gegebenheiten des betrachteten Landes. Eine Währung kann dann als wichtigste Nebenwährung bezeichnet werden, wenn

- der überwiegende Teil der privaten Westdevisenbestände in dieser Währung gehalten wird,

- der Staat einen Hauptteil seiner Außenhandelstransaktionen in dieser Währung durchführt,

- die Preise in den staatlichen Westdevisenläden neben der heimischen Währung auch in dieser Nebenwährung ausgezeichnet werden.

Da der Staat jedoch allgemein an Westdevisen interessiert ist, werden neben der wichtigsten Nebenwährung auch andere westliche Devisen entgegengenommen. Das gilt sowohl für Visagebühren und für den Mindestumtauschsatz als auch für die Bezahlung beim Kauf in Westgeldläden. Interessanterweise werden bei den Kreuzwechselkursen der Umrechnungstransaktionen westliche Devisenkurse angewendet. In bulgarischen CORECOM-Läden etwa werden die Preise außer in Lew auch in US-Dollar ausgezeichnet. Westeuropäische Touristen können dennoch mit ihrer jeweiligen einheimischen Währung bezahlen. Für einen westdeutschen Touristen gilt dann der Preis, der ermittelt wird aus der Multiplikation des US-Dollar-Preises mit dem gegenwärtig herrschenden westlichen DM-Mark/US-Dollar-Wechselkurs. Wird der US-Dollar nun gegenüber der DM stark abgewertet, so sinkt der Preis der CORECOM-Ware in DM. Neben dem bereits sehr günstigen US-Dol-

---

[38] Vgl. für die konkreten wesentlichen Nebenwährungen in einzelnen Ländern Übersicht 5, S. 78.

lar-Preis erhält der westdeutsche Tourist eine weitere Vergünstigung, und zwar aufgrund einer westlichen Wertänderung zweier kapitalistischer Währungen. Dies ist um so erstaunlicher, da damit trotz des restriktiven staatlichen Valutamonopols im sozialistischen Inland

- ein Einfluß von westlichen Wechselkursschwankungen auf das sozialistische Inland übertragen

- und der Devisenumsatz der staatlichen Westdevisenläden in Abhängigkeit von westlichen Wechselkursrelationen geschmälert bzw. ausgeweitet wird.

Dies verwundert, da der sozialistische Staat aufgrund des Devisenmonopols und der Inkonvertibilität der einheimischen Währung die Möglichkeit hat, die Umrechnungs- bzw. Kreuzwechselkurse zu seinen Gunsten, d.h. unabhängig von der westlichen Wechselkursentwicklung festzulegen. Für eine Nichtanwendung dieser Möglichkeit könnte lediglich sprechen, daß der sozialistische Staat den Westtourismus bestimmter Länder durch westliche Abwertungen sozialistischer Nebenwährungen fördern möchte. So wird aufgrund der Abwertung des US-Dollars der USA-Tourismus in Bulgarien wegen der geographischen Entfernung weniger stark betroffen, während stärkere positive Impulse auf den Westtourismus - oder westliche Einkaufsreisen - aus den westeuropäischen Staaten zu erwarten sind. Die Schwankungen westlicher Kreuzwechselkurse der wichtigsten Nebenwährungen mit anderen westlichen Währungen können zudem ein zusätzliches Spekulationsmotiv in sozialistischen Ländern begründen. Auf eine Analyse der privaten Portfoliodiversifikation auf unterschiedliche Westwährungsbestände wird aber im folgenden verzichtet.

2. Gesetzliche Regelungen und Möglichkeiten der Verwendung von Westdevisen

Die Verbreitung und das Ausmaß von Devisenschwarzmarktaktivitäten in verschiedenen sozialistischen Ländern wird im wesentlichen bestimmt von

- den Einsatz- und Verwendungsmöglichkeiten der Westdevisen im sozialistischen Inland,

- den staatlichen Devisenvorschriften über Empfang, Handel und Besitz von Westdevisenbeständen.

Übersicht 5 gibt einen Überblick über die Währungen, die staatlich vorgegebenen Einsatzmöglichkeiten von Westdevisen und die Devisenregulierungen in einzelnen Ländern. Die Übersicht erhebt keinen Anspruch auf Vollständigkeit, sondern soll tendenzielle Unterschiede und Gemeinsamkeiten der Devisengegebenheiten in verschiedenen Ländern aufzeigen, die später genutzt werden können, um unterschiedliche Entwicklungen von Devisenschwarzmarktaktivitäten zu erklären.[39]

Der Kauf von knappen und begehrten Gütern gegen Westdevisen in speziellen staatlichen Konsumgüterläden ist in allen sozialistischen Ländern möglich. Daneben können in den meisten Ostblockstaaten Devisen im staatlichen Bankensystem -

---

[39] Zur detaillierten Darstellung von den sich häufig ändernden Ausnahmeregelungen - Höchstbeträge von Devisenim- und -exporten (CSSR, DDR, Polen, Ungarn), Devisenanlagekonten nur in speziellen Währungen (China), Ausnahmegenehmigung von ausländischem Wertpapierbesitz (Rumänien), Devisenbesitzhöchstgrenzen (Ungarn, China) - wird auf die verschiedenen Jahrgänge des WORLD CURRENCY YEARBOOKs verwiesen.

Übersicht 5: Währungen, Einsatzmöglichkeiten von Westdevisen und Devisenregulierungen

	Bulgarien	CSSR	DDR	Polen	Rumänien	Ungarn	UdSSR	China
Inländische Währung	Lew = 100 Stótinki	Krone = 100 Heller	Mark = 100 Pfennig	Zloty = 100 Groszy	Leu = 100 Bani	Forint = 100 Filler	Rubel = 100 Kopeken	Renmi = 10 = 100
Wichtigste Nebenwährung	US-Dollar	US-Dollar/ DM	DM	US-Dollar	DM/ Schweizer Franken	DM/ Schweizer Franken	US-Dollar/ Schweizer Franken	Hong-Dol US-Do
Westdevisenläden	CORECOM	TUZEX	INTERSHOP	PEWEX	COMTOURIST	IKKA KONSUMEX	BERYOZKA	Freun schaf schäf
Devisengutscheine	CORECOM-Coupon	TUZEX-Krone (in $)	FORUM-Gutscheine	PKO-Coupon (bony) (in $)	NEIN	IKKA-Dollar Devisen- konto- schecks	VALUTA-Schecks	Forei Excha Certif (FEC
An- und Verkauf von Westdevisen ausserhalb des staatlichen Devisenmonopols	NEIN	NEIN	NEIN	NEIN	NEIN	NEIN	NEIN	NEI
An- und Verkauf von Devisengutscheinen	NEIN	JA	NEIN	JA	NEIN	NEIN	NEIN	NEI
Devisenbesitz	JA	JA	JA	JA	JA	JA	NEIN	JA
Inländische Devisenkonten	JA	JA	JA	JA	JA	JA	NEIN	JA
Ex- und Import der inländischen Währung	NEIN	NEIN	NEIN	NEIN	NEIN	NEIN	NEIN	NEI
Besitz ausländischer Wertpapiere	NEIN	NEIN	NEIN	NEIN	NEIN	NEIN	NEIN	NEI
Besitz ausländischer Bankguthaben	NEIN	NEIN	NEIN	JA	NEIN	NEIN	NEIN	NEI
Mindestumtausch	NEIN	30 DM	25 DM	36 DM	10 $	NEIN	NEIN	NEI

Quelle: J. VANOUS (1980), S. 25 ff.; WORLD CURRENCY YEARBOOK, mehrere Jahrgänge; STATISTISCHES BUNDESAMT: Länderberichte, verschiedene Jahrgänge; IMF ANNUAL REPORT ON EXCHANGE ARRANGEMENTS AND EXCHANGE RESTRICTIONS 1987: People's Republic of China, S. 154-159; Hungary, S. 255-260; Poland, S. 409-414; Romania, S. 420-422.

gelegentlich mit Verzinsung[40] - angelegt werden. Diese Devisenanlagekonten sind häufig die Voraussetzung für die Berechtigung von Reisen in den Westen. Der An- und Verkauf von Westdevisen außerhalb des staatlichen Devisenmonopols ist ausnahmslos verboten. Bis auf die UdSSR dürfen die inländischen Wirtschaftssubjekte Westdevisen als Geldgeschenke erhalten bzw. Ausländer Westdevisen als Geldgeschenke an Inländer des sozialistischen Landes übergeben. Allerdings müssen die Devisen innerhalb eines bestimmten Zeitraumes in die inländische Währung oder in staatliche Devisenscheine umgewandelt oder auf inländische Devisenkonten eingezahlt werden.

Das System der Devisengutscheine ist in sozialistischen Ländern weit verbreitet. Der Besitz dieser Inhaberpapiere, d.h. der nicht übertragbaren Devisengutscheine, berechtigt die jeweiligen Wirtschaftssubjekte zum Einkauf in den speziellen staatlichen Westdevisenläden. Nur die Staatsbank oder von ihr autorisierte Handelsgesellschaften sind zur

---

[40] Es ist keine generelle Aussage über die Verzinsung von Devisenkonten in sozialistischen Ländern möglich, da häufig Änderungen stattfinden. In Polen werden beispielsweise seit der Verordnung des Finanzministers vom 30. November 1984 Devisen auf sogenannten A-Konten - Devisennachweis erforderlich - je nach Festlegungszeit mit 5 bis 11 Prozent verzinst. Wer keinen Devisennachweis erbringen kann, kann die "schwarzen" Devisen auf sogenannte N-Konten einzahlen. Diese Devisenanlage erbringt keine Zinsen. Der Staat gibt jedoch auch hier einen Anreiz zur Anlage im staatlichen Bankensektor, indem diese Devisensumme nach einjähriger Wartezeit "reingewaschen" auf ein anderes Konto übertragen werden kann, wo sie dann als legaler Devisenbesitz behandelt wird. Vgl. BfAi, Nachrichten für den Aussenhandel vom 17.12.1984. Seit Herbst 1987 werden auch die Einlagen auf den seit dem 1. Juli 1988 liquidierten N-Konten verzinst, vgl. J. MISALA (1988), S. 16.

Emission von Devisengutscheinen gegen den Eintausch von Westdevisen berechtigt.[41]

Die Existenz und Emission dieser Devisengutscheine kann unterschiedlich begründet sein:

Kontrollfunktion: Durch die Verpflichtung oder Möglichkeit zum Umtausch von Westdevisen in Devisengutscheine werden Westdevisenbestände - wie bei den staatlichen Devisenanlagekonten - direkt, d.h. ohne den Umweg über die staatlichen Westdevisenläden in das staatliche Bankensystem abgezogen. Damit sollen einerseits das Währungsangebot auf den Devisenschwarzmärkten reduziert (Eindämmung der Schwarzmarktaktivitäten)[42] und andererseits die Übertragungswege von Westdevisen kontrollierbar werden. Letzteres setzt allerdings eine obligatorische Bekanntgabe der Devisenquellen als Bedingung für die Umtauschaktionen voraus. Die Wirtschaftssubjekte werden bereit sein, freiwillig Westdevisen in Devisengutscheine umzutauschen, wenn sie dadurch ihren Devisenbesitz legalisieren und damit das Risiko der illegalen Bardevisenkassenhaltung vermeiden können. Den Wirtschaftssubjekten steht somit ein zusätzliches, staatlich akzeptiertes Wertaufbewahrungsmedium zur Verfügung. Die offizielle Lagerhaltungszeit der Devisengutscheine ist höher

---

[41] Darüber hinaus werden Devisengutscheine auch ohne Westdevisengegenleistungen ausgegeben: "In addition to the Kupon issued in exchange for hard currencies, there is another type issued to the favored few from sovietbloc countries, as well as a third kind to the elite from underdeveloped lands. For those in the inner circle of the Kremlin, the Kupons are known as Kremlyovka, ...". WORLD CURRENCY YEARBOOK (1986), U.S.S.R. Ruble, S. 855. Der Nachteil für den Staat gegenüber diesen Devisengutscheinen besteht in der fehlenden Devisenabschöpfung. Im übrigen sind ähnliche private Aktivitäten beobachtbar: Schwarzmarkthandel aus Transaktions- und Spekulationsmotiven.

[42] Vgl. WORLD CURRENCY YEARBOOK (1986), Chinese People's Renminbi/Yuan, S. 191.

als die der Bardevisenbestände, die innerhalb einer gesetzlich festgelegten Zeitspanne im staatlichen Bankensektor umgetauscht werden müssen. Zudem soll durch die Nichttransferierbarkeit der Devisengutscheine die Spekulation mit diesen verhindert werden.[43]

- Auslesefunktion: Die Ausgabe von Devisengutscheinen erfolgt nur an ganz spezielle Personengruppen, in der UdSSR z.B. an staatliche Loyalitätsträger (Politbüromitglieder, "hohe" Parteiabgeordnete, Helden der Arbeit, Nomenklatura und inländische Wirtschaftssubjekte, die Westdevisen im Ausland erwirtschaften) und ausländische Wirtschaftssubjekte mit Wohnsitz im sozialistischen Inland (ausländische Diplomaten). In Ungarn und Bulgarien an Inländer mit Westkontakten, die westliche Devisenüberweisungen auf staatliche Devisenanlagekonten einzahlen müssen, die Nutzung dieser Bestände aber nur über Devisengutscheine realisieren können. Und schließlich die Ausgabe von Devisengutscheinen nur an Ausländer, wie in China.

- Ideologische Funktion: Die Ausgabe inländischer Devisengutscheine von der einheimischen Staatsbank ist ideologisch eher zu rechtfertigen als die Akzeptanz einer westlichen Nebenwährung, die zunehmend Geldfunktionen im sozialistischen Inland übernimmt. So wird vermutet, daß die DDR 1979 aus Furcht vor dem Überhandnehmen der West-Mark als Nebenwährung und auf Drängen der Sowjetunion ein Devisengutscheinsystem eingeführt hat,[44] das aufgrund der - wenn auch nur formalen - Nichtübertragbarkeit der Papiere zudem die ideologisch nicht denkbare Spekulation in Devisenwerten unterbinden sollte.

---

[43] Vgl. J. VANOUS (1980), S. 26.
[44] Vgl. H.-D. SCHULZ (1979), S. 451 f.

- Legalisierungs- und Allokationsfunktion: In Polen und der CSSR lauten die Devisengutscheine nicht auf inländische Währung, sondern auf US-Dollar. Damit wird einerseits die wichtigste Nebenwährung als Recheneinheit auch von staatlicher Seite akzeptiert, andererseits als konkretes Tausch- und Zahlungsmittel weiterhin ideologisch diskriminiert. Der Handel mit diesen Devisengutscheinen wird legalisiert, da es inländische Devisenpapiere und keine Auslandsvaluten sind. Damit wird auch eine Beteiligung weiter Bevölkerungskreise an den Käufen in Westdevisenläden und auf Güterschwarzmärkten ermöglicht, da der Handel mit Devisengutscheinen mit einem wesentlich geringeren Risiko als der Devisenhandel behaftet ist.

Während die Kontroll-, Auslese- und Ideologiefunktionen jeweils eine verschärfte Regulierung von Devisentransaktionen vorsehen, trägt die Legalisierungs- und Allokationsfunktion zu einer Ausweitung von Devisentransaktionen bei. Die ersten drei Funktionen konnten allerdings bisher nur eingeschränkt ausgeübt werden. Denn erstens wird das Nebenwährungssystem durch die Einführung von Devisengutscheinen nicht beseitigt, da die Abgabe von Westdevisen die Voraussetzung für den Erwerb von Devisengutscheinen ist. Zweitens sind die Devisengutscheine selber zum Objekt von Schwarzmarkttransaktionen geworden.[45] Denn trotz der von staatlicher Seite angekündigten Nichttransferierbarkeit der Inhaberscheine werden de facto den Wirtschaftssubjekten Wege offengehalten, um die Nichtübertragbarkeit zu überwinden. In der DDR sind die Forum-Wertschecks keine Namenspapiere, und bei der Ausgabe der Devisengutscheine wird auch keine konsequente Herkunftskontrolle durchgeführt. In der UdSSR werden nicht die einzelnen Coupons numeriert, sondern nur der Block, in dem sich diese Coupons befinden, so daß die offiziell nichttransferablen Devisengutscheine tatsächlich

---

[45] Vgl. WORLD CURRENCY YEARBOOK (1986): Chinese People's Renminbi/Yuan, S. 193; Czechoslovak Koruna, S. 231; Polish Zloty, S. 686; U.S.S.R. Ruble, S. 855.

anonym sind und handelbar werden. In der CSSR sind die Tuzex-Coupons kleinerer Stückelungen undatiert, während die größeren Stückelungen datiert und mit festen Verfallszeiten fixiert sind. Die Schwarzmarktaktivitäten konzentrieren sich daher auf die kleineren Scheine. In Polen ist der Schwarzmarkt für die auf US-Dollar lautenden "Bonys" weitgehend legalisiert, so daß die Kursnotierungen, zu denen die Devisengutscheine außerstaatlich gehandelt werden, in der Konsumzeitschrift Veto wöchentlich[46] erscheinen können und damit die Transparenz dieser Aktivitäten erhöhen und fördern.

Die Einführung von Devisengutscheinen konnte die Schwarzmarktaktivitäten mit Westdevisen nicht verdrängen, da der Vorteil dieser Scheine stärker bei den staatlichen Institutionen liegt: Direkte Abschöpfung von Westdevisen und Kontrollierbarkeit von Devisentransaktionen. Dagegen stehen den Vorteilen der Devisengutscheine für den privaten Sektor, die sich vom legalen Devisenbesitz (Wertaufbewahrung) bis zum legalen Handel mit Devisengutscheinen erstrecken, auch erhebliche Nachteile gegenüber:

- Devisengutscheine können nicht für alle Transaktionen verwendet werden (z.B. Westreisen, Schmuggel aus dem westlichen Ausland, Reisen in sozialistische Länder).

- Zudem besteht ein verstärktes Risiko staatlicher Willkür, von heute auf morgen Devisengutscheine einzuziehen, neue Werte oder neue Scheine herauszugeben bzw. das De-

---

[46] Vgl. A. GWIAZDA (1986), S. 36; VETO. Tygodnik Kazdego Konsumenta vom 22. Aug. 1986, S. 8. Neuerdings werden auch in der Zeitung DZIENNIK LODZKI jeden Dienstag die wichtigsten Schwarzmarktwechselkurse sowohl westlicher als auch östlicher Währungen veröffentlicht, ebenso in der seit November 1988 erscheinenden privaten Zeitung GAZETA BANKOWA. Seit November 1987 wird auch in den PEWEX-Läden ein Wechselkurs angeboten der etwas unter dem Schwarzmarktwechselkurs liegt, auch dieser wird in diesen Zeitungen regelmäßig veröffentlicht.

visengutscheinsystem rigoros zu unterbinden,[47] was neben der Funktion als Tauschmittel besonders seine Fähigkeit als Wertaufbewahrungsmittel in Frage stellt.

Damit könnte auch erklärt werden, warum die Kurse von auf US-Dollar lautenden Devisengutscheinen unter den Schwarzmarktkursen für den US-Dollar liegen.[48] Auch hier sind Spekulationen zwischen der Anlage in US-Dollar und Devisengutscheinen denkbar, die eine Annäherung beider Kurse herbeiführen könnten. Zumindest wird die Tendenz der Kursentwicklung beider Vermögensformen gleich sein, so daß die Kursnotierungen von Devisengutscheinen als Approximation für die Wechselkursentwicklung des US-Dollars auf dem Schwarzmarkt genutzt werden kann.[49] Insgesamt werden die Funktionen und der Einfluß von Westdevisen in sozialistischen Planwirtschaften durch die Herausgabe inländischer Devisengutscheine nicht eingeschränkt, sondern sie kann vielmehr die Verbreitung und Anerkennung von Westdevisen - die weiterhin in den staatlichen Westdevisenläden verwendet werden können - als Nebenwährung im sozialistischen Inland fördern und verstärken.

Der freie Ex- und Import der inländischen Währung ist in allen Ländern verboten. Auch dürfen die inländischen Wirtschaftssubjekte bis auf ganz geringfügige Ausnahmen keine ausländischen Wertpapiere oder - mit Ausnahme der Polen - ausländische Bankguthaben besitzen, was die Bedeutung der Westdevisen als Vermögensaufbewahrungsmittel in sozialistischen Planwirtschaften hervorhebt.

---

[47] Vgl. WORLD CURRENCY YEARBOOK (1986): U.S.S.R. Ruble, S. 854, oder die aktuelle Ungewißheit über die Abschaffung der FEC's in China.

[48] Vgl. S. TAIGNER (1987), S. 107.

[49] Vgl. W. CHAREMZA, M. GRONICKI, R.E. QUANDT (1988), S. 867.

Die restriktivsten Gesetze über die Regulierung von privaten Devisentransaktionen und privatem Devisenbesitz bestehen erwartungsgemäß in der Sowjetunion, dem Land mit der reinsten Ausprägung des klassischen Modells der Zentralverwaltungswirtschaft einschließlich Außenwirtschaftsmonopol. Betrachtet man die verbleibenden Länder, so kann Polen als das sozialistische Land mit den freizügigsten Devisengesetzen gelten.

3. Quantitatives Ausmaß von Westdevisen

Das quantitative Ausmaß der Devisenschwarzmarkttransaktionen in einzelnen sozialistischen Ländern kann aufgrund fehlender Datenquellen nur geschätzt oder durch alternative Annäherungsgrößen bestimmt werden.

J. Vanous[50] hat für die osteuropäischen Länder (DDR, Polen, Ungarn, CSSR, Rumänien, Bulgarien und UdSSR) ein Gesamtvolumen von Devisenschwarzmarkttransaktionen in Höhe von 1,1 Milliarden US-Dollar für das Jahr 1977 ermittelt. Das entsprach 1977 3,5 % des Westimportes dieser Länder. Als Approximation für das Devisenvolumen wurden Devisenströme aus dem westlichen Ausland herangezogen. Es wurde unterstellt, daß 25 bis 33 Prozent der Gesamtausgaben der Touristen im sozialistischen Inland durch den Umtausch auf dem inländischen Devisenschwarzmarkt finanziert wurden und etwa 33 bis 50 Prozent der gesamten westlichen Geldübertragungen direkt in Bardevisen an inländische Wirtschaftssubjekte erfolgten. Für Polen, Rumänien und Ungarn konnte auf offizielle Informationen über die staatlichen Touristeneinnahmen und private Geldtransfers (Pensionen, Erbschaften, Banküberweisungen) zurückgegriffen werden. Der stärkste Zustrom an Westdevisen floß nach dieser Schätzung für das Jahr 1977 mit 320 Millionen US-Dollar auf den Devisenschwarzmarkt in Polen, gefolgt von der DDR und der UdSSR

---

[50] Vgl. J. VANOUS (1980), S. 42 ff.

mit einem Zufluß von 250 Millionen US-Dollar. Es folgten mit 110 Millionen US-Dollar die CSSR vor Ungarn mit 73, Bulgarien mit 60 und Rumänien mit 51 Millionen US-Dollar.

J. Baczynski[51] gibt für das Jahr 1980 einen Devisenzufluß aus dem Westtourismus auf den freien Devisenmarkt in Polen in Höhe von 212 Millionen US-Dollar an, während aus derselben Devisenquelle nur 115 Millionen US-Dollar in den staatlichen Bankensektor abflossen. Demnach wären sogar 64 Prozent der touristischen Gesamtausgaben auf dem Devisenschwarzmarkt umgetauscht worden.

Andere Studien schätzen den illegalen Devisenumsatz direkt. Im World Currency Yearbook 1985 wird das Volumen der Devisentransaktionen auf dem Schwarzmarkt in Polen mit durchschnittlich 0,5 Millionen US-Dollar pro Woche angegeben.[52] Polnische Quellen sprechen sogar von 80 bis 120 Millionen US-Dollar im Jahr.[53] Für die UdSSR wird der illegale Devisenumsatz auf 70 Milliarden Rubel im Jahr[54] und für Rumänien ein gehandeltes Devisenvolumen in Höhe von 1 Million US-Dollar im Monat geschätzt.[55]

Ein weiterer Indikator für die beachtenswerte quantitative Bedeutung von Westdevisen ist der faktische Umsatz der

---

[51] Vgl. J. BACZYNSKI (1985), A. 281.

[52] "Zloty transactions against US-Dollars are estimated to average at least Zl 10 - Zl 12 billion a year in Poland, meaning that nearly US $ 500.000 changes hands every week in these dealings. An estimated US $ 1 billion in Greenbacks are secreted in Polish hoards". WORLD CURRENCY YEARBOOK (1986), S. 686.

[53] "Das genaue Ausmaß der illegalen Devisenumsätze ist uns nicht bekannt. Die Hauptkommandatur der Polizei (in Warschau) schätzt, daß Jahr für Jahr 80 - 120 Millionen Dollar und zwei Tonnen Gold unter der Hand verschoben werden." J. BACZYNSKI (1985), A. 280.

[54] Vgl. WORLD CURRENCY YEARBOOK (1986), S. 848.

[55] Vgl. ebenda, S. 709.

staatlichen Westdevisenläden.[36] Aber auch hierfür sind kaum offizielle Daten zu erfahren. Für die DDR betrug nach offiziellen Angaben der Intershopumsatz für das Jahr 1978 rund 700 Millionen DM. Nach westlichen Schätzungen wird ein Intershopumsatz bis zu 1 Milliarde DM pro Jahr ermittelt, mit einem staatlichen Devisengewinn, der etwa 150 Millionen US-Dollar entspricht.[37] Der mit dem Schwarzmarktwechselkurs bewertete Intershopumsatz machte 1978 3,3 Prozent des Einzelhandelsumsatzes der DDR aus, der sich bei Berücksichtigung der westlichen Angabe von 1 Milliarde DM Intershopumsatz auf 4,68 Prozent des Einzelhandelsumsatzes erhöht.[58]

J. Vanous ermittelt für 1977 einen Devisenumsatz in polnischen Westdevisenläden in Höhe von 300 Millionen US-Dollar. Die Schätzung erfolgt auf der Basis einer offiziellen Bekanntgabe in der Zeitschrift Kultura vom 21. November 1976, wonach die Westdevisenläden in Polen 180 Millionen US-Dollar im Jahre 1975 umgesetzt haben, und der Annahme, daß diese jährlich um 30 Prozent wachsen. Nach J. Baczynski sind die "Inlandsexporte" in Polen in dem Zeitraum von 1970-1980 um das Dreißigfache angestiegen und haben nun ein Volumen von 300 Millionen US-Dollar erreicht. In der offiziellen Statistik von 1985 werden diese Ergebnisse bestätigt und für die Jahre nach 1979 weit übertroffen:

---

[36] Vgl. E. SELL, H.J. THIEME (1979), S. 137.

[37] Vgl. WORLD CURRENCY YEARBOOK (1985), S. 273. Bei einem Wechselkurs von 2,63 DM/US-Dollar im September 1983 - im World Currency Yearbook (1985) sind alle Wechselkursangaben auf den September 1983 bezogen - würde das einem staatlichen Devisengewinn von 394,5 Millionen DM und somit 40 Prozent des Gesamtumsatzes entsprechen.

[58] Der durchschnittliche Schwarzmarktwechselkurs in der DDR betrug 1978 4,33 M/DM (8,6 M/US-$ dividiert durch 1,985 DM/US-$); vgl. WORLD CURRENCY YEARBOOK (1986), S. 314 und S. 321. Der Einzelhandelsumsatz der DDR betrug 1978 92,49 Milliarden Mark, vgl. STATISTISCHES JAHRBUCH DER DEUTSCHEN DEMOKRATISCHEN REPUBLIK 1985, S. 234.

Tab. 1: Umsätze der Westdevisengeschäfte in Polen von
1975-1984

	1975	1979	1980	1981	1982	1983	1984
Umsätze der Westdevisengeschäfte gesamt (in Mio. US-$):	179,9	329,4	478,4	344,6	374,0	383,1	339,8
Konsumgüter	173,3	274,8	458,0	337,7	365,2	376,7	337,9
Maschinen	6,6	10,4	20,4	6,9	8,8	6,4	1,9
Schwarzmarktwechselkurs (Zl/US-$)	101,63	105,19	119,08	272,42	479,17	587,92	642,67
Einzelhandelsumsatz (EHU) (Mrd. Zl)	814,80	1235,10	1334,40	1510,70	2690,10	3520,00	4232,70
Umsätze der Westdevisengeschäfte/EHU (in v.H.)	2,24	2,81	4,27	6,21	6,66	6,40	5,16

Quelle: GLOWNY URZAD STATYSTYCZNY, MALY ROCZNIK STATYSTYCZNY (1985), S. 221; WORLD CURRENCY YEARBOOK (1984), S. 630; (1985), S. 685.

Die Einkäufe in den Hartwährungsläden setzen zwar die Abgabe von Westdevisen voraus, die Devisenumsätze müssen aber nicht den jährlichen Zuflüssen von Valuta aus dem westlichen Ausland entsprechen, sondern können sehr wohl auch aus bereits bestehenden Westdevisenbeständen gespeist werden.[59] Wie in kapitalistischen Marktwirtschaften kann auch in sozialistischen Planwirtschaften keine offizielle Zahlenangabe über den Bardevisenbesitz der privaten Wirtschaftssubjekte gemacht werden.[60] Als Orientierungsgröße dient in

---

[59] "Die Reserven in den Sparstrümpfen der Bevölkerung bilden nämlich das nationale Hinterland des Schwarzmarktes ...". J. BACZYNSKI (1985), A. 282.

[60] Vgl. M.D. BORDO, E.U. CHOUDHRI (1982), Fußnote 12.

Marktwirtschaften häufig der Bestand an auf ausländische Währung lautende Sicht- und Termineinlagen.[61] Parallel hierzu kann für sozialistische Planwirtschaften der private Devisenbestand auf den staatlichen Devisenkonten als Approximationsgröße herangezogen werden. Für Polen wird dieser in östlichen und westlichen Quellen mit ca. 1 Milliarde US-Dollar angegeben.[62] Mit der Vermutung, daß die privaten Bardevisenhorte ein Mehrfaches der Devisenkontenbestände betragen, werden erstere auf zwei bis sechs Milliarden US-Dollar geschätzt.[63] Selbst wenn nur die Hälfte des niedrigsten Schätzwertes, also Bardevisenbestände ($B_A{}^P$) in Höhe von 1 Milliarde US-Dollar zugrundegelegt werden, kann nach Bewertung mit dem Schwarzmarktwechselkurs (SMWK) und im Vergleich zum offiziellen Barbestand an Inlandswährung ($B_I{}^P$) des privaten Sektors die - zunehmende - Bedeutung der Bardevisenbestände in US-Dollar in Polen gezeigt werden:

---

[61] Vgl. G. ORTIZ (1983), S. 180; C.L. RAMIREZ-ROJAS (1986), S. 36.

[62] Vgl. P. WYCZANSKI (1985), A. 276; WORLD CURRENCY YEARBOOK (1986), S. 680; S. TAIGNER (1987), S. 116. A. POLKOWSKI (1987), S. 12, gibt einen Devisenkontenbestand von 2 Milliarden US-Dollar an.

[63] Vgl. J. BACZYNSKI (1985), A. 282.

Tab. 2: Entwicklung des Bardevisenbestandes in Polen von 1980-1983

	1980		1981		1982		1983	
Bardevisenbestand in Mrd. US-$	1	2	1	2	1	2	1	2
Schwarzmarktwechselkurs (SMWK) (Zl/US-$) [a]	119,08		272,42		479,17		587,92	
Offizieller Wechselkurs (OWK) (Zl/US-$) [b]	31,76		34,90		86,45		98,37	
Bardevisenbestand in Mrd. Zloty (B_A^P):								
- Umrechnung über SMWK	119,08	238,16	272,42	544,84	479,17	958,34	587,92	1175,84
- Umrechnung über OWK	31,76	63,52	34,90	69,80	86,45	172,90	98,37	196,74
Offizieller Barbestand an Inlandswährung in Mrd. Zloty (B_I^P) [c]	265,98		370,70		564,20		663,10	
B_A^P/B_I^P (in v.H.):								
- Umrechnung über SMWK	44,47	90,08	73,63	146,98	84,93	169,86	88,66	177,32
- Umrechnung über OWK	11,94	23,88	9,41	18,83	15,32	30,65	14,83	29,67

Quelle: [a],[b]: WORLD CURRENCY YEARBOOK, verschiedene Jahrgänge; [c] GLOWNY URZAD STATYSTYCZNY, ROCZNIK STATYSTYCZNY, mehrere Jahrgänge.

Seit 1980 hat sich in Polen der Bardevisenbestand von 44,77 Prozent auf 88,66 Prozent des offiziellen Barbestandes an Inlandswährung erhöht. Unterstellt man einen Bardevisenbestand in Höhe von 2 Milliarden US-Dollar, so wäre der Barbestand an ausländischer Währung innerhalb des privaten Sektors 1980 schon fast so hoch wie der Barbestand an Inlandswährung bzw. 1983 bereits doppelt so hoch wie die Barbestände an inländischer Währung. Damit hat sich parallel zu der Verdoppelung des offiziellen Barbestandes an Inlandswährung auch das Verhältnis des Bestandes an US-Dollar in Zloty an den Barbeständen an Inlandswährung verdoppelt. Werden hingegen die Bardevisenbestände mit dem offiziellen Wechselkurs (OWK) umgerechnet, so sinkt zwar das Verhältnis der Bardevisen zu den Zloty-Barbeständen. Dennoch verbleibt dieser auf beachtlichen 14,83 Prozent oder bei Bardevisenbeständen von 2 Milliarden US-Dollar auf fast 30 Prozent des offiziellen Barbestandes an Inlandswährung, so daß auch bei Berücksichtigung offizieller Daten - hier des überbewerteten offiziellen Wechselkurses - die Bedeutung von Dollarbarbeständen in Polen nicht zu vernachlässigen ist.

Betrachtet man die Struktur der privaten Geldhaltung, so kann für die in- und ausländische Währung in Polen eine ähnliche Entwicklung beobachtet werden. Die private Bargeldquote der inländischen Währung (Verhältnis der Barhaltung von Inlandswährung zu den gesamten privaten Beständen an Inlandswährung) ist von 1950-1974, wegen der Zunahme des bargeldlosen Zahlungsverkehrs, kontinuierlich von 96 auf 28 Prozent gesunken. Seit 1975 können ein leichter Wiederanstieg und seit Anfang der achtziger Jahre ein sprunghafter Anstieg bis auf 39 Prozent bzw. seit 1983 leichtes Absinken auf 38 Prozent festgestellt werden.[64] Der Anstieg der Bargeldquote in den achtziger Jahren kann mit der zunehmenden Überwindung staatlicher Versorgungsengpässe bei allgemein in Bargeld abzuwickelnden außerstaatlichen Transaktionen erklärt werden. Mit der Genehmigung von Devisenkonten für Deviseninländer seit 1970 und dem damit verbundenen Privileg von Westreisen nahm auch die Bargeldquote für die private US-Dollar-Haltung ab. Infolge des Kriegsrechtes wurden Barauszahlungen aus den Devisensparkonten eingestellt und die Genehmigung von Auslandsreisen begrenzt. Damit verlor die Anlage von Devisen bei der staatlichen Bank PKO SA er-

---

[64] Vgl. K.-H. HARTWIG (1987,1), S. 31 f.

heblich an Vertrauen und Attraktivität.[65] Seit 1981 dürfte daher die Bargeldquote wieder angestiegen sein. Die Freigabe der Devisenkonten Anfang 1985 und die zugesagte Freizügigkeit bei der Einrichtung und Verwendung der Devisenkonten könnte neue Anreize für die Zunahme der Sichteinlagen innerhalb der Kassenhaltung von ausländischer Währung setzen.[66] Die tatsächliche strukturelle Entwicklung der Kassenhaltung von US-Dollar wird allerdings von den Erwartungen der Polen über zukünftige Devisengesetzänderungen abhängen.[67] Die Relation der gesamten Bestände an US-Dollar (M_A^P) zu den gesamten, im privaten Sektor gehaltenen Beständen an Zloty (M_I^P) wird aber geringer sein als das Verhältnis der Bardevisenhaltung (B_A^P) zu der Barhaltung an Zloty (B_I^P).[68]

Für diese Ergebnisse können aufgrund fehlenden Datenmaterials keine empirischen Nachweise erbracht werden, sondern nur einige Plausibilitätsüberlegungen:

---

[65] P. WYCZANSKI (1985) ermittelt für 1982 eine Abnahme der Bardeviseneinzahlungen bei PKO SA (POLSKA KASA OPIEKI-AKTIENGESELLSCHAFT) von 60 Prozent gegenüber dem Vorjahr, A. 277. Das Ziel der Zunahme staatlicher Devisenbestände wird dann nicht mehr erfüllt, vielmehr entsteht eine staatliche Belastung in Höhe der Zinszahlungen der eingefrorenen Devisenbestände, die den Finanzhaushalt belasten.

[66] Nach Gabrisch sind bereits im 1. Quartal 1985 wieder beachtliche 300 Millionen US-$ auf die Konten der polnischen Staatsbank geflossen, vgl. H. GABRISCH (1986), S. 133.

[67] Vgl. J. BACZYNSKI (1985), A. 283.

[68] Dies gilt nicht für sozialistische Länder, in denen nur der Besitz eines Devisenkontos spezielle Privilegien eröffnet. Dort wird der Westdevisenanteil an der gesamten privaten Geldmenge höher sein als der Westanteil an der privaten Bargeldkassenhaltung bzw. die Bargeldquote wird für inländische Währung höher sein als für ausländische Währung.

- Die gleichgerichtete Entwicklung der Bargeldquote in- und ausländischer Währung ist mit der Veränderung der politischen und wirtschaftlichen Situation und den dadurch veränderten Einsatzmöglichkeiten von Bargeld zu erklären. Bei Schwarzmarktaktivitäten wird Bargeld bevorzugt verwendet, da Buchgeldbewegungen einem höheren Risiko staatlicher Kontrolle unterliegen und wesentlich häufiger von Veränderungen staatlicher Devisenregelungen betroffen sind.[69]

- Der gegenüber der Bardevisenhaltung geringere Devisenanteil an den gesamten privaten Beständen an Inlandswährung ist dadurch zu erklären, daß sich die Sichteinlagen in inländischer Währung aufgrund unbeschränkter Kreditvergabegrenzen[70] wesentlich schneller ausbreiten können als die Devisenanlagekonten, da letztere durch das Angebot an Bardevisen begrenzt werden.

Im World Currency Yearbook 1985 wird für die UdSSR ein Westdevisenbestand in Höhe von 90 Milliarden Rubel angegeben.[71] Für die DDR schätzt man den nicht in den staatlichen Sektor zurückfließenden DM-Barbestand auf ca. 1 Milliarde West-Mark.[72] Bewertet mit dem Schwarzmarktwechselkurs[73] von 1984, würden die DM-Barbestände 36,25 Prozent des auf Inlandswährung lautenden Barbestandes in der DDR (1984:

---

[69] Vgl. J. BACZYNSKI (1985), A. 283.

[70] Vgl. K.-H. HARTWIG, H.J. THIEME (1985), 2. A. 1987, S. 222.

[71] Vgl. WORLD CURRENCY YEARBOOK (1986), S. 854.

[72] Vgl. E. SELL, H.J. THIEME (1979), S. 137.

[73] Der durchschnittliche Schwarzmarktwechselkurs für die DDR betrug 1984 4,84 M/DM (14,54 M/US-$ dividiert durch 3,005 DM/US-$), vgl. WORLD CURRENCY YEARBOOK (1986), S. 314 und S. 321. Dieser Wert stimmt mit dem für West-Berlin ermittelten West-Wechselkurs M/DM überein, vgl. STEUER- UND ZOLLBLATT BERLIN (1984, 1985).

13,352 Mrd. M[74]) ausmachen. Aber auch in der DDR ist die Bargeldquote gesunken. Betrug sie 1950 noch 72 Prozent, so machte die Barhaltung von Inlandswährung 1985 nur noch 9,6 Prozent der gesamten Bestände an Inlandswährung im privaten Sektor aus.

Devisenkonten für Deviseninländer haben in der DDR eine untergeordnete Bedeutung. Sie werden nur in Ausnahmefällen für Deviseninländer mit Westkontakten eingerichtet, und die Auszahlung erfolgt in Mark der DDR. Daher dürfte das Verhältnis der gesamten Devisen (M_A^P) zu den gesamten Beständen an Inlandswährung im privaten Sektor (M_1^P) mit zunehmendem Anstieg der Sichteinlagen im staatlichen Sektor erheblich gegenüber dem Bardevisenverhältnis gesunken sein.

Insgesamt ist für sozialistische Länder zu vermuten, daß die Bargeldquote der ausländischen Währung die der inländischen Währung übersteigt. Die Struktur der Devisenhaltung erschwert somit zusätzlich die Kontroll- und Einflußmöglichkeiten der staatlichen Organe auf die privaten Westdevisenkreisläufe.

4. Entwicklung der Schwarzmarktwechselkurse

Das Aktivitätsniveau der Devisenschwarzmärkte in den einzelnen sozialistischen Ländern kann durch die Häufigkeit und das Ausmaß von Wechselkursschwankungen aufgezeigt werden. Im folgenden wird daher ein Überblick über die Entwicklung der Schwarzmarktwechselkurse in den einzelnen sozialistischen Ländern gegeben. Dabei stehen nur Schwarzmarktwechselkurse gegenüber dem US-Dollar zur Verfügung.[75] Um die Zeitreihen einzelner Länder vergleichbar zu machen,

---

[74] Vgl. STATISTISCHES JAHRBUCH DER DEUTSCHEN DEMOKRATISCHEN REPUBLIK 1985, S. 266.

[75] Vgl. WORLD CURRENCY YEARBOOK, mehrere Jahrgänge und Tab. II im Anhang.

wird ein Index der Schwarzmarktwechselkurse errechnet.[76] Als Basisjahr wird das Jahr 1966 gewählt, da dort keine außergewöhnlichen politischen und wirtschaftlichen Ereignisse in den betrachteten Ländern auftreten.

Abb. 2 stellt die Schwarzmarktkursentwicklung gegenüber dem US-Dollar (Index) für den Zeitraum 1955-1985 dar. Zwar reicht das Datenmaterial teilweise bis zum Jahre 1946 zurück, aufgrund der Nachkriegsereignisse steigt der US-Dollar-Kurs in den betrachteten Ländern jedoch auf Extremwerte, deren Berücksichtigung die Beurteilung der Schwarzmarktkursentwicklungen (z.B. Trend) erheblich verzerren würde. 1955 wird als Ausgangsjahr festgelegt, weil bis zu diesem Zeitpunkt die meisten Länder ihre erste konstituierende Währungsreform nach dem Zweiten Weltkrieg abgeschlossen haben.[77] Währungsreformen, die seit 1955 durchgeführt wurden, werden berücksichtigt, indem die Wechselkurse um das Eintauschverhältnis von alter zu neuer Währung bereinigt werden[78]. Bei reinen Umbenennungen von Währungen bzw.

---

[76] Vgl. Tab. III im Anhang.

[77] Bulgarien: 12. Mai 1952, 1 neue Lew = 100 alte Lewa; CSSR: 1. Mai 1953, 1 neue Krone = 50 alte Kronen; DDR: 20. Juli 1948, Umtausch von "coupon Mark" in die neue Ostmark; Polen: 28. Okt. 1950, 1 neuer Zloty = 100 alte Zloty; Rumänien: 28. Jan. 1952, 1 neuer Leu = 400 alte Lei und 1. Feb. 1954, Ankoppelung an den Rubel; UdSSR: 14. Dez. 1947, 1 neuer Rubel = 10 alte Rubel; Ungarn: 1. Aug. 1946, 1 Forint = 400 000 Billiarden Pengoe; China: Nov. 1949, Yuan wird abgeschafft und Jen Min Piao eingeführt. Vgl. WORLD CURRENCY YEARBOOK, mehrere Jahrgänge.

[78] Vgl. Tab. II im Anhang: China: 1. März 1955, 1 neuer Yuan = 10 alte Jen Min Piao; UdSSR: 1. Jan. 1961, 1 neuer Rubel = 10 alte Rubel; Bulgarien: 1. Jan. 1962: 1 neue Lew = 10 alte Lewa. Vgl. WORLD CURRENCY YEARBOOK, mehrere Jahrgänge.

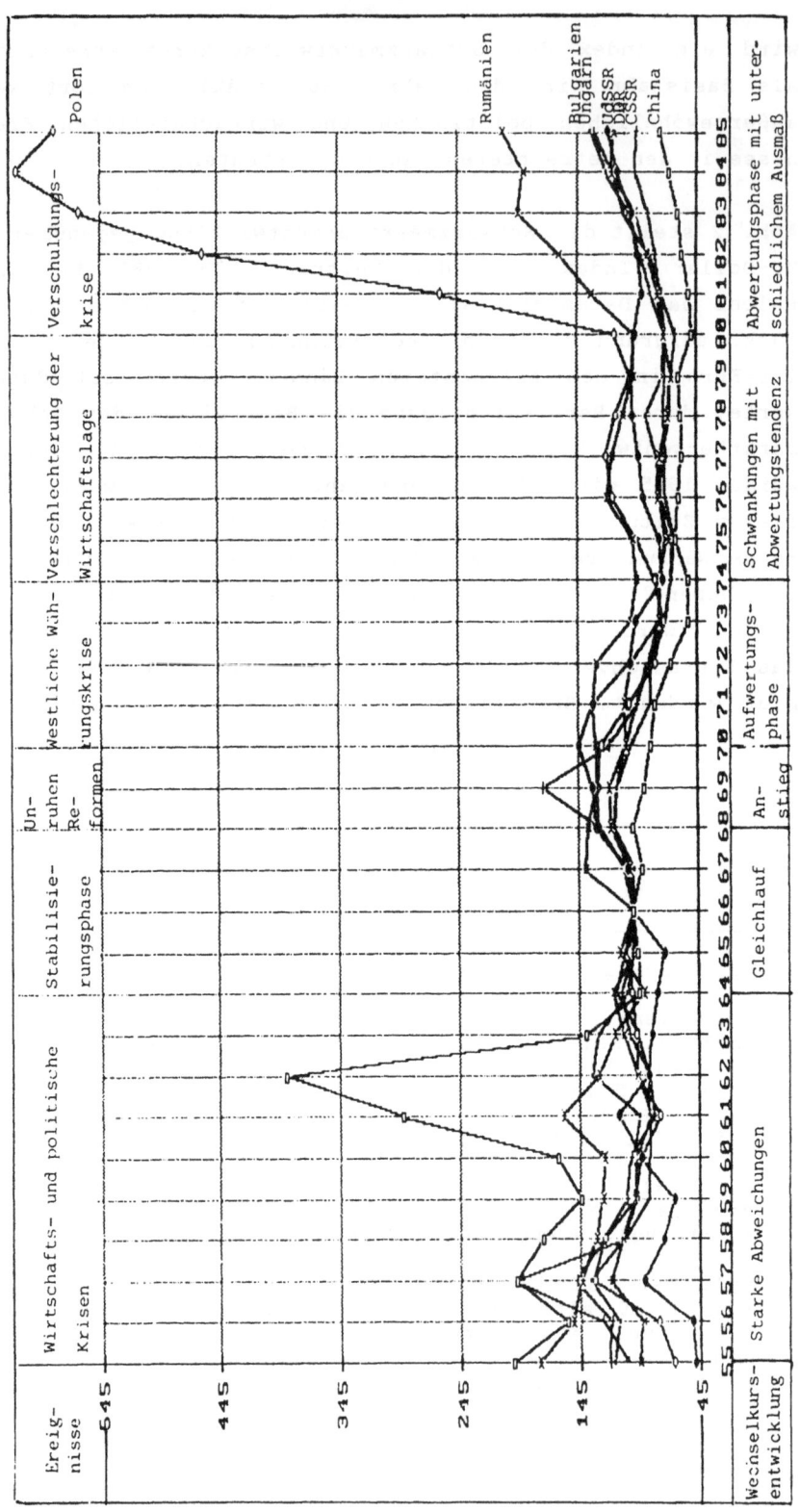

Abb. 2: Schwarzmarktwechselkurse pro US-Dollar (Index, Basisjahr 1966 = 100) für Osteuropa und China: 1955 - 1985

Quelle: Vgl. Tab. III im Anhang.

Einführung multipler Wechselkurssysteme werden die Wechselkurse nicht wertmäßig bereinigt.[79]

Betrachtet man die Länder als eine Gesamtheit, gibt Abb. 2 die Schwarzmarktwechselkursentwicklung des "sozialistischen Blocks" insgesamt wieder. Dazu wird Abb. 2 in sechs Zeitphasen aufgeteilt:

1. Phase: 1955 - 1963

Die starken Abweichungen der Schwarzmarktwechselkursentwicklungen in einzelnen sozialistischen Ländern werden durch die massiven Einflüsse von Währungsreformen der fünfziger und frühen sechziger Jahre und schwerwiegende politische Krisen verursacht. Deren Bedeutung für die Schwankungen der Schwarzmarktwechselkurse in den betroffenen Ländern sind jeweils in den Abb. 3-5 abzulesen:

- Der Schwarzmarktwechselkurs in Bulgarien reagiert auf die am 1. Jan. 1962 durchgeführte Währungsreform mit einer deutlichen Abwertung des Lew gegenüber dem Vorjahr um 41 Prozent. Der Index des LEW/US-Dollar-Kurses zeigt - bis auf das Jahr 1985 (34,78 Prozent) - die stärkste Abweichung vom Basisjahr mit 34,47 Prozent an und übersteigt in diesem Zeitpunkt zum ersten Mal die Zeitreihen der DDR und der CSSR (Abb. 3). Die Währungsreform in der UdSSR am 1. Jan. 1961 hat eine moderatere Abwertung in Höhe von 17,9 Prozent gegenüber dem Vorjahr zur Folge. Dennoch übersteigt der Index der Schwarzmarktwechselkurse in der UdSSR zum ersten Mal die Indexentwicklung Ungarns und Rumäniens (Abb. 4). Es ist nicht auszuschließen, daß der Schwarzmarktwechselkurs in der UdSSR

---

[79] DDR: 1. Dez. 1967, Mark der DDR (M) statt bisher Mark der Deutschen Notenbank (MDN) oder Ostmark (OM); China: 1. Juni 1969, Renminbi statt bisher Neuer Yuan bzw. multiple Wechselkurse in Ungarn seit 1. April 1957. Vgl. WORLD CURRENCY YEARBOOK, mehrere Jahrgänge.

Abb. 3: Schwarzmarktwechselkurse pro US-Dollar (Index, Basisjahr 1966 = 100) für Bulgarien, CSSR und DDR: 1955 - 1985

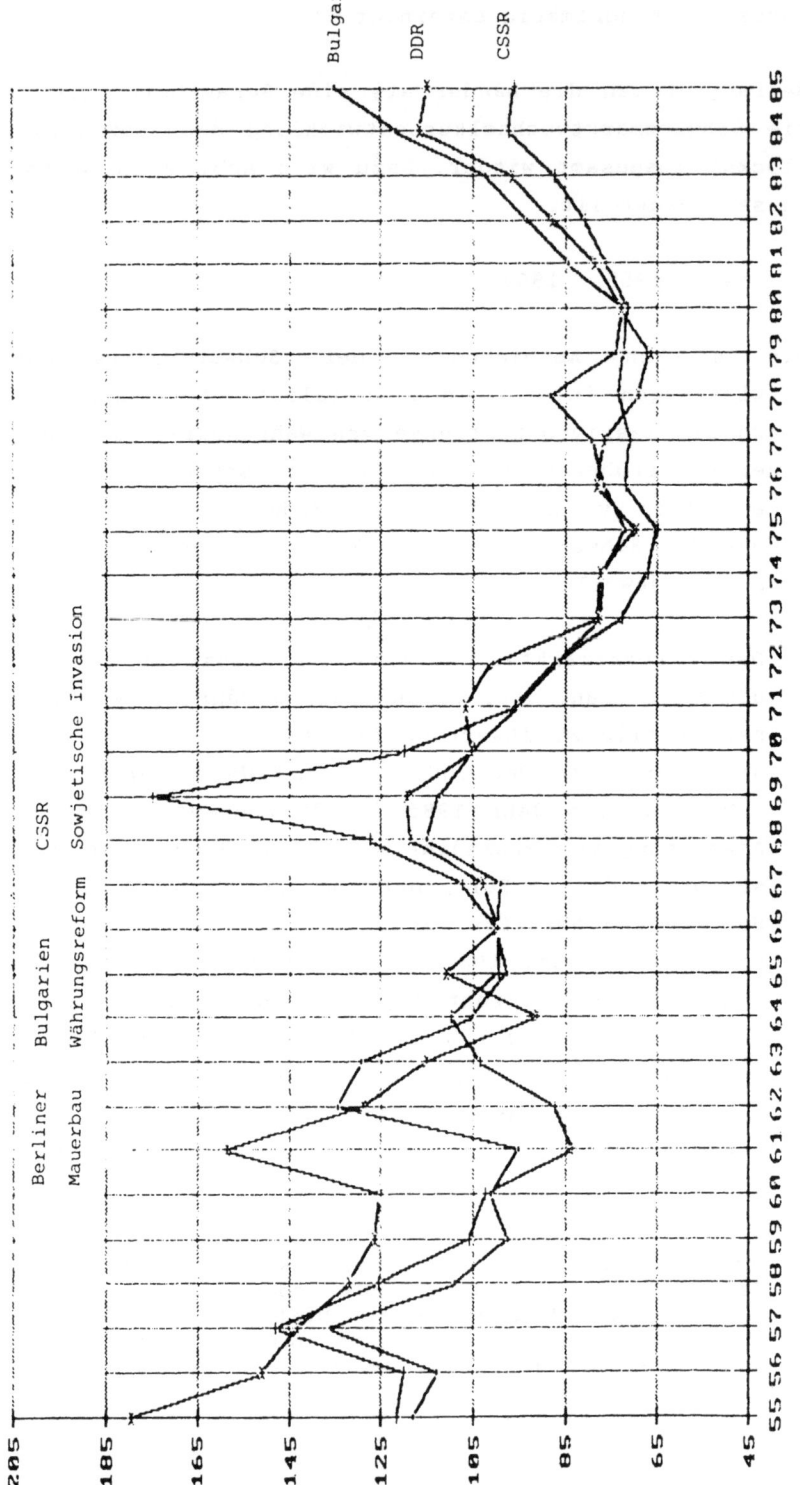

Quelle: Vgl. Tab. III im Anhang.

Abb. 4: Schwarzmarktwechselkurse pro US-Dollar (Index, Basisjahr 1966 = 100) für die UdSSR, Ungarn und Rumänien: 1955 - 1985

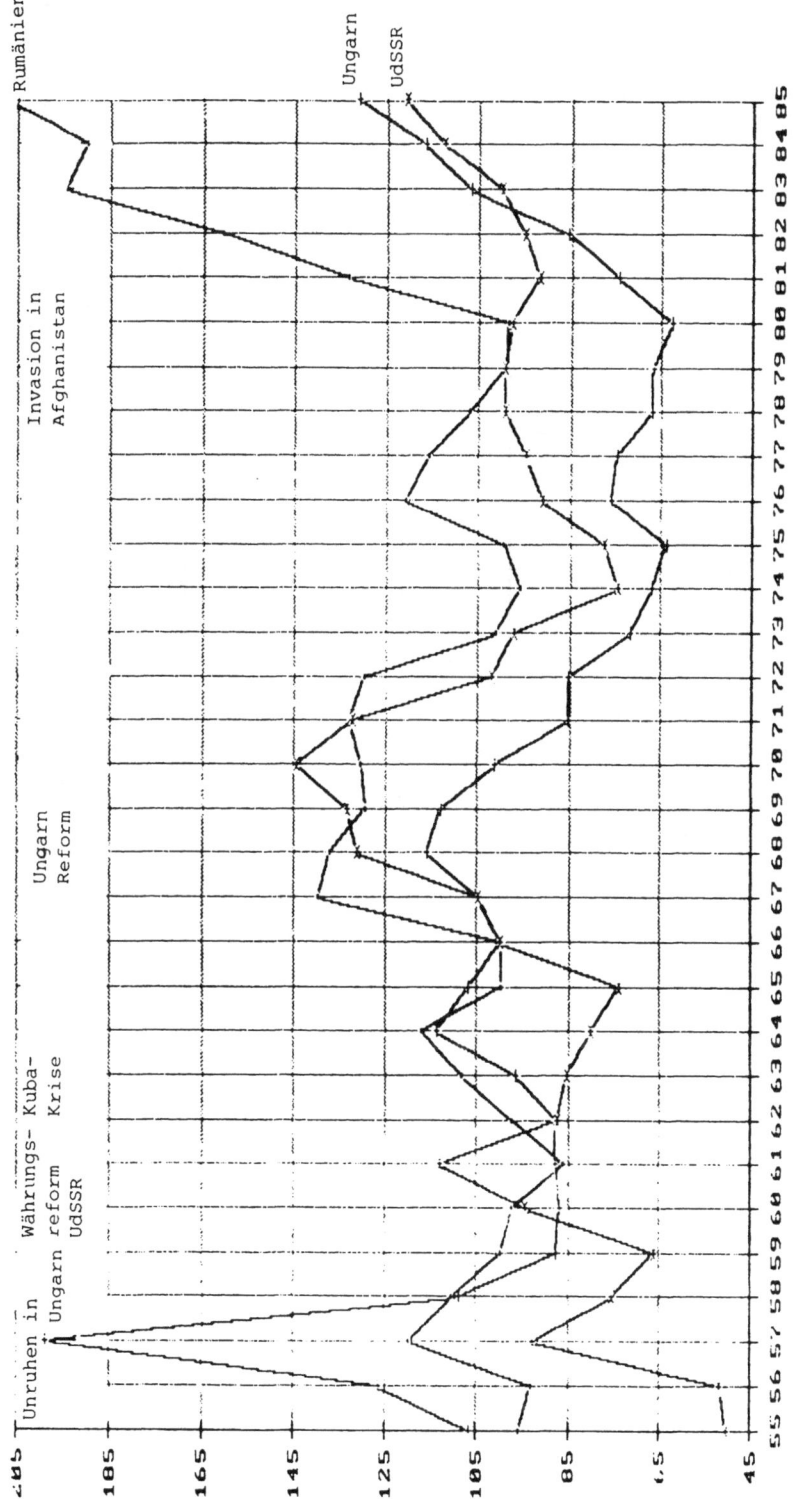

Quelle: Vgl. Tab. III im Anhang.

Abb. 5: Schwarzmarktwechselkurse pro US-Dollar (Index, Basisjahr 1966 = 100) für Polen und China: 1955 - 1985

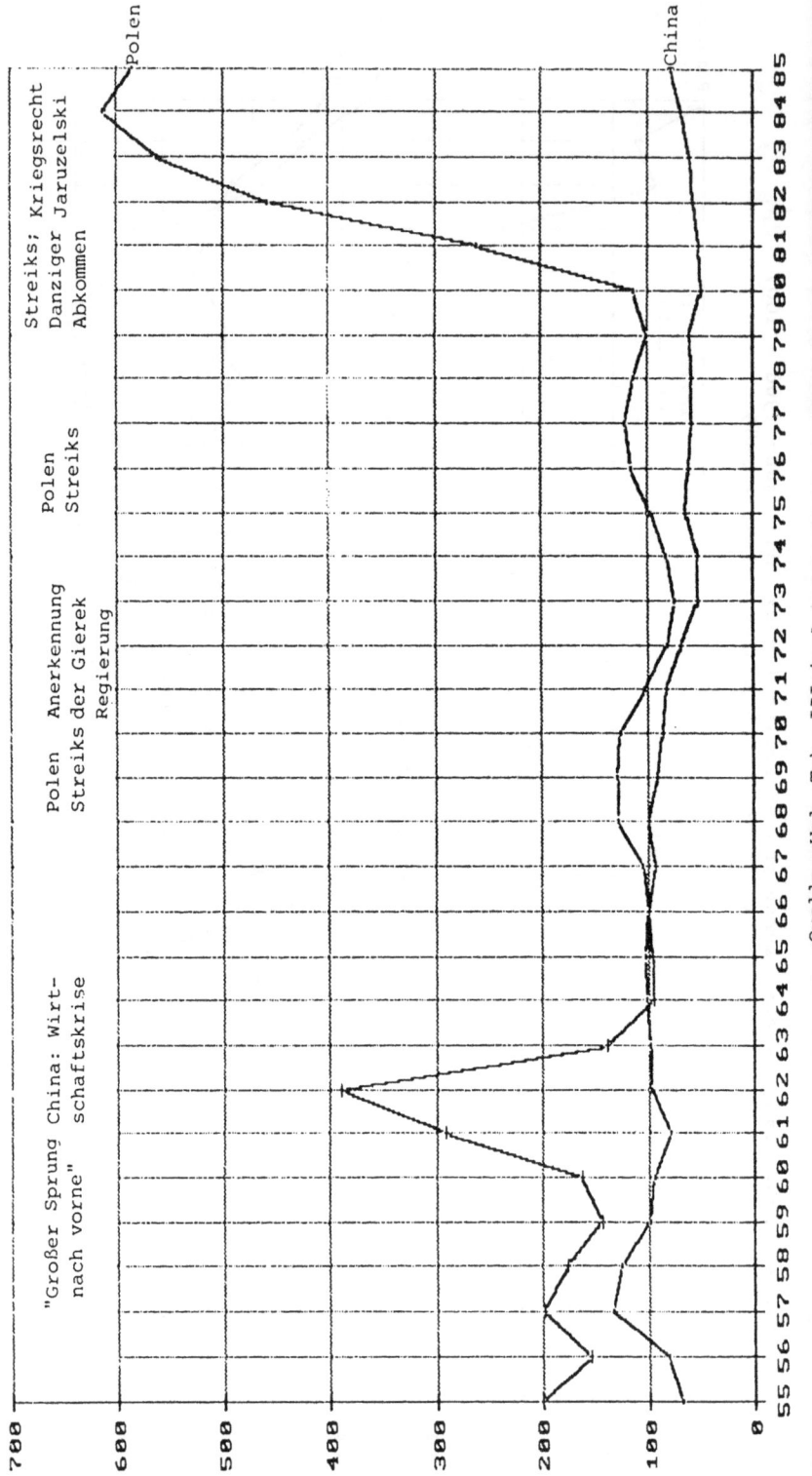

im Jahre 1961 auch durch die politischen Ereignisse in Berlin mitbeeinflußt wird.

- Die Nachwirkungen des von der Roten Armee am 17. Juni 1953 in Ostberlin niedergeschlagenen Arbeiterstreiks lassen den DDR-Schwarzmarktwechselkursindex 1955 mit einem sehr hohen Niveau beginnen (79-prozentige Abwertung gegenüber dem Basisjahr 1966 und 23,1 Prozent gegenüber dem Vorjahr). Der Mauerbau in Berlin am 13. August 1961 verursacht die zweite gravierende Abwertung der Ostmark um 58,83 Prozent gegenüber dem Basisjahr und 27 Prozent gegenüber dem Vorjahr. Noch drastischer ist die Abwertung zum Vormonat. Von Juli auf August 1961 (18 M/US-$ auf 30 M/US-$) beträgt die Abwertung 66 Prozent, während im Juni 1953 die Ostmark gegenüber Mai 1953 nur um 2,5 Prozent abgewertet wird, was die Dramatik des Ereignisses von 1961 ausdrücklich unterstreicht.

- 1956 entwickelt sich zum politischen und ideologischen Krisenjahr in den sozialistischen Ländern. In Polen und Ungarn kommt es im Oktober bzw. November 1956 zu Volksunruhen, die durch militärischen Einsatz blutig niedergeschlagen werden. Die politischen Repressionen verbreiten sich über alle "Ostblockländer", die auf den Devisenschwarzmärkten für den US-Dollar ihren Ausdruck in massiven Wertverschlechterungen aller sozialistischen Währungseinheiten finden. Der ungarische Forint erreicht 1957 mit 97,96 Forint je US-Dollar für den betrachteten Zeitraum seinen historischen Höchstwert. Dies entspricht einer Abwertung des Forint gegenüber dem Jahr 1966 (49,18 Forint/US-Dollar) von 99,19 Prozent.

- Die von Mao Tse-tung eingeleitete Periode des "Großen Sprungs nach vorne" (1958-1960) endet wegen zu ehrgeiziger und vom Volk nicht unterstützter politischer und ökonomischer Pläne in einer ideologischen und wirtschaftlichen Rezession, forciert von einem völligen Zusammenbruch der Lebensmittelversorgung. Die katastrophalen Folgen der Politik des Großen Sprungs nach vorne zeigen sich in einem extremen Anstieg des Schwarzmarktwechselkurses Yuan/US-Dollar in den Jahren 1961 und 1962. Gegenüber dem Basisjahr beträgt die Abwertung 191,90 bzw. 289,87 Prozent oder zum jeweiligen Vorjahr 78,48 bzw. 33,56 Prozent.

2. Phase: 1964 - 1967

Dieser Zeitraum ist durch eine Annäherung der Schwarzmarktwechselkursentwicklungen in unterschiedlichen sozialistischen Planwirtschaften gekennzeichnet. Dies ist an den relativ geringfügigen Abweichungen der Indexwerte der Schwarzmarktwechselkurse in allen Ländern von dem Basisindex in 1966 zu erkennen.[80] Ausnahmen bilden die relativ starke Abwertung der rumänischen Leu in 1967 und die Aufwertung des russischen Rubels Mitte der sechziger Jahre.[81] Die Beruhigung der Schwarzmarktwechselkurse kann mit einer Stabilisierung der gesellschaftlichen und wirtschaftlichen Verhältnisse in den sozialistischen Ländern erklärt werden.

3. Phase: 1968 - 1969

In diesem Zeitraum findet ein erneutes Auseinanderbrechen der Schwarzmarktkursentwicklungen der einzelnen Länder statt, verursacht durch neue politische Unsicherheiten in bezug auf weitreichende Reformdebatten und -realisierungen. In der CSSR werden die im Januar 1965 beschlossenen und seit 1966 Schritt für Schritt eingeführten Reformen des "Neuen Systems der planmäßigen Lenkung" durch den Einmarsch der Warschauer-Pakt-Truppen am 21. August 1968 abrupt beendet. In Ungarn hingegen werden die Reformdebatten mit der Einleitung des Reformsystems des "Neuen Ökonomischen Mecha-

---

[80] Vgl. Tab. III im Anhang.
[81] Vgl. Abb. 4, S. 99.

nismus" im gleichen Jahr realisiert. Mit der Unterdrückung des "Prager Frühlings" in der CSSR schnellt der Schwarzmarktwechselkurs 1969 um 75 Prozent gegenüber dem Basisjahr auf die Höhe von 62,65 Kronen/US-Dollar. Damit erreicht er seinen absoluten Spitzenwert und übersteigt zum ersten Mal die Zeitreihen von Bulgarien und der DDR (vgl. Abb. 3).

4. Phase: 1970 - 1973

Die westliche Vertrauenskrise in das System fixer Wechselkurse des Bretton-Woods verstärkt Ende der sechziger, Anfang der siebziger Jahre Spekulationen mit dem US-Dollar. Am 15. August 1971 reagiert die USA mit einer Aufhebung der Einlösbarkeit des Dollars in Gold, begleitet von einer Freigabe der Wechselkurse einiger wichtiger westlicher Industrieländer. Mit dem Beschluß der Washingtoner Währungskonferenz vom 23. Dezember 1971 wird der US-Dollar generell abgewertet. Nach einer weiteren zehnprozentigen Abwertung des US-Dollars am 12. Februar 1973 bricht mit der weltweiten Schließung der Devisenbörsen Anfang März 1973 das Bretton-Woods-System endgültig zusammen. Die zunächst schleichende und anschließend galoppierende Schwäche des US-Dollars verursacht einen Vertrauensschwund in die US-amerikanische Währung auch innerhalb der sozialistischen Länder[82], der verstärkt Umschichtungen von US-Dollar-Beständen in andere stabilere Westwährungen oder in Goldbestände bewirkt.[83] Diese Transaktionen führen zu einer parallelen Ab-

---

[82] Vgl. WORLD CURRENCY YEARBOOK (1974): U.S.S.R. Ruble, S. 560 f.; WORLD CURRENCY YEARBOOK (1986): Bulgarian Lev, S. 142; Chinese People's Renminbi/Yuan, S. 187; Czechoslovak Koruna, S. 231; German (Democratic Republic) Mark, S. 315; Hungarian Forint, S. 383; Polish Zloty, S. 686; Romanian Leu, S. 709.

[83] "After the second U.S. Dollar devaluation in February 1973, switching of hoarding trends from U.S. Dollars to Deutsche Mark and Austrian Shillings rose." WORLD CURRENCY YEARBOOK (1986): Czechoslovak Koruna, S. 231.

wertung des US-Dollars auf den Devisenschwarzmärkten in allen hier betrachteten sozialistischen Ländern.

5. Phase: 1974 - 1979

Charakteristisch für diese Periode ist der zyklische Verlauf der Zeitreihen. Dieser ist einerseits durch die relativ unbeständige wirtschaftliche Entwicklung in diesen Ländern verursacht und andererseits durch die Unsicherheit in bezug auf die Einführung von Wirtschafts- und Währungsreformen. Verstärkt wird die Entwicklung durch die weltwirtschaftlichen Ölkrisen[84] und die weiteren Abwertungen des US-Dollars in den Jahren 1978 und 1979. Diese wirtschaftlichen Umstände werden durch politische Ereignisse begleitet: Arbeiterstreiks aufgrund offizieller Preiserhöhungen im Dezember 1976 in Polen und die Invasion der sowjetischen Truppen in Afghanistan 1979. ,

6. Phase: 1980 - 1985

Diese Phase ist von einer eindeutigen Abwertungstendenz aller sozialistischen Währungen auf den Devisenschwarzmärkten gegenüber dem US-Dollar gekennzeichnet. Sie kann mit der alle sozialistischen Länder umfassenden Verschlechterung der Wirtschaftslage begründet werden[85], die die Kaufkraft der einheimischen Währung erheblich reduziert. Sinkende Wettbewerbspositionen im weltwirtschaftlichen Handel lassen die dringend benötigten Devisenerlöse schrumpfen und er-

---

[84] Vgl. D. O'HEARN (1980), S. 228.

[85] "An der Schwelle der siebziger und achtziger Jahre war das Tempo des Wirtschaftswachstums auf ein Niveau zurückgefallen, das faktisch den Beginn wirtschaftlicher Stagnation bedeutete. Wir begannen deutlich eine Position nach der anderen zu verlieren, sowohl bei der Steigerung der Effektivität der Produktion als auch bei der Qualität der Erzeugnisse, bei der wissenschaftlich-technischen Entwicklung wuchs der Abstand zu den führenden Ländern immer mehr zu unseren Ungunsten." Michail Gorbatschow, zitiert bei H. MAIER (1987), S. 12.

höhen - entgegen dem sozialistischen Autarkiestreben - die
Verschuldung im westlichen Ausland dramatisch. Die Verschlechterung der terms of trade erfordert zudem einen
ständig steigenden Export, um damit eine unveränderte Menge
an importierten Waren aus dem Westen bezahlen zu können.[86]
Wenn auch die Tendenz der Schwarzmarktwechselkursentwicklung des "sozialistischen Blocks" seit 1980 insgesamt
einheitlich ist, so weichen doch aufgrund unterschiedlicher
binnenwirtschaftlicher Situationen die Abwertungen auf den
Devisenschwarzmärkten für einzelne Länder bedeutsam voneinander ab.[87] In Polen, Rumänien und Bulgarien erreicht der
Schwarzmarktwechselkurs seinen historischen Höchstwert. In
Polen wird die Wirtschaftskrise von den Arbeiterstreiks in
Danzig, der Solidarnosz-Bewegung (1980) und der Einführung
des Kriegsrechts durch Jaruzelski am 13. Dezember 1981 begleitet.

Dieser kurze Überblick zeigt, daß im Laufe der letzten
dreißig Jahre unterschiedliche Einflußgrößen bei der Determination der Schwarzmarktwechselkurse der sozialistischen
Währungen zum US-Dollar dominieren:

- In der ersten und dritten Zeitphase (1955-63, 1968-69)
  sind die gravierenden Ausschläge der Schwarzmarktwechselkurse durch einschneidende, die Existenz des jeweiligen Gesellschafts- und Wirtschaftssystems gefährdende,
  politische Krisen verursacht.

- Seit 1970 kann aufgrund fehlender massiver politischer
  Krisen - Ausnahme: UdSSR 1979 und Polen 1980 - eine we-

---

[86] Für 1986 wird der Terms-of-Trade-Verlust der UdSSR im
Westhandel auf über 55 Prozent geschätzt. Für Osteuropa
wird der Verfall - aufgrund des geringeren Anteils der
Erdöllieferungen in den Westen - mit 20 Prozent angegeben. Vgl. G. FINK, et al (1987), S. 344.

[87] Zur Begründung dieser Abweichungen vgl. die in Abschnitt
B. 2. dieses Kapitels genannten Entstehungsgründe von
Schwarzmärkten für Ostwährungen.

sentlich gleichgerichtetere Entwicklung der Wechselkurse beobachtet werden. Wegen der abweichend starken Ab- und Aufwertungen der einzelnen Währungen wird eine Annäherung der Schwarzmarktwechselkurse wie bei der Phase 1964-1967 nicht mehr erreicht.

- Mit dem Floating des US-Dollars zu Beginn der siebziger Jahre wird die westliche Dollar-Kursentwicklung gegenüber anderen Währungen westlicher Industrieländer auf die Devisenschwarzmärkte der sozialistischen Länder übertragen. Der kurzfristige "sozialistische" Vertrauensschwund in den US-Dollar als sicheres Wertaufbewahrungsmittel ("private" Reservewährung) - bei Beibehaltung seiner Funktion als Tauschmittel[88] - läßt den Wert aller sozialistischen Währungen gegenüber dem US-Dollar deutlich ansteigen.[89] Auch in späteren Jahren hat die westliche US-Dollar-Entwicklung einen Einfluß auf die Schwarzmarktwechselkursentwicklung im sozialistischen Inland, jedoch wird diese Entwicklung immer häufiger durch intrawirtschaftliche Entwicklungen kompensiert bzw. überkompensiert.[90]

- In den letzten beiden Zeiträumen wird die Schwarzmarktwechselkursentwicklung im wesentlichen also durch die wirtschaftliche Entwicklung innerhalb der sozialistischen Länder geprägt. Während die Zeitreihen in der

---

[88] "Despite such declines the Greenback remained in demand for the purchase of Western products as well as for travel abroad." WORLD CURRENCY YEARBOOK (1986): Hungarian Forint, S. 383; vgl. auch W. BRUS (1978), S. 27.

[89] Trotz relativ hoher Transaktionskosten der Portfolioumschichtungen ist es in dieser Periode für die Wirtschaftssubjekte rentabel, ihre Vermögen in Gold oder in andere Westwährungen anzulegen.

[90] Vgl. Abb. I im Anhang, in der deutlich gezeigt wird, daß seit Ende der siebziger bzw. Anfang der achtziger Jahre die westlichen Abwertungen des US-Dollars gegenüber der DM erheblich unter den Abwertungen der sozialistischen Währungen gegenüber dem US-Dollar liegen.

Phase von 1974-1979 noch recht uneinheitlich verlaufen, ist mit Beginn der achtziger Jahre eine massive Abwertung aller sozialistischen Währungen eingetreten. Die Abwertungen fallen dabei in den einzelnen sozialistischen Planwirtschaften unterschiedlich stark aus.

IV. Monetäre Theorie des Schwarzmarktwechselkurses

In diesem Kapitel wird der Schwarzmarktwechselkurs bestimmt. Gleichzeitig wird gezeigt, daß die Wirtschaftssubjekte über den An- und Verkauf von Westdevisen zu einem marktmäßig ermittelten Wechselkurs die Möglichkeit haben, ihre diversifizierten Kassenbestände in einer gewünschten Struktur zu halten bzw. die tatsächliche Kassenhaltung von in- und ausländischer Währung an die gewünschte Kassenhaltung anzupassen.

Hierzu wird zunächst überprüft, ob die vermögenstheoretisch fundierten Währungssubstitutionsmodelle wie sie für westliche Marktwirtschaften entwickelt wurden, auf sozialistische Planwirtschaften übertragbar sind, um sodann die privaten Nachfragefunktionen der in- und ausländischen Währung zu spezifizieren. Schließlich wird aus dem simultanen Gleichgewicht auf den **Geld**märkten für in- und ausländische Währung der Schwarzmarktwechselkurs bestimmt. Die Variation exogener Modellparameter erlaubt die Bestimmung der Wechselkursänderungen.

Ein Vermögensbestandsmodell wird deshalb gewählt, weil die Anpassung der diversifizierten Kassenbestände des privaten Sektors an veränderte ökonomische Variablen als der dominante Faktor der Wechselkursbildung angesehen wird. Damit werden aber keineswegs Transaktionsmotive der Westdevisenhaltung vernachlässigt; diese werden vielmehr implizit in den Währungsnachfragefunktionen berücksichtigt. Nettozuflüsse bzw. -abflüsse an Westdevisen werden als exogene Variationen des Westdevisenangebotes erfaßt.

A. Währungssubstitutionsmodell

1. Vermögenstheoretische Grundlagen

Die zunehmende Integration der Weltkapital- und Gütermärkte veranlaßt auch die Wirtschaftssubjekte in westlichen Marktwirtschaften - aus Gründen der Transaktionskostenersparnis und der Portfoliodiversifikation - Kassenbestände an in- und ausländischer Währung zu halten.[1] Neben der reinen Existenz diversifizierter Kassenbestände werden die Bedingungen der relativen Änderungen zwischen der Nachfrage nach in- und ausländischer Währung unter dem Begriff der nachfrageseitigen Währungssubstitution subsumiert.[2]

In einem System fixer Wechselkurse kann die Autonomie nationaler Geldpolitiken durch die Interventionsverpflichtungen der Notenbanken unterlaufen werden, indem sie Auslandswährungen zu einem gegebenen Wechselkurs an- bzw. verkaufen müssen. Mit der Aufgabe dieser angebotsseitigen Währungssubstitution und der Einführung eines flexiblen Wechselkurssystems soll die notenbankpolitische Autonomie eines

---

[1] Vgl. C.A. CALVO, C.A. RODRIGUEZ (1977), S. 617; M.A. MILES (1978,1), S. 173; D.T. KING, B.H. PUTNAM, D.S. WILFORD (1978), S. 203 f.; A. BRILLEMBOURG, S.M. SCHADLER (1979), S. 521; B. BRITTAIN (1981), S. 144; L. GIRTON, D. ROPER (1981), S. 12; E. BALTENSPERGER, P. BÖHM (1982), S. 132; M.D. BORDO, E.U. CHOUDHRI (1982), S. 48 f.; P. BÖHM (1984), S. 4; D.H. JOINES (1985), S. 303; D.S. SAURMAN (1986), S. 512 f.; G. MAIER (1987), S. 82 f.; M. NELDNER (1987), S. 631.

[2] Vgl. M.A. MILES (1978,2), S. 429; P. BÖHM (1984), S. 7: "Für die Frage nach dem Einfluß von CS (Currency Substitution bzw. Währungssubstitution, P.A.W.) auf die Wirkungsweise verschiedener exogener Datenänderungen ist jedoch nicht entscheidend, daß diversifizierte Kassenbestände im In- und Ausland überhaupt gehalten werden, sondern unter welchen Bedingungen sich die Struktur der diversifizierten Kassenbestände ändert...".

Landes über Wechselkursanpassungen garantiert werden.³
Diese wechselkurstheoretischen Ansätze vernachlässigen allerdings die nachfrageseitige Währungssubstitution. Um ihre Bedeutung und den Einfluß der strukturellen Änderung diversifizierter monetärer Portefeuilles auf die Autonomie nationaler Geldpolitiken aufzuzeigen, wurden für Marktwirtschaften spezielle Währungssubstitutionsmodelle entwickelt.⁴

Die vermögenstheoretischen Währungssubstitutionsmodelle unterscheiden sich von herkömmlichen asset market approaches dadurch, daß sie explizit ausländische Währungen als Vermögensformen berücksichtigen. Asset market approaches heben die Rolle der internationalen Finanzmärkte für die kurzfristige Wechselkursbestimmung hervor.⁵ Im Gleichgewicht der Finanzmärkte wird simultan der Wechselkurs und das gesamtwirtschaftliche Zinsniveau bestimmt. Um die Modelle zu vereinfachen, werden Anzahl und Auswahl der Märkte, die für die Determination des Wechselkurses und des Zinsniveaus notwendig sind, durch folgende Annahmen festgelegt:⁶

- Substitutionsgrad von Vermögensarten: Wenn zwei Vermögensformen vollkommene Substitute sind, dann ist deren relativer Preis konstant und sie können zu einer Vermö-

---

3 Vgl. M. FRIEDMAN (1953), S. 199 f.; H.J. JOHNSON (1972), S. 207 ff.

4 Vgl. Überblick bei J.T. CUDDINGTON (1982), S. 1 f. und P. BÖHM (1984), S. 10 ff.

5 Der Markt für Sachkapital wird bei der Übertragung der vermögenstheoretischen Ansätze auf offene Volkswirtschaften üblicherweise vernachlässigt. Das beruht auf der Überlegung, daß Sachkapital aufgrund höherer Transaktionskosten wesentlich langsamer umstrukturiert werden kann als Finanzvermögen. Vgl. E. BALTENSPERGER, P. BÖHM (1982), S. 123. Als Kritik hierzu vgl. W. FILC (1987), S. 56 ff.

6 Vgl. R.G. MURPHY, C. VAN DUYNE (1980), S. 628 f.

gensform aggregiert werden. Damit wird die Zahl der zu berücksichtigenden Vermögensformen reduziert.

- Anpassungsgeschwindigkeit einzelner ökonomischer Märkte: Während die Vermögensmärkte ohne Zeitverzögerung auf Ungleichgewichtssituationen reagieren, werden unterschiedliche Annahmen über die Reaktionsgeschwindigkeiten der Gütermärkte gemacht. Entweder die Gütermarktpreise reagieren langsamer als die Vermögenspreise, so daß die Gütermarktpreise in der kurzen Frist fixiert sind, oder die Gütermarktpreise passen sich sofort an, so daß der Output kurzfristig auf dem Vollbeschäftigungsniveau fixiert ist. Reagiert der Gütermarkt aufgrund von Transaktionskosten langsamer als der Vermögensmarkt, so kann der Gütermarkt bei der kurzfristigen Wechselkursbestimmung vernachlässigt werden.[7]

- Spezialisierungsannahme: Die Anzahl der international gehandelten Vermögens- und Güterformen wird von vornherein beschränkt, indem angenommen wird, daß bestimmte Vermögenstitel oder Güter nicht im In- oder Ausland gehandelt werden.

- Größe des Landes bzw. Interdependenzannahme: Ist das Inland relativ klein gegenüber dem Weltmarkt, so haben Veränderungen im Inland keine Rückwirkungen auf das Ausland. Die ausländischen Variablen können konstant gesetzt werden. Sonst notwendige, analytisch komplexe Mehr- oder Zwei-Land-Modelle können dann auf ein Ein-Land-Modell reduziert werden. Die Analyse beschränkt sich ausschließlich auf Anpassungsprozesse im Inland.

Je nach Kombination der Prämissen erhält man Währungssubstitutionsmodelle, die sich hinsichtlich der Anzahl der berücksichtigten Vermögensformen, der makroökonomischen Märk-

---

[7] Vgl. E. BALTENSPERGER, P. BÖHM (1982), S. 29.

te, der Fristigkeit der Analyse und der Rückwirkungen auf
das Ausland unterscheiden. Monetäre Währungssubstitutionsmodelle bestimmen den Wechselkurs rein geldmarkttheore-
tisch.[8]

Die oben genannten Annahmen zur Vereinfachung der Währungssubstitutionsmodelle blieben nicht ohne Kritik, die im wesentlichen auf die zu restriktiven, realitätsfremden Annahmen (zu enge Vermögensdefinition, Ein-Land-Modell, vollkommene Substitution, homogene Güter) abstellt.

Es kann nun gezeigt werden, daß vermögenstheoretische
Währungssubstitutionsmodelle auch für die Determination der
Devisenschwarzmarktwechselkurse in sozialistischen Planwirtschaften geeignet sind. Hierzu müssen nur die, den spezifischen Rahmenbedingungen von sozialistischen Planwirtschaften entsprechenden Prämissen aus dem oben genannten
Annahmebündel ausgewählt, gegebenenfalls modifiziert und
kombiniert werden. Dabei stellt sich heraus, daß die für
Marktwirtschaften als zu restriktiv kritisierten Annahmen
der Währungssubstitutionsmodelle die Rahmenbedingungen der

---

[8] Werden die Vermögensformen nicht von vornherein auf in-
und ausländisches Geld beschränkt, so wird häufig ein
Zwei-Stufen-Portfolioprozeß unterstellt. A. BRILLEM-
BOURG, S.M. SCHADLER (1979), S. 522, teilen z.B. den
Portfolioprozeß auf in eine erste Entscheidung zwischen
monetärer und nichtmonetärer Finanzanlage, um anschließend den daraus resultierenden Anteil des monetären Finanzvermögens auf in- und ausländische Kassenhaltung aufzuteilen. Dabei wird der Einfluß der Währungssubstitution allein auf die kurzfristige Wechselkursentwicklung aufgezeigt. Ähnlich auch M.A. MILES (1978,2),
S. 433 und L. GIRTON, D. ROPER (1981), S. 14. J.T. CUD-
DINGTON (1982), S. 9 ff., kritisiert die aus dem oben
beschriebenen "sequential portfolio choice set up" resultierende Trennung zwischen Währungssubstitution und
Zinssatzbestimmung wie folgt: "This is surely an extreme
assumption in light of the considerable effort in international macroeconomics to develop financial equilibrium
models which simultaneously determine interest rates and
exchange rates so as to explain the observed high corre-
lation between these variables." S. 9.

sozialistischen Planwirtschaften sehr viel realitätsgetreuer wiedergeben und beschreiben.

2. Vermögensformen in sozialistischen Planwirtschaften

In sozialistischen Planwirtschaften umfassen die Finanzaktiva im privaten Sektor das staatlich emittierte Bargeld und Devisengutscheine, täglich fällige, verzinsliche Guthaben auf Gehalts-, Giro- und Spargirokonten; Termineinlagen auf Buchsparkonten und höher verzinslichen Versicherungs- und Zwecksparkonten (letztere dienen der Anschaffung von dauerhaften Konsumgütern).[9] Im Gegensatz zu Marktwirtschaften existieren keine Kapitalmärkte, an denen fest oder variabel verzinsliche Wertpapiere gehandelt und deren Kurse notiert werden.[10] Nur vereinzelt werden - zum Teil über Banken weiterverkäufliche - Staatsanleihen ausgegeben.[11] Daneben bleiben dann nur noch Bardevisenhaltung und Anlage auf staatlichen Devisenkonten, denn in den meisten sozialistischen Ländern können die Wirtschaftssubjekte keine ausländischen Wertpapiere erwerben oder Bankguthaben im Ausland besitzen.[12]

Das Sachvermögen im privaten Sektor beschränkt sich im wesentlichen auf dauerhafte Konsumgüter, Häuser und Wohnungen. Zusätzlich können Investitionen in Humanvermögen

---

[9] Vgl. U. BUSCH (1987), S. 366; DDR-HANDBUCH (1979), 3. A. 1985, S. 1247.

[10] Vgl. H. BUCK (1971), S. 184.

[11] So wurden z.B. in der DDR 1946 und 1949 Anleihen der Länder und 1954 bis 1961 Hypothekenpfandbriefe der Deutschen Investitionsbank emittiert (vgl. LEXIKON DER WIRTSCHAFT. FINANZEN (1986), S. 612) oder in der UdSSR Staatsschuldtitel in Form von Lotterieanteilen ausgegeben, vgl. K.-H. HARTWIG, H.J. THIEME (1984), S. 95.

[12] Vgl. Kapitel III., Übersicht 5, S. 78.

durchgeführt werden.[13] Insgesamt ist die Anzahl der potentiell zu berücksichtigenden Vermögensmärkte in sozialistischen Planwirtschaften geringer als in kapitalistischen Marktwirtschaften. Die Annahme der vollkommenen Substitution ist daher kaum notwendig. Da die Zinssätze der Bankeinlagen kurzfristig konstant sind und damit die privaten Portfolioentscheidungen nicht beeinflussen, reduzieren sich zudem die im Währungssubstitutionsmodell zu bestimmenden Variablen auf eine, den Wechselkurs.[14]

In sozialistischen Planwirtschaften werden verzögerte Anpassungen des Sachvermögens durch fehlende Preisanpassungen im staatlichen Sektor und zusätzlich durch Mengenrestriktionen auf den Gütermärkten verursacht.[15] Diese Mengenrestriktionen verhindern eine unverzügliche Mengenanpassung, die bei Finanzvermögen durch vermehrte Kassenhaltung gewährleistet ist. Darüber hinaus eröffnet der Umtausch von Westdevisen auf den Devisenschwarzmärkten die Möglichkeit unmittelbarer relativer Preisanpassungen. Die gewünschten Bestände an Sachkapital können dann in der kurzfristigen Analyse - bzw. je nach Höhe der Transaktionskosten zur Überwindung von Mengenrestriktionen auch in der mittleren Frist - konstant gesetzt werden. Da die Umstrukturierung von Humanvermögen ebenso nur zeitverzögert erfolgen kann, ist es zulässig, in Währungssubstitutionsmodellen, die den kurzfristigen Schwarzmarktwechselkurs in sozialistischen Planwirtschaften bestimmen, ausschließlich Finanzaktiva zu berücksichtigen.

---

[13] Vgl. D. CASSEL, A. CASPERS (1984), S. 115.

[14] Vgl. zur staatlichen Zinspolitik, Abschnitt B. 3. dieses Kapitels, S. 129 f. Damit entfällt auch die in Fußnote 8, S. 112 geäußerte Kritik von J.T. Cuddington bezüglich der künstlichen Trennung von Zins- und Wechselkursbestimmung.

[15] Vgl. K.-H. HARTWIG, H.J. THIEME (1984), S. 94.

Die Anzahl der international gehandelten Vermögensformen ist in sozialistischen Planwirtschaften auf Fremdwährungen - in ganz wenigen Ausnahmefällen auf ausländische Wertpapiere - beschränkt. Da letztere nicht im Inland gehandelt werden und zudem keine Zahlungsmittelfunktion erfüllen, können sie für die Wechselkursanalyse vernachlässigt werden. Damit entfällt ein Problem empirischer Analysen von Währungssubstitution in kapitalistischen Marktwirtschaften. In der Geldnachfragefunktion nach heimischer Währung wird dort der Einfluß der Währungssubstitution häufig approximiert durch die erwartete Wechselkursänderung. Da diese aber auch ein Bestandteil der Ertragsrate für ausländische Wertpapiere ist, kann der Einfluß von Währungssubstitution und Kapitalmobilität auf die inländische Geldnachfrage bei Regressionsanalysen nicht ohne weiteres getrennt werden (Problem der Multikollinearität).[16]

In sozialistischen Planwirtschaften halten die Wirtschaftssubjekte neben der inländischen Währung auch ausländische Währungsbestände, während die heimische Währung nicht im Ausland nachgefragt wird[17] und die Inländer ihre ausländische Währung nicht im Ausland anlegen können. Es entstehen keine Rückkopplungseffekte vom sozialistischen

---

[16] Vgl. J.T. CUDDINGTON (1982), S. 17; L.O. LANEY, C.D. RADCLIFFE, T. WILLETT (1984), S. 1198; U. FASANO-FILHO (1986), S. 330.

[17] C.L. RAMIREZ-ROJAS (1985), S. 630, spricht in diesem Zusammenhang von "asymmetrischer Währungssubstitution" im Unterschied zur symmetrischen Währungssubstitution, die in sogenannten Weltgeldmodellen unterstellt wird. Diese Modelle betrachten nicht die nationale Nachfrage nach internationalen Währungen, sondern die internationale bzw. Weltgeldnachfrage nach nationalen Währungen, vgl. beispielsweise M.A. MILES (1978,1; 2); R. VAUBEL (1980); R.I. MC KINNON (1982).

Inland auf das westliche Ausland.[18] Die Analyse kann dann auf das sozialistische Inland beschränkt werden. Wichtige Variablen des Auslandes, etwa das Devisenangebot, können exogen gesetzt werden, ohne daß fehlerhafte Schlußfolgerungen aus den Währungssubstitutionsmodellen entstehen.

Die Prämissenkritik der Währungssubstitutionsmodelle zur Erfassung der internationalen Verflechtungen in kapitalistischen Marktwirtschaften gilt also nicht für sozialistische Planwirtschaften.[19]

Die Konsequenz des restriktiven Vermögensspektrums, der Inflexibilität der Preise und Zinsen und der weitverbreiteten

---

[18] Es werden also keine Rückwirkungen von Währungssubstitution in sozialistischen Planwirtschaften auf das kapitalistische Ausland berücksichtigt. Das schließt die praktische Relevanz nicht aus. So wird z.B. die Überschreitung des vorgegebenen Geldmengenziels 1977 in der Bundesrepublik Deutschland unter anderem mit einer verstärkten Neigung zur Kassenhaltung in DM-Noten im Ausland gerechtfertigt. Vgl. DEUTSCHE BUNDESBANK, Geschäftsberichte (1977), S. 24 und (1978), S. 37; SACHVERSTÄNDIGENRAT, Jahresgutachten (1978/79), S. 168, Ziffer 403 und 404. Vgl. auch E. LANGFELDT, H. LEHMENT (1980), die die Bedeutung der verstärkten internationalen Nachfrage (z.B. in der DDR, S. 679) für die Erklärung der Geldnachfrage in der Bundesrepublik Deutschland untersuchen.

[19] Auffällig sind hierbei die Parallelen zu Entwicklungsländern, wo sich in hochinflationärem Umfeld ebenso das Phänomen der Währungssubstitution verbreitet hat:

- Der offizielle Wechselkurs ist fixiert. Es bestehen starke Devisenregulierungen und Außenhandelsbeschränkungen. Devisenschwarzmärkte entstehen, auf denen der Wechselkurs marktmäßig bestimmt wird und der den offiziellen Wechselkurs überschreitet.

- Es fehlen entwickelte Finanzmärkte. Die Vermögensanlagemöglichkeiten sind beschränkt. Die Fremdwährungen erfüllen Geldfunktionen im Inland und erklären damit Diversifikationen der Kassenbestände.

Vgl. V. TANZI, M.I. BLEJER (1982); G. ORTIZ (1983); M. NOWAK (1985); C.L. RAMIREZ-ROJAS (1985); U. FASANO-FILHO (1986).

Mengenrestriktionen in sozialistischen Planwirtschaften besteht darin, daß die Geldmärkte für in- und ausländische Währungen die einzigen kurzfristig reagiblen Märkte sind. Es wird daher im folgenden ein monetäres Währungssubstitutionsmodell abgeleitet, in dem der Schwarzmarktwechselkurs allein aus den Gleichgewichtsbedingungen dieser beiden Geldmärkte bestimmt wird.

Geld ist Vermögen, da es Nutzen stiftet. Ist das monetäre Gesamtvermögen exogen vorgegeben,. so werden die privaten Wirtschaftssubjekte dieses auf die einzelnen Geldformen so aufteilen, daß der Gesamtnutzen maximiert wird. Das Maximum ist dann erreicht, wenn die Grenznutzen der beiden Währungen sich entsprechen und damit kein Anreiz mehr besteht, Umschichtungen des Währungsportefeuilles vorzunehmen. Die Nachfrage nach Währungen tritt in den Vordergrund der Analyse. Die Wahl der Argumente in der Währungsnachfragefunktion hat einen wesentlichen Einfluß auf die Bestimmung des Wechselkurses. Die Nachfrage nach Währungen wird entsprechend der Haushaltstheorie bzw. der Theorie der Wahlakte durch die Ertragssätze, die Budgetrestriktion und die Präferenzstruktur der Wirtschaftssubjekte determiniert.[20]

B. Währungsnachfragefunktionen

Der Geldnutzen wird aus den Geldfunktionen spezifiziert. In Kapitel II. B. 2. wurde bereits gezeigt, daß Westdevisen Geldfunktionen im sozialistischen Inland erfüllen (Nebenwährung). Deshalb soll nun aus den Geldfunktionen die Nutzenstruktur der beiden Geldmärkte abgeleitet werden, um daraus anschließend die Währungsnachfragefunktionen zu bestimmen.

Nutzenstiftend wirken die währungsspezifischen Erträge, während die mit der Haltung und Veränderung von Währungen

---

[20] Vgl. M. FRIEDMAN (1956), deutsch 1976, S. 79.

verbundenen Risiken und Transaktionskosten den Nutzen verringern.[21]

1. Ertrags-, Risiko- und Transaktionskostenstruktur

Pekuniäre Erträge werden aus den monetären Einkommensströmen einer Vermögensform in Relation zu deren Anschaffungswert ermittelt. Nichtpekuniäre Erträge sind dagegen die Nutzenströme, die nicht explizit in monetären Größen anfallen und damit wertmäßig schwer zu erfassen sind.[22]

Da Erträge in der Zukunft fällig werden, muß der Nutzenstrom in der Gegenwart nicht bekannt sein. Die Wirtschaftssubjekte werden daher für ihre Portfolioentscheidungen Erwartungen über den zukünftigen Verlauf der Ertragsströme bilden. Solange die Wirtschaftssubjekte keine sicheren Erwartungen über die Zukunft haben, ist die heutige Portfolioentscheidung risikobehaftet. Darüber hinaus ist zu beachten, daß sich die einzelnen Vermögensformen in Höhe und Qualität des Risikos unterscheiden können.[23]

Transaktionskosten, d.h. Informations- und Veränderungskosten, beeinträchtigen ebenso die aktivaspezifischen Erträge. Informationskosten entstehen, wenn Ressourcen aufgewendet werden, um Informationen über den Marktpreis einzuholen. Veränderungskosten entstehen bei der Durchführung von Tauschtransaktionen zur Anpassung der Vermögensportefeuilles.[24]

---

[21] Vgl. K.-H. HARTWIG, H.J. THIEME (1984), S. 90.

[22] Vgl. D. DUWENDAG, u.a. (1974), 3. A. 1985, S. 215.

[23] Vgl. J. TOBIN (1963), deutsch 1978, S. 50 ff.

[24] Vgl. K. BRUNNER (1970), S. 5; K.-H. HARTWIG, H.J. THIEME (1984), S. 92; F.U. VOLLMER (1986), S. 12.

Im folgenden werden die Erträge, Risiken und Transaktionskosten der Westwährung und der inländischen Währung in sozialistischen Planwirtschaften spezifiziert und in Übersicht 6 zusammengefaßt.

Übersicht 6: Geldfunktionen und Ertrags-, Risiko- und Transaktionskostenstruktur unterschiedlicher Währungen in sozialistischen Planwirtschaften

Geldfunktion und Ertragsstruktur	Währung	West – Auslandswährung		Inlandswährung	
Wertaufbewahrungsfunktion	Nominalwert-sicherheit	Pekuniäre Erträge	Profitable Vermögensanlage = $f_1\left(\dfrac{e^* - e}{e}\right)$	Zins bei weiter M-Abgrenzung = $f_2(i)$	
		Risiko	Unsicherheit der Wechselkursentwicklung = $f_3(e^*, \delta e)$	Unsicherheit der Zinsentwicklung (z.B. staatl. Neufestlegung) = $f_4(i^*, \delta i)$	
	Realwert-sicherheit	Nichtpekuniäre Erträge	Sichere Vermögensaufbewahrung = $f_5(P_A)$	Sichere Vermögensaufbewahrung = $f_6(k; P_I)$	
		Risiko	Unsicherheit der Preisniveauentwicklung = $f_7(P_A^*, \delta P_A)$	Unsicherheit der Kassenhaltungs- und Preisniveauentwicklung = $f_8\left(\begin{array}{l}k^*, \delta k;\\ P^*_I, \delta P_I\end{array}\right)$	
	Transaktionskosten		Kosten der Portfolioanpassung		
Tauschmittelfunktion	Nichtpekuniäre Erträge		Zahlungsmittelakzeptanz, Liquidität = $f_9(I)$	Zahlungsmittelakzeptanz, Liquidität = $f_{10}(I)$	
	Transaktionskosten		Institutionelle Beschränkung auf Westdevisenläden und Schwarzmärkte = $f_{11}(I)$	Institutionelle Beschränkung auf offiziellen Sektor = $f_{12}(I)$	
	Risiko		Institutionelle und politische Risiken = $f_{13}(I^*, \delta I)$	Institutionelle und politische Risiken = $f_{14}(I^*, \delta I)$	

Wertaufbewahrungsfunktion

Die inländische Währung stellt als offizielles Zahlungsmittel eine nicht einlösbare Forderung der Wirtschaftssubjekte gegenüber der sozialistischen Staatsbank dar. Bargeld wird nicht verzinst. Es hat keinen pekuniären Ertrag. Anders dagegen Einlagen auf Giro-, Spargiro-, Buchspar-, Versicherungsspar- und Zwecksparkonten, da der Staat für diese gesetzlich fixierte Zinsen (i) bezahlt. Da diese Zinsen kurzfristig konstant sind, haben sie nur einen geringen Einfluß auf die Portfolioentscheidungen.[25] Die Risiken einer Neufestsetzung (δi) sind relativ gering.

Westwährungen als offizielle Zahlungsmittel westlicher Marktwirtschaften werden ebenfalls von den dortigen Notenbanken nicht verzinst. Der ("Außen-") Wert gegenüber der inländischen Währung wird innerhalb des sozialistischen Inlandes auf dem Devisenschwarzmarkt marktmäßig bestimmt. Es können Differenzen zwischen dem Ankaufskurs und dem zukünftigen Verkaufskurs der westlichen Währung entstehen. Der pekuniäre Ertrag ermittelt sich dann aus der Differenz zwischen erwartetem Verkaufs- und Ankaufskurs in Relation zum Ankaufskurs der Westwährung ($\frac{e^* - e}{e}$). Bezüglich der Wechselkursentwicklung auf den Schwarzmärkten besteht dann ein Nominal- bzw. Kapitalwertrisiko. Haben die Wirtschaftssubjekte allerdings sichere Erwartungen über die zukünftige Wechselkursveränderung, so entfällt dieses Risiko, da die Wechselkursentwicklung in der Zukunft bekannt ist (sichere **profitable** Vermögensanlage).

Der nichtpekuniäre Ertrag, den die einzelnen Geldformen als **sicheres** Vermögensaufbewahrungsmittel, d.h. zur Sicherung des Realwertes der einzelnen Kassenbestände leisten, ist abhängig von der Inflationsentwicklung. Da die verschie-

---

[25] Vgl. D. CASSEL, A. CASPERS (1984), S. 116 und Abschnitt B. 3. dieses Kapitels, S. 129 f.

denen Währungen überwiegend in getrennten Sektoren der sozialistischen Planwirtschaft als Tauschmittel eingesetzt werden, ist die Wertaufbewahrungsfähigkeit der Kaufkraft der einzelnen Währungen abhängig von der Entwicklung der Inflation in den entsprechenden Sektoren.

Der Realwert der heimischen Währung wird beeinflußt durch die Preisentwicklung innerhalb des staatlichen Sektors. Die Preisniveauentwicklung ist dort abhängig von Preisfestsetzungen der zuständigen Zentrale. Mit steigenden Preisen (P_I) sinkt der Realwert der inländischen Währung. Für den Erwerb des gleichen Warenkorbs an Gütern sind dann zusätzliche Geldeinheiten notwendig. Die Unsicherheit über die zukünftige Preisniveauentwicklung (δP_I) steigt mit der Häufigkeit und Stärke der staatlichen Preisniveauanpassung.[26]

Die Kaufkraft der inländischen Währung wird darüber hinaus davon bestimmt, inwieweit der auf das Bruttosozialprodukt bestehende Anspruch der Währungseinheiten auch tatsächlich realisiert werden kann. Steht dem Kauffonds (Bestand an inländischer Währung) kein entsprechender Warenfonds (nominales Güterangebot) im staatlichen Sektor gegenüber, so verliert die inländische Währung an Kaufkraft. Die Wirtschaftssubjekte werden in ihrer Güternachfrage eingeschränkt und halten zusätzliche Kasse (gk). Der Realwert

---

[26] Die Häufigkeit der Preisanpassung im staatlichen Sektor unterscheidet sich je nach Art der Güter (z.B. Luxusgüter, Grundnahrungsmittel, Miete). Preisniveauanpassungen sind in den verschiedenen Ländern von unterschiedlicher Häufigkeit und Stärke. Während in der DDR und der UdSSR die Preisanpassungen sehr moderat ausfallen (in den Jahren 1960-1984 betrug die Spannweite der Inflationsrate in der DDR -1,2 bis 0,7 Prozent und in der UdSSR -0,7 bis 1,4 Prozent), ist Polen durch häufige und massive Preisbewegungen gekennzeichnet. Dort bewegten sich die Inflationsraten 1960-1984 zwischen 0,0 und 104,5 Prozent. Vgl. K.-H. HARTWIG, H.J. THIEME (1979), S. 106; D. CASSEL (1985,1), 2. A. 1987, S. 265 f. Hieraus resultieren unterschiedliche Preisniveauerwartungen und -risiken.

der Kassenbestände an Inlandswährung sinkt. Der erwartete nichtpekuniäre Ertrag der heimischen Währung wird dann beeinflußt durch die erwartete Entwicklung des Konsumgüterangebotes im staatlichen Sektor (k*). Zusagen der staatlichen Zentrale zur Verbesserung des Konsumgüterangebotes erhöhen den Ertrag der heimischen Währung. Mit der Häufigkeit der Nichteinhaltung der staatlichen Zusagen wird die Unsicherheit über die Konsumgüterversorgung (δk) ansteigen und der nichtpekuniäre Ertrag der heimischen Währung reduziert.

Der Realwert der westlichen Währung wird durch die Preisniveauentwicklung in den Westdevisenläden (P_{AI}) und auf den Güterschwarzmärkten (P_{AII}) bestimmt. Haben die Wirtschaftssubjekte keine sicheren Preiserwartungen, so wird mit zunehmender Variation und Schwankung des Preisniveaus das Risiko der Kassenhaltung von inländischer Währung zur Sicherung des Realwertes ansteigen (δP_A).

Wenn die Wirtschaftssubjekte ihr Portefeuille umstrukturieren, entstehen Transaktionskosten. In der kurzen Frist besteht nur die Anlagealternative zwischen in- und ausländischer Währung. Veränderungen der Portefeuilles können nur über den An- und Verkauf von Devisen auf dem Schwarzmarkt erfolgen. Daher sind die Informations- und Veränderungskosten für beide Vermögensarten gleich hoch.[27] Diese Transaktionskosten werden daher bei der Bestimmung der pekuniären Erträge, die die einzelnen Währungen als Wertaufbewahrungsmittel stiften, vernachlässigt, da sie die Portfolioentscheidung in kurzer Frist nicht beeinflussen.

---

[27] Die Kosten weichen voneinander ab, wenn die Suche nach einem Tauschpartner für die sozialistische Währung langwieriger ist als für Transaktionen mit Westwährungen.

Tauschmittelfunktion

Zusätzliche nichtpekuniäre Erträge erbringen beide Geldformen, indem sie als Zahlungsmittel verwendet werden können. Der nichtpekuniäre Ertrag einer Währung nimmt in dem Ausmaße zu, wie die Möglichkeiten des Einsatzes - und damit die Akzeptanz - als Zahlungsmittel zunehmen. Diese werden durch die Integration des Inlandes mit dem "internen" Ausland (I) bestimmt. Mit steigender Anzahl der Westdevisenläden und der Ausweitung der Schwarzmarktaktivitäten steigt daher der Ertrag der Westwährung als Tauschmittel. Steigende Transaktionsvolumina im staatlichen Sektor erhöhen dagegen den nichtpekuniären Ertrag der Ostwährung.

Die Höhe der Transaktionskosten, die bei dem Einsatz der in- und ausländischen Währung als Zahlungsmittel entstehen, wird in sozialistischen Planwirtschaften insbesondere durch die institutionellen Gegebenheiten bestimmt. In den Sektoren, wo die jeweilige Währung ohne vorherigen Währungsumtausch als Zahlungsmittel akzeptiert wird, bietet sie erhebliche Transaktionskostenvorteile gegenüber der anderen Währung.[28] Die Transaktionskosten der einzelnen Währungen steigen mit abnehmender Markttransparenz und zunehmenden Veränderungsaufwendungen. Bei Westdevisen ist dies der Fall, wenn wegen zunehmender Strafverfolgung illegaler Gütertransaktionen die Schwarzmarktaktivitäten verstärkt unterderhand erfolgen müssen, so daß die Suche nach einem geeigneten Tauschpartner erschwert wird. Die Veränderungskosten steigen an, wenn z.B. zusätzliche Risikoaufschläge auf den Schwarzmärkten verlangt werden. Bei Ostwährungstransaktionen steigen die Veränderungskosten, wenn z.B. die Wartezeiten auf begehrte Güter im staatlichen Handel an-

---

[28] Diese Transaktionskostenvorteile sind bereits hinreichend für die Annahme der Portfoliodiversifikation. Vgl. K.-H. HARTWIG, H.J. THIEME (1984), S. 94.

steigen bzw. Preisaufschläge für begehrte Güter bezahlt werden.

In den Sektoren, in denen eine Währung nicht akzeptiert wird, entstehen prohibitive Transaktionskosten. Das ist dann der Fall, wenn trotz der Bereitschaft, Preisaufschläge in inländischer Währung - zur Überwindung der staatlichen Mengenrationierung - zu bezahlen, die inländische Währung auf den Schwarzmärkten nicht akzeptiert wird oder wenn wegen gesetzlicher Anordnungen Westdevisen nicht im staatlichen Sektor angenommen werden dürfen.[29]

Die Verwendung der in- und ausländischen Währung als Zahlungsmittel in sozialistischen Planwirtschaften ist mit spezifischen Risiken behaftet. Sie sind begründet in der unerwarteten Beschränkung der Einsatzmöglichkeiten der Geldformen als Zahlungsmittel (δI): Bei Westdevisen wäre das der Fall, wenn die Zahl der Westdevisenläden drastisch reduziert wird oder die Schwarzmarktaktivitäten durch verstärkte Strafverfolgung gehemmt werden; bei Ostwährungen, wenn abrupte Währungsreformen eintreten.

Ähnliche Risiken gelten auch für die Wertaufbewahrungsfunktion, wenn die Haltung von Westdevisen beschränkt oder völlig untersagt wird, so daß antizipierende Anpassungen der Portfoliostruktur erschwert werden.

2. Verhaltensfunktionen

Die Wertaufbewahrungsfunktion einer Währungsform wird also bestimmt durch die Nominal- und Realwertsicherheit: Die Nominalwertsicherheit wird determiniert durch den Schwarzmarktwechselkurs (e), Wechselkurserwartungen (e^*) und -risiken (δe), durch Zinsen (i), Zinserwartungen (i^*) und -risiken (δi); die Realwertsicherheit durch den Kassenhal-

---

[29] Vgl. K.-H. HARTWIG, H.J. THIEME (1984), S. 97.

tungskoeffizienten (k), Erwartungen und Veränderungen des Kassenhaltungskoeffizienten (k*, δk) und durch die Preise im staatlichen Konsumgütersektor (P_I) und im "internen" Ausland (P_A) bzw. durch Preiserwartungen (P_I*, P_A*) und -risiken ($δP_I$, $δP_A$).

Die Tauschmittelfunktion wird bestimmt durch die Integrationskomponente (I) und Erwartungen über die Integrationsentwicklung (I*) bzw. der Risiken der Änderung erwarteter Integration (δI).

Unter Berücksichtigung der Budgetrestriktion W, dem Einkommen Y und der Präferenzstruktur U können danach für die inländische und ausländische Währung folgende Währungs- bzw. Geldnachfragefunktionen abgeleitet werden:

$$M_A^D = f\ (e,\ e^*,\ δe,\ i,\ i^*,\ δi,\ k,\ k^*,\ δk,\ P_A,\ P_A^*,\ δP_A,$$
$$P_I,\ P_I^*,\ δP_I,\ I,\ I^*,\ δI,\ Y,\ W,\ U)$$

$$M_I^D = f\ (e,\ e^*,\ δe,\ i,\ i^*,\ δi,\ k,\ k^*,\ δk,\ P_A,\ P_A^*,\ δP_A,$$
$$P_I,\ P_I^*,\ δP_I,\ I,\ I^*,\ δI,\ Y,\ W,\ U).$$

Die Determinanten der Nachfrage nach inländischer Währung in "offenen" sozialistischen Planwirtschaften (M_I^D) entsprechen bis auf die Rationierungskomponenten (k, k*, δk) der Geldnachfragefunktion offener Marktwirtschaften.[30] Da eine "offene" Volkswirtschaft unterstellt ist, werden der Wechselkurs (e), die Wechselkurserwartungen (e*) und das

---

[30] Vgl. zu Geldnachfragefunktionen für offene Marktwirtschaften E. LANGFELDT, H. LEHMENT (1980), S. 679; S. ARANGO, M.I. NADIRI (1981), S. 71; H.-E. LOEF (1982), S. 522; E.W. HERI (1986), S. 108 ff.

Wechselkursrisiko (δe) als zusätzliche Argumente berücksichtigt.[31]

3. Partielle Ableitungen

Die partiellen Ableitungen der Währungsnachfragefunktionen geben Aufschluß über die Richtung der Veränderung der Währungsnachfrage, wenn sich eine exogene Variable der Währungsnachfragefunktion verändert.

Wechselkurs

Der faktische Schwarzmarktwechselkurs gibt den Preis einer ausländischen Währungseinheit in Inlandswährung auf dem Devisenschwarzmarkt wieder. Steigt der tatsächliche Schwarzmarktwechselkurs, so müssen zusätzliche inländische Währungseinheiten für eine ausländische Deviseneinheit bezahlt werden: Bei gegebenen Verwendungsmöglichkeiten wird die Nachfrage nach der konvertiblen Auslandswährung abnehmen, bei sinkendem Schwarzmarktwechselkurs zunehmen.[32]

Erwarten die Wirtschaftssubjekte einen Anstieg des Schwarzmarktwechselkurses bestehen also Aufwertungserwartungen für die Auslandswährung und Abwertungserwartungen für die In-

---

[31] Vgl. als Überblick zur Geldnachfrageanalyse für Marktwirtschaften J.P. JUDD, J.L. SCADDING (1982); D.E.W. LAIDLER (1969), 3. A. 1985, und für sozialistische Planwirtschaften K.-H. HARTWIG (1985), 2. A. 1987.

[32] Vgl. E. SELL, H.J. THIEME (1980), S. 133. Liegt der Schwarzmarktwechselkurs über dem offiziellen Wechselkurs, so gilt dieser Zusammenhang nur, wenn Wirtschaftssubjekte, denen die Zugangsmöglichkeiten zum offiziellen Devisenmarkt gegeben sind, ihre Nachfrage nach ausländischer Währung im Rahmen der staatlichen Devisenrestriktionen bereits ausgeschöpft haben. Ist die Differenz zwischen Schwarzmarktwechselkurs und offiziellem Wechselkurs negativ, so ist es ceteris paribus auf jeden Fall günstiger, Westdevisen auf dem Devisenschwarzmarkt nachzufragen.

landswährung[33], werden sie die Nachfrage nach konvertibler Währung erhöhen und nach Inlandswährung reduzieren: Bei Devisenverkäufen in der Zukunft kann mit Kursgewinnen auf den Schwarzmärkten gerechnet werden, bzw. der Kauf von Westdevisen zur Überwindung zukünftiger Gütermarktrestriktionen ist in der Gegenwart günstiger. Bei Abwertungserwartungen der westlichen Währung werden die Wirtschaftssubjekte die Nachfrage nach Auslandswährung reduzieren, um zukünftigen Kursverlusten zu entgehen bzw. Käufe von Westdevisen zur Überwindung zukünftiger Gütermarktrestriktionen in die Zukunft zu verlagern.

Haben die Wirtschaftssubjekte sichere Erwartungen bezüglich der Wechselkursentwicklung auf dem Schwarzmarkt, so existiert kein subjektives Wechselkursrisiko. Sind die Erwartungen jedoch mit Unsicherheit behaftet, d.h. bestehen Streuungen um den mathematischen Mittelwert (Erwartungswert), so wird mit steigendem Risiko die Nachfrage nach Westdevisen abnehmen.[34]

Inlandszinsniveau

Wenn die Staatsbank die Zinssätze für Giro-, Spargiro- oder andere Sparkonten erhöht, steigen die Opportunitätskosten der Westdevisenhaltung. Die Bestandsnachfrage nach westlicher Währung sinkt, während die Nachfrage nach der inländischen inkonvertiblen Währung steigt.

---

[33] Diese Definition stellt auf Niveauerwartungen ab, ebenso könnten Erwartungen über die Änderungsrate des Schwarzmarktwechselkurses gebildet werden, vgl. E. SELL (1981), S. 63 f.

[34] Dabei ist Risikoaversion bei den Wirtschaftssubjekten unterstellt: Sie halten ihre Nachfrage nach ausländischer Währung nur konstant, wenn mit steigendem Risiko auch der erwartete Ertrag entsprechend ansteigt. Bei risikoneutralen und risikofreudigen Wirtschaftssubjekten ergeben sich entsprechende Verhaltensänderungen. Vgl. J. TOBIN (1958), S. 71 ff.; W. BAKENECKER (1983), S. 44 ff.

Innerhalb der Kassenhaltung sozialistischer Währungseinheiten kann es zu Umschichtungen von Bargeld zu Spargirokonten oder Buchsparen kommen. Das Ausmaß der Umschichtungen wird bestimmt durch die Transaktionsvorteile von Bargeld, die unter anderem durch die Möglichkeit gegeben sind, mit Bargeld unerkannt Schwarzmarkttransaktionen durchzuführen. Bargeldtransaktionen entziehen sich der staatlichen Bankenkontrolle und reduzieren somit das Risiko der Aufdeckung illegaler Transaktionen.

Werden die Zinsen der Devisenanlagekonten erhöht, steigen die Opportunitätskosten der Inlandswährungshaltung. Die Bestandsnachfrage nach inländischer Währung sinkt und umgekehrt.

Die Staatsbanken in den Ostblockländern haben das geldpolitische Instrument der Zinssatzänderungen kaum eingesetzt, obwohl dem Zins Verteilungs-, Stimulierungs- und Kontrollfunktionen zugeordnet werden.[35] Die Zinssätze für Spareinlagen sind seit der Existenz der sozialistischen Staaten nahezu konstant geblieben.[36] Den Wirtschaftssubjekten werden daher auch bei statischen und sicheren Erwartungen in bezug auf Zinsänderungen kaum Prognosefehler unterlaufen. Wegen der geringen Bedeutung von Zinsvariatio-

---

[35] Vgl. AUTORENKOLLEKTIV (1985), S. 83.

[36] So sind z.B. in der DDR die Zinsen auf Spareinlagen seit 1956 nur ein einziges Mal und nur geringfügig erhöht worden: Am 1.1.1971 wurde der auch noch heute gültige einheitliche Zinssatz für Spargiro- und Buchsparkonten eingeführt und gleichzeitig der ehemalige Buchsparzinssatz von 3 auf 3,25 Prozent angehoben. Vgl. H. BUCK (1971), S. 183 f. Die einheitliche Verzinsung von Spargiro- und Buchsparkonten hatte zur Folge, daß die nur zu 3 Prozent verzinsten Lohn- und Gehaltskonten mittlerweile in Spargirokonten umgewandelt wurden. Vgl. LEXIKON DER WIRTSCHAFT. FINANZEN (1986), S. 362 und R. HÜBNER (1986), S. 349: "Der Sparverkehr und der Zahlungsverkehr der Bürger werden mit <u>zwei</u> (Hervorhebung P.A.W.) Formen durchgeführt, dem Sparbuch und dem Spargirokonto."

nen auf Einlagen beim inländischen Bankensystem wird das Zinsniveau in der weiteren Analyse vernachlässigt.[37]

Rationierungsindikator

Der Realwert einer Währung wird bestimmt durch die Gütermenge, die je Währungseinheit gekauft werden kann.[38] Steigt das gesamtwirtschaftliche Preisniveau, so kann pro Zahlungsmitteleinheit nur noch eine geringere Menge an Gütern erworben werden. Die Kaufkraft des Geldes ist gesunken.

In einigen sozialistischen Planwirtschaften werden nur geringe Veränderungen des offiziellen Preisindex veröffentlicht. Es scheint, daß diese sozialistischen Währungen vor Realwertverlusten geschützt sind, Inflation also kein Problem ist, jedes Wirtschaftssubjekt den Anspruch jeder einzelnen Währungseinheit auf das reale Nationaleinkommen im Zeitablauf also unverändert realisieren könnte. Steigenden Geldeinkommen stehen steigende Nationaleinkommen gegenüber, oder in Begriffen der Politischen Ökonomie: Der Kauffonds entspricht dem Warenfonds.

Diese Zusammenhänge können mit der auf Änderungsraten modifizierten Fisherschen Verkehrsgleichung verdeutlicht werden. Danach müssen die Wachstumsraten der nominalen Geldmenge M_1 und der Umlaufgeschwindigkeit des Geldes v den Än-

---

[37] Empirische Analysen unterstützen diese Vorgehensweise: So konnten sowohl R. PORTES, D. WINTER (1978), S. 11 als auch K.-H. HARTWIG (1987,2), S. 392 f. keinen signifikanten Einfluß des inländischen Zinsniveaus auf die Geldnachfrage feststellen.

[38] Vgl. M. FRIEDMAN (1956), deutsch 1976, S. 80.

derungsraten des realen Volkseinkommens Y_r und seines Preisniveaus P entsprechen:[39]

$$gM_I + gv = gY_r + gP \quad \text{mit} \quad gv = -gk.$$

Sobald die Wachstumsrate der nominalen Geldmenge über der Wachstumsrate des realen Sozialprodukts liegt, also gilt

$$gM_I - gY_r = gk + gP \quad \text{mit} \quad gM_I > gY_r,$$

sinkt der reale Anspruch einer Währungseinheit auf das Sozialprodukt bzw. sinkt die Kaufkraft der Währung; der Realwert des Geldes ist gesunken.

Wenn die Wachstumsrate des Kassenhaltungskoeffizienten (gk) als Reziproke der Umlaufgeschwindigkeit des Geldes v Null ist, so liegt der typische Inflationsfall für westliche Marktwirtschaften vor: Preisinflation ($gP > 0$).

Ist aber auf der anderen Seite wie in den meisten "klassischen" Zentralverwaltungswirtschaften die Veränderungsrate des offiziellen Preisniveaus ungefähr Null und übersteigt die Wachstumsrate der nominalen Geldmenge die des realen Sozialproduktes, so ist die Kaufkraft der inländischen Währung ebenso gesunken. Die Wirtschaftssubjekte können die Realeinkommensansprüche ihrer heimischen Zahlungsmitteleinheiten nicht realisieren. Der Realwertverlust der heimischen Währung kommt in einem Anstieg des Kassenhaltungs-

---

[39] Vgl. D. CASSEL, H.J. THIEME (1976), S. 102; H.J. THIEME (1980), S. 60 f.; D. CASSEL (1980), 3. A. 1988, S. 260 f.

koeffizienten zum Ausdruck: Kassenhaltungsinflation (gk > 0).[40]

In beiden Inflationsfällen liegt ein Prozeß der Aufblähung gesamtwirtschaftlicher Nominalwerte vor, mit der Konsequenz, daß man für die nominalen Geldeinheiten immer weniger Güter kaufen kann. Während der Kaufkraftverlust bei der Preisinflation darin zum Ausdruck kommt, daß für ein bestimmtes Transaktionsvolumen eine höhere Summe an Geldeinheiten aufzuwenden ist, wird er bei der Kassenhaltungsinflation in der Unmöglichkeit sichtbar, eine entsprechende Gütermenge überhaupt kaufen zu können. Bei Preisinflation können daher die Wirtschaftssubjekte ihr Nominaleinkommen vollständig verausgaben, während die Einkommensbezieher bei Kassenhaltungsinflation dazu nicht in der Lage sind, weil die Nominaleinkommen das mit konstanten Preisen bewertete staatliche Güterangebot übersteigen, oder anders, der Kauffonds den Warenfonds übersteigt. Da die bestehenden Nachfrageüberschüsse keine entsprechenden Mengen- oder Preisanpassungen hervorrufen, wird dieses Phänomen als Mengenrationierung im staatlichen Gütersektor bezeichnet.

Dabei ist zu beachten, daß der oben definierte Kassenhaltungskoeffizient (k) eine tatsächliche bzw. statistisch ermittelbare Größe ist, also ein meßbarer ex post Inflationsmaßstab. Von ihm ist strikt der gewünschte, ex ante Kassenhaltungskoeffizient (k⁺) zu unterscheiden. Während der tatsächliche Kassenhaltungskoeffizient aus der Umformung einer tautologischen Gleichung ermittelt wird, ist

---

[40] In sozialistischen Ländern, in denen die Preisbildung zunehmend den Marktkräften überlassen wird (Polen, Ungarn, Jugoslawien und China), sind mittlerweile teilweise drastische Preisinflationen zu beobachten. Da diese weiterhin von Kassenhaltungsinflation begleitet werden, kann nur die Summe der Wachstumsraten des Kassenhaltungskoeffizienten und des Preisniveaus, also die Wachstumsrate der "gemischten Inflation" verläßliche Auskunft über die Inflationsprozesse in diesen Ländern geben. Vgl. D. CASSEL (1985,1), 2. A. 1987, S. 264 ff.

der gewünschte Kassenhaltungskoeffizient durch eine Verhaltensgleichung zu bestimmen. Wie in der Gleichgewichtsanalyse noch zu zeigen ist, entsprechen sich tatsächlicher und gewünschter Kassenhaltungskoeffizient nur im Gleichgewicht des Geldmarktes. Exogene gesamtwirtschaftliche Impulse lösen Diskrepanzen zwischen tatsächlichem und gewünschtem Kassenhaltungskoeffizienten aus, die die kurzfristige Geldnachfrage beeinflussen. Im Zeitablauf entstehen Anpassungsprozesse, die unterschiedliche und auch entgegengesetzte Wirkungen auf die Geldnachfragefunktion haben können.[41]

Ein Anstieg des tatsächlichen Kassenhaltungskoeffizienten bedeutet, daß einer Zunahme der nominalen Geldmenge keine entsprechende Zunahme der realen Gütermenge bzw. ihres Preisniveaus gegenübersteht und sich der Kaufkraftüberhang bzw. die Mengenrationierung im staatlichen Handel verstärkt hat. Das gleiche gilt, wenn das Güterangebot bei konstanter nominaler Geldmenge gesunken ist. Mit der Zunahme der Kassenhaltungsinflation ist der Realwert jeder inländischen Währungseinheit gesunken.

Ein steigendes Preisniveau in Marktwirtschaften macht eine Zunahme der nominalen Kassenbestände erforderlich, wenn das bisherige Güterbündel aufrecht erhalten werden soll. Die Wirtschaftssubjekte werden die nominale Geldnachfrage erhöhen, um die gewünschte Realkassenhaltung zu realisieren; also:

$$\frac{\partial M_L{}^D}{\partial P} > 0.^{42}$$

---

[41] Vgl. J. PICKERSGILL (1976), S. 144 f. und Abschnitt D. 3. dieses Kapitels, S. 155 f.

[42] In den Geldnachfrageanalysen für Marktwirtschaften wird überwiegend eine Preiselastizität der Geldnachfrage von eins unterstellt. Vgl. D.E.W. LAIDLER (1969), 3. A. 1985, S. 136.

In sozialistischen Planwirtschaften können die Wirtschaftssubjekte bei einem steigenden tatsächlichen Kassenhaltungskoeffizienten den Realwert ihrer Kasse nicht durch eine zusätzliche Nachfrage nach Geld konstant halten, denn den zusätzlichen Geldeinheiten steht ja gerade kein entsprechendes Gütervolumen gegenüber. Die Wirtschaftseinheiten werden daher ihre nominale Geldnachfrage nach inländischer Währung abzubauen wünschen; also:

$$\frac{\partial M_I^D}{\partial k} < 0.$$

Es entsteht eine Diskrepanz zwischen gewünschter und tatsächlicher Kassenhaltung in Inlandswährung. Die Wirtschaftssubjekte werden verstärkt Westdevisen nachfragen, um der Mengenrestriktion durch Käufe knapper Güter auf Schwarzmärkten und in Westdevisenläden auszuweichen und das gewünschte Transaktionsvolumen zu realisieren.

Damit kann ein weiterer Unterschied zwischen Preis- und Kassenhaltungsinflation aufgezeigt werden: Während Preisinflation Realkasseneffekte hervorruft, also die nominale Geldnachfrage mit steigendem Preisniveau zunimmt, verursacht ein Anstieg des tatsächlichen Kassenhaltungskoeffizienten Substitutionseffekte. Die Inlandswährung wird in ihren Geldfunktionen partiell durch Westdevisen substituiert, d.h. die Geldnachfrage nach Inlandswährung sinkt.[43]

Das negative Vorzeichen der partiellen Ableitung der inländischen Geldnachfrage nach dem Rationierungsindikator k erscheint widersprüchlich zu den Ergebnissen empirischer Analysen, die einen Rationierungskoeffizienten explizit berücksichtigen und eine positive Beziehung zwischen inländischer Währungsnachfrage und Rationierung ermitteln.[44]

---

[43] Vgl. E. SELL, H.J. THIEME (1980), S. 133.

[44] Vgl. J. PICKERSGILL (1970), S. 128 f.; K.-H. HARTWIG (1987,2), S. 393.

Das Ergebnis dieser empirischen Studien ist zulässig, wenn eine langfristige Geldnachfragefunktion geschätzt wird, die kurzfristige Diskrepanzen zwischen tatsächlichem und gewünschtem Kassenhaltungskoeffizienten vernachlässigt, der Geldmarkt also im Gleichgewicht ist, d.h. die tatsächliche Geldmenge der gewünschten Nachfrage nach Kassenbeständen entspricht.[45] Nur dann löst jede Rationierung im staatlichen Sektor eine unverzügliche Anpassung am Geldmarkt aus bzw. steigt mit steigendem Kassenhaltungskoeffizienten (k) auch der gewünschte Kassenhaltungskoeffizient (k') und damit die Geldnachfrage an; also:

$$\frac{\partial M_I^D}{\partial k} > 0.$$

Wird jedoch eine kurzfristige Geldnachfragefunktion geschätzt, so wird unterstellt, daß die Wirtschaftssubjekte ihre gewünschten Kassenbestände aufgrund von Erwartungsverzögerungen oder Transaktionskosten und Restriktionen nur zeitverzögert anpassen können[46] und der Geldmarkt sich daher nicht im langfristigen Gleichgewicht befindet.[47] Kurzfristige Diskrepanzen zwischen k und k' begründen dann die negative Beziehung zwischen Geldnachfrage und Rationierungskoeffizient.[48]

Da die Anpassungsverzögerung in der kurzfristigen Geldnachfrage bereits durch die Lag-Variable der Geldmenge der Vorperiode erfaßt wird, entsteht zudem durch die Berück-

---

[45] Vgl. J. PICKERSGILL (1970), S. 124.

[46] Vgl. E. FEIGE (1967), S. 462 ff.; D.E.W. LAIDLER (1969), 3. A. 1985, S. 140 ff.

[47] Vgl. K.-H. HARTWIG (1987,2), S. 387.

[48] Zum Anpassungsprozeß auf dem Geldmarkt vgl. Abschnitt D. 3. dieses Kapitels.

sichtigung des Rationierungskoeffizienten k eine Doppelerfassung der Rationierung.[49]

Rechnen die Wirtschaftssubjekte mit zunehmender Mengenrationierung in der Zukunft im staatlichen Güter- und Dienstleistungssektor, so liegt der von den Wirtschaftssubjekten erwartete Kassenhaltungskoeffizient (k*) über dem gegenwärtigen tatsächlichen Kassenhaltungskoeffizienten (k). Die zukünftige Verschlechterung des Realwertes der inländischen Währung wird von den Wirtschaftsakteuren antizipiert, indem sie für die Zukunft geplante Güterkäufe bereits in der Gegenwart vornehmen wollen. Die Geldnachfrage nach inländischer Währung sinkt. Umgekehrt wird mit abnehmender Kassenhaltungsinflation bzw. erwarteter Zunahme des Güterangebots die Nachfrage nach westlicher Währung sinken und die gewünschte Nachfrage nach inländischer Währung steigen, da die Wirtschaftssubjekte mit verbesserten Konsummöglichkeiten in der Zukunft rechnen.[50]

Die Effekte der erwarteten Veränderung der Kassenhaltungsinflation auf die Geldnachfrage entsprechen denen einer erwarteten Preisinflation bzw. -deflation.[51]

Sind die Erwartungen über die Entwicklung der Mengenrestriktion im staatlichen Handel mit einem Risiko behaftet, so wird mit steigendem Risiko die Nachfrage nach Westdevisen zunehmen. Mit sinkendem Risiko wird hingegen die Nachfrage nach inländischer Währung ansteigen.

---

[49] Kurzfristige Geldnachfragefunktionen, die eine Lag-Variable der Geldmenge explizit beinhalten, erfassen somit indirekt die Anpassungsverzögerungen auf Rationierungen im staatlichen Sektor. Die Existenz von Rationierungen kann damit nicht von vornherein ausgeschlossen werden. Vgl. R. PORTES, D. WINTER (1978), S. 11; K.-H. HARTWIG (1985), 2. A. 1987, S. 251.

[50] Vgl. K.-H. HARTWIG (1987,1), S. 127.

[51] Vgl. J. PICKERSGILL (1976), S. 143.

Preisniveau

Neben der zurückgestauten Inflation (Kassenhaltungsinflation) können in realen sozialistischen Planwirtschaften in den letzten Jahren immer häufiger auch offene Preisinflationen in inländischer Währung, d.h. ein permanenter Anstieg des statistisch ausgewiesenen Konsumgüterpreisindex beobachtet werden.[52] Mit zunehmender Preisinflation sinkt der Realwert der inländischen Währung. Zur Aufrechterhaltung eines bestimmten Güterbündels benötigen die Wirtschaftssubjekte daher zusätzliche heimische Währungseinheiten. Ihre Nachfrage nach inländischer Währung wird ansteigen.

Bei Konstanz des Preisniveaus in Westwährung erwerbbarer Leistungen ist nicht auszuschließen, daß die privaten Wirtschaftssubjekte Inlandswährung partiell durch Westwährung substituieren, um dann als Nachfrager in den Westdevisenläden und auf den Güterschwarzmärkten auftreten zu können. Die Einflußrichtung der Veränderung des Preisniveaus in Inlandswährung erwerbbarer Güter und Dienstleistungen auf die

---

[52] Während in Polen die Kassenhaltungsinflation schon länger von einer Preisinflation begleitet wird, hat man sich in der DDR bemüht, ein stabiles - durch Subventionen niedrig gehaltenes - Preisniveau zu garantieren. Tatsächlich lag der offizielle Index der Einzelhandelsverkaufspreise bis Ende der siebziger Jahre konstant bei 100. Seit 1979 gilt in der DDR infolge der angestiegenen inländischen Rohstoff- und Energiepreise ein neuer preispolitischer Grundsatz: Bei weiterhin stabilen Preisen für Erzeugnisse des Grundbedarfs (deren Zahl bereits reduziert ist) werden kostendeckende und gewinnerzielende Preissteigerungen für höherwertige Güter offiziell zugelassen. Vgl. hierzu H. VORTMANN (1987), S. 508. Im offiziellen Konsumgüterpreisindex werden weder Preiserhöhungen neuer oder (angeblich) qualitativ verbesserter Produkte (versteckte Inflation) noch die Preisniveauentwicklung auf den Schwarzmärkten ausgewiesen. Als Approximation für letztere und Indikator für die "tatsächliche" Preisinflation werden in empirischen Studien häufig die stärker schwankenden Preise auf den privaten Bauernmärkten herangezogen. Vgl. K.-H. HARTWIG (1987,2), S. 390 f.

beiden Währungs- bzw. Geldnachfragefunktionen bleibt insofern theoretisch unklar. Die endgültigen Wirkungen können nur durch empirische Untersuchungen ermittelt und quantifiziert werden.[53]

Wird ein Anstieg der Inflationsrate in Inlandswährung erwartet, so wird dieser antizipiert, indem die Wirtschaftssubjekte für die Zukunft geplante Käufe bereits in der Gegenwart vornehmen und zu diesem Zwecke Kassenhaltung inländischer Währung abbauen. Bei bestehenden Gütermarktrestriktionen wird daher mit positiven Preiserwartungen die Nachfrage nach Westdevisen ansteigen. Mit steigendem Risiko der Preiserwartungen für Leistungen in inländischer Währung werden die Wirtschaftssubjekte ebenfalls bestrebt sein, verstärkt Westdevisenbestände zu halten.[54]

Ein steigendes Preisniveau für Leistungen in westlicher Währung wird ceteris paribus die Nachfrage nach Westdevisen erhöhen, während ein erwarteter Anstieg der Inflationsrate in Westwährung und ein steigendes Risiko der Preiserwartungen die Kassenhaltung ausländischer Währung reduzieren.

Wegen der Annahme, daß die Gütermärkte erst verzögert auf Störungen des monetären Gleichgewichts reagieren, sind die Güterpreise in in- und ausländischer Währung in der kurzen

---

[53] Analog zu empirischen Studien zur Geldnachfrage in Marktwirtschaften wird für die nominale Geldhaltung in sozialistischen Planwirtschaften eine Homogenität vom Grade eins bezüglich des Preisniveaus unterstellt. Vgl. R. PORTES, D. WINTER (1978), S. 11; K.-H. HARTWIG (1985), 2. A. 1987, S. 254.

[54] Die Bedeutung der Preiserwartungen steigt in Phasen der Hyperinflation unabhängig vom Wirtschaftssystem rapide an. So kommen P. CAGAN (1956) in seiner empirischen Studie zur UdSSR (Dez. 1921 - Jan. 1924) und J.A. FRENKEL (1977) in seiner Studie zu Deutschland (Feb. 1920 - Nov. 1923) zu dem Ergebnis, daß sich die Schwankungen der realen Geldnachfrage in Zeiten der Hyperinflation allein durch die erwartete Inflationsrate erklären lassen.

Frist fixiert. Sämtliche Preiskomponenten werden daher bei der kurzfristigen Wechselkursbestimmung vernachlässigt.

Integrationskomponente

Die Integration zwischen Inland und "internem" Ausland wird sowohl durch die Zunahme als auch durch Erleichterungen der Transaktionsmöglichkeiten zwischen beiden Sektoren bestimmt.[55] Dies gilt sowohl für die "Weltgütermarkt-" als auch für die "Weltkapitalmarktintegration" in sozialistischen Planwirtschaften:

- Mit steigender Anzahl und verbesserter Ausstattung der staatlichen Devisengeschäfte und Zunahme der Schwarzmärkte für knappe Güter und Devisen steigt der Nutzen, den die Westdevisen durch Gelddienste abgeben können. Die Substitution zu inländischem Geld nimmt zu. Die Wirtschaftssubjekte werden ceteris paribus verstärkt Westdevisenbestände halten wollen.

- Erhöhte Markttransparenz von Schwarzmarktaktivitäten (z.B. wenn Schwarzmarktwechselkurse veröffentlicht werden oder feste Standorte für Schwarzmärkte bekannt sind) und zunehmende Legalisierung bzw. Akzeptanz der Haltung und Verwendung von Westdevisen (z.B. Aufhebung der Strafverfolgung, Reduzierung des Strafmaßes oder Aufgabe der obligatorischen Bekanntgabe der Devisenquellen) erhöhen die Nachfrage nach westlicher Währung ceteris paribus zu Lasten der inländischen Währung.

Erwarten die Wirtschaftssubjekte eine Zunahme der Integration, so werden sie verstärkt Westdevisenbestände halten und vice versa. Die Integrationserwartungen dürften aber gerade in sozialistischen Planwirtschaften mit starkem

---

[55] Vgl. D.T. KING, B.H. PUTNAM, D.S. WILFORD (1978), S. 204 f.

Risiko behaftet sein. In politisch unsicheren Zeiten steigt das Risiko, inwieweit die erwartete Integration tatsächlich realisiert wird. Ein besonders prägnantes Beispiel sind die neueren Reformansätze. Trotz zunehmender Reformbestrebungen können - und dies gilt insbesondere für Polen und neuerdings auch für China - ein plötzlicher Abbruch der eingeführten Neuerungen, ein Rückfall in frühere Restriktionen oder sogar ihre Verschärfungen nicht ausgeschlossen werden. Eine solche Entwicklung ist zu erwarten, wenn orthodoxe Kräfte in den jeweiligen Ländern auf der Einhaltung ideologischer Grundsätze bestehen, mit denen es unvereinbar ist, daß eine sozialistische Gesellschaft westliche Nebenwährungen und staatliche Westdevisenläden (Zwei-Klassen-Gesellschaft) zuläßt. Steigt dieses Risiko, so werden die Wirtschaftssubjekte die Nachfrage nach Westdevisen reduzieren. Auf der anderen Seite dürfte wegen des begrenzten Vermögensspektrums in sozialistischen Planwirtschaften gerade in ungewissen wirtschafts- und gesellschaftspolitischen Zeiten die Anlage in Westdevisenbestände erheblich erhöht werden.

Einkommen, Vermögen, Präferenzstruktur

Mit steigendem Geldeinkommen im staatlichen Sektor wird die Nachfrage nach der Inlandswährung ansteigen, da ein höheres Transaktionsvolumen zu bewältigen ist.[56] Wenn die inländischen Wirtschaftssubjekte mit steigendem Einkommen im staatlichen Sektor mehr qualitativ höherwertige Konsumgüter nachfragen, so besteht eine positive Relation zwischen dem steigenden offiziellen Geldeinkommen und den Warenimporten aus dem "internen" Ausland. Die inländische Nachfrage nach

---

[56] Die Nachfrage nach Inlandswährung wird nicht ansteigen, wenn die Zahl der "Ladenhüter" und damit die qualitative Rationierung zunimmt.

Westdevisen wird ansteigen.⁵⁷ Da in der kurzen Frist keine Reaktionen des Gütermarktes erfolgen, können Effekte der Veränderungen des Einkommens auf die Währungsnachfragefunktionen vernachlässigt werden.

Ein Anstieg des Vermögens wird sowohl die Nachfrage nach Inlands- als auch nach westlicher Auslandswährung erhöhen und umgekehrt.

In einigen empirischen Studien zur inländischen Geldnachfrage nach heimischen Währungseinheiten wird eine definitorische Identität zwischen Einkommen und Vermögen hergestellt. Als Vermögensindex wird das permanente Einkommen, d.h. die Summe aller für die Zukunft erwarteten Einkommensströme - approximiert durch einen gewogenen Durchschnitt der gegenwärtigen und vergangenen aktuellen Einkommen mit exponentiell abnehmenden Gewichten - herangezogen. Unter der vereinfachenden Annahme eines unendlichen Zeithorizonts entspricht die Abdiskontierung des permanenten Einkommens mit einem durchschnittlichen Zinssatz dem Wert des Gesamtvermögens.⁵⁸ Wenn die Zahlungsmittelfunktion im Vordergrund der Analyse steht, wird überwiegend das Aktualeinkommen als

---

[57] Cuddington sieht diesen "doppelten" positiven Einkommenseffekt als das wesentliche Ergebnis von Währungssubstitutionsmodellen an. Denn während ausländisches Geld im Inland als Tauschmittel akzeptiert und gehalten wird, fragen die inländischen Wirtschaftssubjekte ausländische Wertpapiere nicht als Tauschmittel nach, vgl. U. FASANO-FILHO (1986), S. 331. Sind ausländische Wertpapiere, wie in den meisten Portfoliomodellen, aber die einzige im Inland gehaltene ausländische Vermögensform, so entfällt der positive Einkommenseffekt in bezug auf die Haltung ausländischer Vermögensaktiva. "Portfolio balance models typically assume that the income elasticity is positive for money demand (domestic, P.A.W.) and nonpositive for all other assets. In CS models however, this assumption is modified: the domestic demand for both domestic and foreign monies rise with an increase in domestic income. This presumably reflects the transaction motiv for holding real balances in several currencies ...". J.T. CUDDINGTON (1982), S. 5.

[58] Vgl. M. FRIEDMAN (1956), deutsch 1976, S. 79.

Niveauvariable gewählt. Bei der Wertaufbewahrungsfunktion des Geldes wird stattdessen das permanente Einkommen bzw. das Vermögen verwendet. Unabhängig von der Wahl der Niveauvariablen werden positive Einkommens- bzw. Vermögenselastizitäten für die Geldnachfragefunktion nach inländischen Währungseinheiten in sozialistischen Planwirtschaften ermittelt, wenn auch mit unterschiedlichen Werten.[59]

Darüber hinaus beeinflussen die Präferenzen der privaten Wirtschaftssubjekte (Liquiditäts-, Währungs- und Risikopräferenz) die Nachfrage nach Ost- und Westwährung. Es wird eine konstante Präferenzstruktur unterstellt, so daß diese Komponente im folgenden keine weitere Berücksichtigung findet.

C. Gleichgewichtsbestimmung

Die Ergebnisse der bisherigen Analyse können nun für die Bestimmung des Devisenschwarzmarktwechselkurses genutzt werden. Die oben genannten Prämissen erlauben es, den Wechselkurs allein aus der Analyse der beiden Vermögensmärkte für in- und ausländische Währung zu bestimmen. Das Gleichgewicht auf den Vermögensmärkten ist dann erreicht, wenn die tatsächlichen den gewünschten Vermögensbeständen entsprechen:

- Die Budgetbeschränkung (W) ist gleich dem gesamten monetären Vermögen und gibt die tatsächliche Aufteilung des

---

[59] Vgl. Überblick bei K.-H. HARTWIG (1985), 2. A. 1987, S. 253 f.; A. FELTENSTEIN, Z. FARHADIAN (1987), S. 149; R. PORTES, A. SANTORUM (1987), S. 354 ff.

Vermögens auf inländische bzw. Ostwährung (M_I^S) und ausländische bzw. westliche Währung (M_A^S) wieder:

$$W = M_I^S + M_A^S \cdot e.^{60}$$

- Der gewünschte Bestand an den einzelnen Währungsformen wird durch die bereits oben bestimmten Währungsnachfragefunktionen wiedergegeben:

$$M_I^D = M_I^D (e, e^*, \delta e, k, k^*, \delta k, i, i^*, \delta i, W),$$

$$M_A^D = M_A^D (e, e^*, \delta e, k, k^*, \delta k, i, i^*, \delta i, W).$$

- Die Gleichgewichtsbedingungen für die beiden Vermögensmärkte lauten dann:

$$M_I^S = M_I^D (e, e^*, \delta e, k, k^*, \delta k, i, i^*, \delta i, W),$$

$$e \, M_A^S = M_A^D (e, e^*, \delta e, k, k^*, \delta k, i, i^*, \delta i, W).$$

Unter der Annahme, daß sowohl das Gesamtvermögen als auch die unabhängigen Variablen bis auf den tatsächlichen Wechselkurs gegeben sind, erhält man ein System von zwei Gleichungen mit einer Unbekannten (e). Die beiden Gleichgewichtsbedingungen sind somit nicht voneinander unabhängig. Die Erfüllung der Gleichgewichtsbedingung auf einem Währungsmarkt stellt aufgrund der Budgetrestriktion W simultan auch das Gleichgewicht auf dem anderen Währungsmarkt sicher.

Damit ist es möglich, den Schwarzmarktwechselkurs allein aus der Gleichgewichtsbedingung eines Währungsmarktes - und implizit als Spiegelbild des anderen Vermögensmarktes - zu

---

[60] Während M_I^S in Ostwährung gemessen wird, muß der Bestand an Westwährung M_A^S erst mit dem Wechselkurs multipliziert werden, um die beiden Größen addieren zu können.

bestimmen:[61] Jedem Überschußangebot auf dem Ostwährungs-Geldmarkt steht eine Überschußnachfrage auf dem Westwährungs-Geldmarkt gegenüber. Um den Einfluß von Währungssubstitution auf die Wirtschaftsprozesse im sozialistischen Inland aufzuzeigen und damit Erweiterungen bisheriger monetärer Analysen sozialistischer Planwirtschaften explizit zu verdeutlichen, wird hier der Ostwährungs-Geldmarkt gewählt.

Als nächstes muß dann der Zusammenhang zwischen dem tatsächlichen Schwarzmarktwechselkurs und der gewünschten Bestandsnachfrage nach Ostwährung hergeleitet werden. Damit wird geklärt zu welchem tatsächlichen Schwarzmarktwechselkurs die inländischen Wirtschaftssubjekte bereit sind, einen bestimmten Bestand an inländischen Währungseinheiten freiwillig zu halten.

Die Nachfrage nach inländischer Währung ist unter anderem abhängig von den Opportunitätskosten der Wertaufbewahrung bzw. den pekuniären Erträgen der Westdevisenhaltung. Diese werden, wie bereits gezeigt, bestimmt aus den erwarteten Wechselkursänderungen (ge)*, definiert als Relation der Differenz des erwarteten (e*) und tatsächlichen Schwarz-

---

[61] Vgl. R. DORNBUSCH, S. FISCHER (1978), 3. A. 1984, S. 115 f.

marktwechselkurses (e) zum tatsächlichen Schwarzmarktwechselkurs (e):

$$(ge)^* = \frac{e^* - e}{e}.^{62}$$

Wenn bei konstanten exogenen Wechselkurserwartungen (e*) der tatsächliche Schwarzmarktwechselkurs unter dem erwarteten Schwarzmarktwechselkurs liegt, so bestehen Aufwertungserwartungen für die westliche Währung; (ge)* > 0. Mit der Erwartung von Wechselkursgewinnen entstehen Opportunitätskosten der Kassenhaltung inländischer Währungseinheiten. Für die Wirtschaftssubjekte wird die Westdevisenhaltung attraktiver. Übersteigt hingegen der tatsächliche Schwarzmarktwechselkurs den gegebenen erwarteten Schwarzmarktwechselkurs, so erwarten die Wirtschaftssubjekte eine Abwertung der ausländischen Währung; (ge)* < 0. Die Opportunitätskosten der Kassenhaltung inländischer Währung werden aufgrund der erwarteten Kursverluste sinken. Die Wirtschaftssubjekte werden ihre Nachfrage nach inländischer Währung erhöhen.

Haben alle Wirtschaftssubjekte einheitliche und sichere Erwartungen bezüglich der Entwicklung des Schwarzmarktwechselkurses, so wird die gesamtwirtschaftliche Geldnachfragekurve nach Inlandswährung nicht stetig verlaufen. Sobald Aufwertungserwartungen für die ausländische Währung existieren, werden alle Wirtschaftssubjekte wegen der si-

---

[62] So auch in Analysen für westliche Industrieländer, vgl. J.A. FRENKEL (1976), wieder abgedruckt 1978, S. 11; R. SHAMS (1985), S. 56 f. und für Entwicklungsländer V. TANZI, M. BLEJER (1982), S. 781; C.L. RAMIREZ-ROJAS (1985), S. 633. In Industrieländern wird der erwartete Wechselkurs approximiert durch den Wechselkurs auf dem Devisenterminmarkt. Da dieser Markt wie in sozialistischen Planwirtschaften auch in Entwicklungsländern häufig fehlt, wird dort die erwartete Wechselkursänderung beispielsweise approximiert durch die Differenz zwischen in- und ausländischer Inflationsrate und dem Schwarzmarktwechselkurs. Vgl. U. FASANO-FIHLO (1986), S. 635.

cher erwarteten Kursgewinne Auslandswährung bzw. bei Abwertungserwartungen Inlandswährung halten wollen.

Wird die Annahme einheitlicher Erwartungen aufgehoben, so kann mit unterschiedlichen einzelwirtschaftlichen Wechselkurserwartungen ein positiver, kontinuierlicher Verlauf der Geldnachfragefunktion nach Ostwährung in Abhängigkeit des tatsächlichen Schwarzmarktwechselkurses wie folgt erklärt werden:[63]

- Je höher der tatsächliche Schwarzmarktwechselkurs, um so mehr Wirtschaftssubjekte werden bei konstanten Erwartungen eine Abwertung der Westwährung annehmen. Wechselkursverluste werden über eine Kassenhaltung in inländischen Währungseinheiten (Währungsvorliebe, Währungspräferenz) antizipiert. Die Bestandsnachfrage nach Inlandswährung wird insgesamt zunehmen.

- Je niedriger der tatsächliche Schwarzmarktwechselkurs, um so mehr Wirtschaftseinheiten werden bei konstanten Erwartungen eine Aufwertung der ausländischen Währung prognostizieren. Zukünftige Kursgewinne werden durch Kassenhaltung ausländischer Währungseinheiten antizipiert. Die Nachfrage nach Westwährungsbeständen nimmt insgesamt zu.

Das Geldangebot an Ostwährung sei exogen vorgegeben. Das Gleichgewicht auf dem Ostwährungs-Geldmarkt stellt sich

---

[63] Diese Vorgehensweise entspricht der Keynesschen Liquiditätspräferenztheorie. Vgl. D.E.W. LAIDLER (1969), 3. A. 1985, S. 55 ff. Eine andere Möglichkeit ist, die realitätsferne Annahme sicherer Wechselkurserwartungen aufzuheben: Bei unsicheren Wechselkurserwartungen kann aus dem Risikoaspekt eine bereits mikroökonomische Diversifikation der Kassenhaltung begründet werden. Vgl. hierzu den Portfolio-selection-Ansatz bei J. TOBIN (1958; 1965). Da für die gesamtwirtschaftliche Betrachtung im Ergebnis keine Unterschiede entstehen, wird auf die explizite Einführung von Unsicherheit aus Vereinfachungsgründen verzichtet.

dann dort ein, wo der gewünschte dem tatsächlichen Bestand an Ostwährung entspricht. Es existiert nur ein Schwarzmarktwechselkurs, bei dem die Geldnachfrage nach inländischer Währung gleich ist dem Geldangebot an inländischer Währung (e_0 in Abb. 6).

Abb. 6: Ostwährungs-Geldmarkt

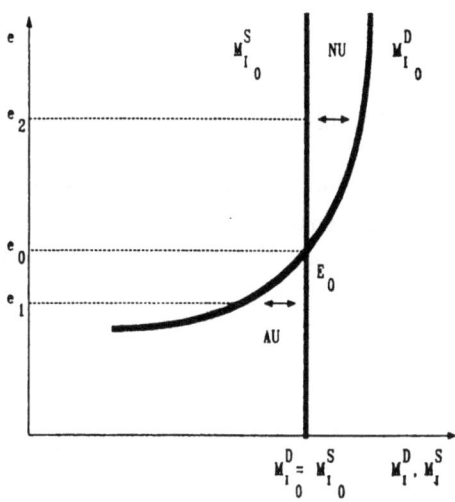

Bei einem niedrigeren tatsächlichen Schwarzmarktwechselkurs $e_1 < e_0$ rechnet die Mehrheit der Wirtschaftssubjekte mit einer Aufwertung der Westwährung. Es existiert ein Überschußangebot (AÜ) an Ostwährung, das die Wirtschaftssubjekte für zusätzliche Käufe von Westdevisen verwenden wollen. Die steigende Nachfrage nach Westdevisen auf dem Devisenschwarzmarkt löst einen Anstieg des Schwarzmarktwechselkurses aus. Die Ostwährung wird tatsächlich abgewertet. Der Schwarzmarktwechselkurs steigt solange, bis genau die Menge an Ostwährungseinheiten nachgefragt wird, die auch tatsächlich vorhanden ist. Bei einem höheren tatsächlichen Schwarzmarktwechselkurs $e_2 > e_0$ erwarten die Wirtschaftssubjekte eine Abwertung der Westwährung. Durch den Verkauf von Westdevisen sinkt der tatsächliche Schwarzmarktwechselkurs. Die Abwertung hält solange an, bis der Nachfrageüberschuß (NÜ) nach Ostwährung abgebaut ist.

D. Anpassungsprozesse

Nachdem gezeigt ist, wie der Schwarzmarktwechselkurs in sozialistischen Planwirtschaften bestimmt werden kann, bleibt schließlich noch zu klären, wie der Schwarzmarktwechselkurs sich verändert, wenn exogene Parameter des Währungssubstitutionsmodells variiert werden.

1. Variation des Währungsangebots

Erhöht die Staatsbank das Angebot an inländischer Währung, so entsteht im Ausgangsgleichgewicht ein Überschußangebot an Ostwährung (Rechtsverschiebung der M_I^S - Kurve in Abb. 7). Da das Gesamtvermögen insgesamt ansteigt, wird ein Teil dieses Angebotüberschusses durch die Vermögensabhängigkeit der Ostgeldnachfrage abgebaut (Rechtsverschiebung der M_I^D - Kurve in Abb. 7). Die überbleibende überschüssige Kassenhaltung an Ostwährung wird am Devisenschwarzmarkt gegen Westdevisen angeboten, bzw. Westdevisen werden gegen Ostwährung nachgefragt. Bei konstantem Westdevisenangebot kommt es zu einer Erhöhung des Schwarzmarktwechselkurses (Abwertung der Ostwährung). Der Gleichgewichtswechselkurs ist dort erreicht, wo der erwartete Kursgewinn bzw. -verlust den Wert annimmt, bei dem die Wirtschaftssubjekte bereit sind, die tatsächlichen Bestände der Inlandswährung freiwillig zu halten. Die Westdevisennachfrage aus der Veränderung der Budgetrestriktion (W) wird befriedigt durch eine Höherbewertung des konstanten tatsächlichen Westwährungsangebotes mit dem gestiegenen Schwarzmarktwechselkurs.

Abb. 7: Expansive inländische Geldpolitik

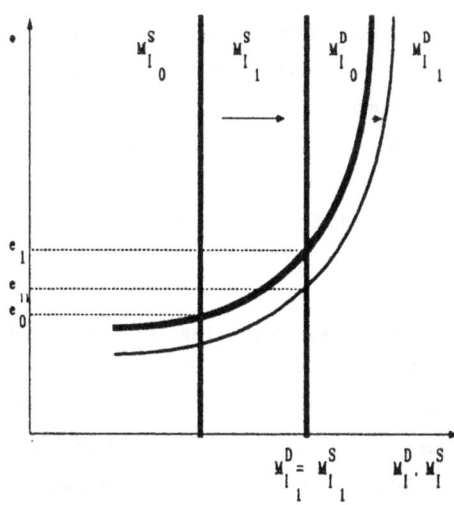

Das Ausmaß der Abwertung der inländischen Währung im Anschluß an eine expansive inländische Geldpolitik wird einerseits durch die Vermögens- und andererseits durch die Opportunitätskostenelastizität der Geldnachfrage nach Ostwährung bestimmt. Bei einem relativ hohen tatsächlichen Wechselkurs wird die zusätzliche Ostgeldmenge von den Wirtschaftssubjekten nachgefragt, ohne daß eine weitere Abwertung der Inlandswährung notwendig wird. Die Mehrheit der Wirtschaftssubjekte erwartet - bei Konstanz der Wechselkurserwartungen - bereits für die Zukunft Kursverluste aus der Westdevisenhaltung. Bei einer Vermögenselastizität der Geldnachfrage nach Inlandswährung von eins wird ebenso jede zusätzliche Ostwährungseinheit ohne tatsächliche Wechselkursänderungen in die Kassenbestände der privaten Wirtschaftssubjekte aufgenommen. Ist die Vermögenselastizität der Ostgeldnachfrage kleiner als eins, kommt es infolge zusätzlicher Nachfrage nach Westdevisen zu einer Abwertung der Inlandswährung. Bei einer Vermögenselastizität von größer eins entsteht durch den Verkauf von Westwährungen sogar eine Aufwertung der inländischen Währung als Resultat der expansiven Geldpolitik.

Der realistischere Fall für sozialistische Planwirtschaften ist jedoch der, in dem die Vermögenselastizität der Nachfrage nach Westdevisen höher ist als die Vermögenselastizität der Ostwährungsnachfrage. Eine Ausweitung des Ostwährungsangebotes verursacht dann bei wechselkurselastischer Geldnachfragefunktion auf jeden Fall eine Abwertung der Inlandswährung.

Ein Zufluß an Westdevisen aus dem Ausland (expansive "ausländische" Geldpolitik) erhöht die Westdevisenbestände im sozialistischen Inland und damit das monetäre Gesamtvermögen. Die Nachfrage nach inländischer Währung steigt vermögensbedingt an. Die $M_I{}^D$ - Kurve verschiebt sich nach rechts. Bei Konstanz des Ostwährungsangebotes wird die inländische Währung aufgewertet.

2. Wechselkurserwartungen

Wird der Erwartungsaspekt in sozialistischen Planwirtschaften - wegen der Konstanz einiger ökonomischer Variablen - oft für vernachlässigbar gehalten[64], so muß diese Annahme für die Wechselkursentwicklung auf den Schwarzmärkten aufgehoben werden. Starke Fluktuationen des marktmäßig ermittelten Schwarzmarktwechselkurses[65] werden die privaten Wirtschaftssubjekte gerade auch in sozialistischen Planwirtschaften dazu veranlassen, Erwartungen über die Wechselkursentwicklung zu bilden und gegebenenfalls zu revidieren.

---

[64] Vgl. K.-H. HARTWIG (1987,2), S. 386.

[65] Vgl. die tatsächliche Schwarzmarktwechselkursentwicklung in Bulgarien, der CSSR, der DDR, China, Polen, Rumänien, Ungarn und der UdSSR in Kapitel III. C. 4., Abb. 2-5 und Tab. II. und III. im Anhang dieser Arbeit.

Haben die Wirtschaftssubjekte steigende Abwertungserwartungen der inländischen Währung ($e_1^* > e_0^*$), so wird die Anzahl der Wirtschaftssubjekte, die in Zukunft Kursgewinne der Westdevisenhaltung erwarten, zunehmen. Gleichbleibende Westdevisenbestände werden nur dann gehalten, wenn der gegenwärtige Wechselkurs, also der Ankaufskurs auf dem Devisenschwarzmarkt, ansteigt. Die Korrektur der Wechselkurserwartungen nach oben kommt in einer Linksverschiebung der M_1^D - Kurve in Abb. 8 zum Ausdruck. Beim Ausgangswechselkurs entsteht ein Geldangebotsüberschuß. Die Wirtschaftssubjekte versuchen diesen durch den Kauf von Westdevisen auf dem Devisenschwarzmarkt abzubauen. Die zusätzliche Nachfrage nach Westdevisen führt dann zu einem Anstieg des Schwarzmarktwechselkurses und somit zu einer tatsächlichen Abwertung der inländischen Währung (Abb. 8: $e_0 \rightarrow e_1$).

Werden hingegen die Wechselkurserwartungen nach unten korrigiert, wird also eine Auf- bzw. geringere Abwertung der heimischen Währung erwartet, so nimmt die Zahl der Wirtschaftssubjekte, die Kursverluste der Westdevisenhaltung erwarten, zu. Aufgrund der sinkenden Opportunitätskosten steigt die gewünschte Kassenhaltung in inländischer Währung an. Die M_1^D - Kurve in Abb. 8 verschiebt sich nach rechts. Bei gleichbleibendem tatsächlichen Wechselkurs stellt sich ein Geldnachfrageüberschuß auf dem Ostwährungs-Geldmarkt ein, den die Wirtschaftssubjekte durch den Verkauf von Westdevisen auf dem Devisenschwarzmarkt abbauen. Der Schwarzmarktwechselkurs sinkt soweit, bzw. die Westwährung wird solange abgewertet, bis die Wirtschaftssubjekte bereit sind, den tatsächlichen Bestand an Ost- und Westwährung zu halten ($e_0 \rightarrow e_2$).

Die Ursachen der Veränderung der Wechselkurserwartungen werden hier nicht explizit untersucht. Dazu sind spezielle Annahmen zur Art der Erwartungsbildung zu treffen. So wäre etwa ein Modell adaptiver Erwartungsbildung denkbar, wonach der erwartete Schwarzmarktwechselkurs gleich einem Bruchteil des tatsächlichen Vorperiodenkurses plus einem Bruchteil des in der Vorperiode erwarteten Wechselkurses ist;[66] oder ein Modell rationaler Erwartungsbildung, wonach Erwartungen über den Schwarzmarktwechselkurs nicht auf der Grundlage des Vergangenheitsverlaufs des Schwarzmarktwechselkurses selbst, sondern auf der Basis des Vergangenheitsverlaufs der zentralen Einflußfaktoren des Schwarzmarktwechselkurses gebildet werden. Wie in Marktwirtschaften könnte der Schwarzmarktwechselkurs dann z.B. anhand der vergangenen Geldmengenentwicklung geschätzt werden.[67]

Weil unterschiedliche Erwartungsbildungsmodelle nicht die Vorzeichen der gleichgewichtigen Wechselkursänderungen der komparativ-statischen Analyse verändern, sondern nur das Ausmaß ihrer Variation beeinflussen, wird auf eine detaillierte Analyse verzichtet.[68]

---

[66] Also $e_t^* = \beta\, e_{t-1} + (1-\beta)\, e_{t-1}^*$, vgl. P. CAGAN (1956), S. 37, der diese Art von (Lernprozeß-) Erwartungsmodell zur Erklärung der Dynamik von Hyperinflation anwendet.

[67] Vgl. R. DORNBUSCH (1980), S. 207, dort wird die langfristig erwartete Wechselkursänderung bei Gültigkeit der Kaufkraftparität durch Geldangebotsänderungen bestimmt: $ge^* = gM$.

[68] Vgl. E. BALTENSPERGER, P. BÖHM (1982), S. 129.

Abb. 8: Variationen der Wechselkurserwartungen

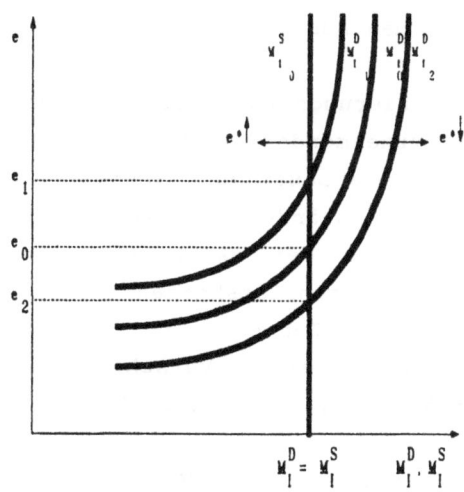

3. Staatliche Rationierung

Wenn die Rationierung im staatlichen Sektor ansteigt, entsteht eine Diskrepanz zwischen dem tatsächlichen und dem gewünschten Kassenhaltungskoeffizienten:

$k > k^+$.

Es existieren zwei Möglichkeiten der Anpassung, um erneut ein Gleichgewicht zwischen Geldangebot und gewünschter Nachfrage nach Geld zu erreichen:

- Die gewünschte Kassenhaltung (k^+) steigt an, weil die Opportunitätskosten der Kassenhaltung inländischer Währungseinheiten sinken und die Wirtschaftssubjekte eine erhöhte Realkasse halten wollen.

- k sinkt, wenn bei Konstanz von Y_r das Preisniveau und damit die nominale Geldnachfrage ansteigt, d.h. die Realkassenhaltung auf das Ausgangsniveau sinkt.[69]

Bei Konstanz der Rationierungserwartungen werden die Wirtschaftssubjekte mit zunehmender Rationierung kurzfristig ihre Ostwährungsbestände abbauen und Westdevisen nachfragen.[70] Gleichbleibende Bestände an inländischer Währung werden nur gehalten, wenn der aktuelle Wechselkurs ansteigt, weil dann die Opportunitätskosten der Kassenhaltung in Ostwährung sinken. Die Zunahme der tatsächlichen Rationierung kommt daher in einer Verschiebung der M_1^D - Kurve nach links zum Ausdruck (Abb. 9: M_{10}^D -> M_{11}^D).

Wird umgekehrt die tatsächliche Mengenrestriktion reduziert, wünschen die Wirtschaftssubjekte bei vorerst gleichbleibenden Rationierungserwartungen und gleichbleibendem Wechselkurs einen größeren Bestand an heimischer Währung zu halten. Tendenziell wird also die Neigung zunehmen, Ostwährung zu halten. Gleichbleibende Beträge an inländischer Währung werden nur gehalten, wenn der gegenwärtige Wechselkurs sinkt. Die Reduzierung der Mengenrationierung würde in Abb. 9 in einer Verschiebung der M_1^D - Kurve nach rechts zum Ausdruck kommen (e_0 -> e_1). Während im ersten Fall eine Abwertung der heimischen Währung den Geldmarkt ins Gleichgewicht bringt, besorgt dies im letzteren Fall eine Aufwertung der heimischen Währung.

---

[69] So auch A. FELTENSTEIN, Z. FARHADIAN (1987), S. 138 f.: "Because the official price index is rising less rapidly than the money supply however, real cash balances held by the public (measured by household money holdings and valued at the official price index) are also rising. The question then arises as to what rate of inflation would induce people to hold the increased nominal money stock, if there were no price controls and the availability of consumer goods remained limited."

[70] Vgl. Abschnitt B. 3. dieses Kapitels.

Wenn für die Wirtschaftssubjekte keine außerstaatlichen Möglichkeiten zur Überwindung der Mengenrationierung im staatlichen Sektor zur Verfügung stehen, gibt das offizielle k die faktische Rationierung der Wirtschaftssubjekte wieder. Ein Abbau der Überschußkasse ist nicht möglich.[71]

Existieren hingegen Schwarzgütermärkte mit flexibler Preisbildung, so können die Wirtschaftssubjekte die Mengenrationierung im staatlichen Sektor durch außerstaatliche Aktivitäten überwinden. Diese Anpassungsprozesse werden wiederum auch das Geldnachfrageverhalten der Wirtschaftssubjekte beeinflussen.[72]

Unterstellt man eine funktionierende second economy, so kann der offiziell gemessene Kassenhaltungskoeffizient nicht anzeigen, inwieweit die privaten Wirtschaftssubjekte die offizielle Mengenrationierung überwinden und damit indirekt k abbauen. Der Abbau des offiziellen Inflationsindi-

---

[71] Vgl. J. PICKERSGILL (1976), S. 151.

[72] A. FELTENSTEIN, Z. FAHARDIAN (1987), S. 145: "The representation of consumer demand for real cash balances is some what more complex. Possibly the most important problem in estimating the demand for real money balances in a planned economy come from the fact that official prices do not necessarily reflect the implizit prices that consumers actually face. Such prices, while not necessarily observable, may for example, reflect the precense of scarities or black markets."

kators k über Second-economy-Aktivitäten kann durch folgende Identität approximiert werden:

$$gk - (gY_{rA} + gP_A) = gR.$$ [73]

Während gk die statistisch ausgewiesene Rationierungszunahme bzw. -abnahme im offiziellen Gütersektor wiedergibt, ist gR die faktische Rationierungszunahme bzw. -abnahme der privaten Wirtschaftssubjekte, die aus der Differenz zwischen gk und der Wachstumsrate des realen außerstaatlichen Sozialproduktes gY_{rA} und dessen Preisniveau gP_A ermittelt wird. Das Preisniveau auf den Schwarzmärkten setzt sich zusammen aus den Preisen auf den Ostwährungsschwarzmärkten P_{AI} und den Preisen auf den Westdevisenschwarzmärkten und in den Westdevisenläden (Güterpreise in Westwährung P_{AII} multipliziert mit dem Schwarzmarktwechselkurs e):

$$gP_A = \alpha \, gP_{AI} + (1-\alpha)(gP_{AII} + ge), \quad \text{mit} \quad 0 < \alpha < 1.$$

---

[73] So ähnlich auch A. FELTENSTEIN, Z. FARHADIAN (1987), S. 147: "It is assumed that there is some rate of inflation which would cause consumers, in the absence of commodity shortages to hold the same quantity of money as they are observed to hold at the existing official prices and existing shortages consumers are assumed to behave 'as if' there were some rate of inflation different from the official rate." Allerdings verwenden sie eine andere Methode, um die tatsächliche Rationierung bzw. Inflation zu ermitteln, vgl. S. 153: "... the assumption is, that there is an implicite or true price level, reflecting shortages and certain other factors, that determines consumer demand for money". Wobei die "tatsächlichen" Preise definiert werden (S. 147): "... P_T is the true price index, which is unobservable, though effectively perceived by the consumer in terms of his consumption behavior." Es wird dann eine Relation zwischen dem "tatsächlichen" Preisindex und dem offiziellen Preisindex über einen Parameter α hergestellt. In der empirischen Studie wird als Ergebnis für China ermittelt, daß α = 2,5 ist, d.h. die "tatsächlichen" Preise 2,5 mal höher sind als die offiziellen Preise. Zur Kritik an diesem Konzept vgl. R. PORTES, A. SANTORUM (1987), S. 363 f.

Im Falle der Mengenrationierung ohne second economy entspricht $gk = gR$. Bei Existenz von Güter- und Devisenschwarzmärkten können die durch die staatliche Mengenrationierung entstandenen überschüssigen Geldbestände abgebaut werden:[74]

- durch einen Anstieg des realen Sozialproduktes im Schwarzmarktsektor;

- durch einen Anstieg des Preisniveaus auf den obengenannten Gütermärkten.

Bei Konstanz von Y_{rA}, P_{AI} und P_{AII} wird die überschüssige Kasse allein durch Wechselkursänderungen kompensiert ($gk = gP_A = ge$). In diesem Fall könnte der Schwarzmarktwechselkurs die tatsächliche Inflation wiedergeben ("Wechselkursinflation").[75] Die Wirtschaftssubjekte sind dann bereit, freiwillig die nominale Geldnachfrage zu erhöhen, um das Transaktionsvolumen in der Schattenwirtschaft bewältigen zu können.[76]

Mit dem Versuch die staatlichen Mengenrestriktionen zu überwinden, entstehen jedoch zusätzliche Transaktionskosten: Wartezeiten, Bestechungen, Beschaffungen von Informationen über die verschiedenen Möglichkeiten des Güterwertes, Zwischenschaltung anderer Güter als Tauschmedien und Preisdifferenzen zwischen staatlichem Handel und Schattenwirtschaft, die als Kosten für die schnellere Verfügbarkeit von Engpaßgütern interpretiert werden können. Darüber hinaus steigen die Risiken.

---

[74] Das setzt voraus, daß direkt mit Ostwährung bezahlt wird bzw. Ostwährungen auf dem Devisenschwarzmarkt zuvor konvertiert werden müssen.

[75] Vgl. zur Indikatorfunktion des Schwarzmarktwechselkurses Kapitel V. B. dieser Arbeit.

[76] Vgl. K.-H. HARTWIG (1985), 2. A. 1987, S. 257.

Einzelwirtschaftlich kann es aufgrund dieser zusätzlichen Transaktionskosten der Überwindung der Mengenrestriktion ökonomisch rational sein, bei Mengenrationierung im staatlichen Handel und hohen Preisen in der Schattenwirtschaft die Geldnachfrage zu erhöhen (substitutive Transaktionskasse).[77]

Um Zugriffschancen auf die im staatlichen Handel in der Regel nur sehr kurzfristig verfügbaren, im Vergleich zur Schattenwirtschaft also wesentlich preisgünstigeren Engpaßgüter zu nutzen, benötigen die Wirtschaftssubjekte Geld. Mit steigender Rationierung sind sie zunehmend auf solche Gelegenheiten angewiesen (spekulative Transaktionskasse).[78] Der Bedarf an Kassenhaltung inländischer Währung steigt an.

Im Ergebnis wird das Ausmaß der Wechselkursänderung gedämpft (Rechtsverschiebung der M_I^D - Kurve in Abb. 9: M_{I1}^D -> M_{I11}^D; e_1 -> e_{11}).

---

[77] Vgl. J. PICKERSGILL (1976), S. 144; K.-H. HARTWIG (1983), S. 104.

[78] Vgl. H.J. THIEME (1980), S. 70; K.E. LOHMANN (1986), S. 184.

Abb. 9: Zunahme der Rationierung

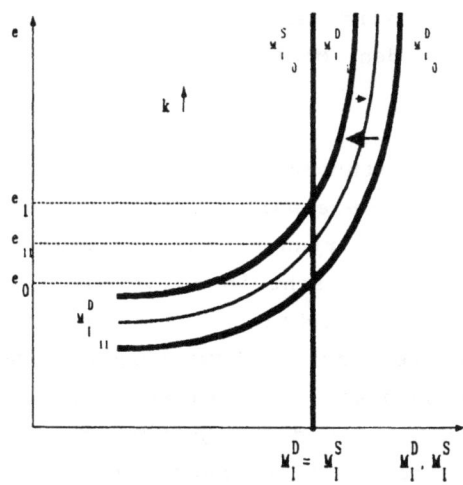

4. Rationierungserwartungen

In Marktwirtschaften kann beobachtet werden, daß die Wirtschaftssubjekte mit zunehmender Preisinflation die erwartete Preisniveauentwicklung verstärkt in ihren gegenwärtigen Wirtschaftsplänen berücksichtigen. Die Geldillusion schwindet, es wird in realen Größen gerechnet – und zwar um so mehr, wie unter Risikoaspekten Terminkontrakte abgeschlossen werden. Erwarten die Wirtschaftssubjekte zunehmende Preisinflation, so werden sie bestrebt sein, ihre tatsächlichen Kassenbestände abzubauen, um zukünftigen Kaufkraftverlusten vorzubeugen. Permanente Mengenrationierung auf den staatlichen Konsumgütermärkten in sozialistischen Planwirtschaften, also Kassenhaltungsinflation, wird auch das Inflationsbewußtsein der Wirtschaftssubjekte in Zentralverwaltungswirtschaften stärken. Die Annahme "sozialistischer Geldillusion" ist dann aufzuheben.[79] Die privaten Wirtschaftseinheiten werden vielmehr Erwartungen über

---

[79] Vgl. H.J. THIEME (1983), S. 204.

die zukünftige Rationierungsentwicklung bilden. Ob und inwieweit die Anpassung des privaten Sektors an zukünftige Rationierungen gelingt, wird dabei bestimmt von der Art der Erwartungsbildung und den Möglichkeiten der Erwartungsantizipation.[80]

Bei autoregressiven Erwartungen beeinflussen die Rationierungserfahrungen aus der Gegenwart und den vergangenen Perioden die Rationierungserwartungen für die Folgeperiode.[81] Ein Spezialfall ist die Fortschreibung vergangener Mengenrestriktionen unter Berücksichtigung von Erwartungsirrtümern. In einem Modell regressiver Erwartungsbildung[82] rechnen die Wirtschaftssubjekte mit einem normalen Rationierungsniveau. Überschreitet die gegenwärtige Rationierung das als "normal" erachtete Rationierungsniveau, so wird für die Zukunft eine Zunahme der staatlichen Konsumgüterre-

---

[80] Die Mehrzahl der Analysen sozialistischer Planwirtschaften unterstellt statische Rationierungserwartungen. Es wird also angenommen, daß bisherige Rationierungserfahrungen keinen Einfluß auf die Erwartungsbildung der Wirtschaftssubjekte haben. Vgl. z.B. das Mengenrationierungsmodell von J. MUELLBAUER, R. PORTES (1978) und die kritischen Anmerkungen dazu bei K.-H. HARTWIG (1982), S. 376 ff. und J.S. KOWALSKI (1986), S. 93, der z.B. die Analyse bei J. KORNAI (1982) dahingehend kritisiert, daß den "problems of expectation ex ante" zu geringe Aufmerksamkeit geschenkt wird.

[81] Vgl. H.J. THIEME (1983), S. 209; (1985), 2. A. 1987, S. 308 ff. Dort werden Produktions- und Beschäftigungseffekte in sozialistischen Planwirtschaften explizit unter der Annahme autoregressiver Rationierungserwartungen - als Bestimmungsgröße des Arbeitsangebotes - anhand einer "sozialistischen" Phillipskurve abgeleitet. Veränderungen der Rationierungserwartungen lösen allerdings keine Anpassungsprozesse auf dem Geldmarkt aus.

[82] Ein Beispiel für regressive Erwartungen ist die Keynessche Liquiditätspräferenztheorie: Die Wirtschaftssubjekte haben dort eine subjektive Vorstellung über ein "normales" Zinsniveau. Bei Diskrepanzen zwischen tatsächlichem und als normal erachtetem Zins werden die Wirtschaftssubjekte eine Rückkehr des tatsächlichen Zinses auf das Normalzinsniveau erwarten. Vgl. J.M. KEYNES (1936), S. 168-172, S. 201-203.

striktionen erwartet.⁸³ Unterschreitet hingegen die tatsächliche Rationierung das normale Rationierungsniveau, so wird in der Zukunft mit einer Abnahme des Konsumgüterangebotes im staatlichen Handelssektor gerechnet.

Schließlich können die privaten Haushalte rationale Erwartungen über die zukünftige Kassenhaltungsinflation bilden. Dazu benötigen die Wirtschaftssubjekte Kenntnis über die Modellstruktur und die Entwicklung strategischer ökonomischer Variablen, die die Kassenhaltungsinflation bestim-

---

[83] Das "normale" Rationierungsniveau kann z.B. durch eine untere Toleranzgrenze von Versorgungsengpässen im offiziellen Konsumgütersektor bestimmt sein. Bei Überschreitung dieser Grenze sieht sich die staatliche Zentrale dann zu einer Beschleunigung der Konsumgüterproduktion gezwungen. Vgl. A. BAJT (1971), S. 61; H.J. THIEME (1977), 4. A. 1983, S. 292; J.S. KOWALSKI (1986), S. 90 f., 93, 102.

men.[84] Angenommen, die privaten Wirtschaftssubjekte beobachten, daß jede Geldmengenerhöhung im privaten Sektor, z.B. durch zusätzliche Nominallohnzahlungen, die nicht einhergehen mit einer proportionalen Veränderung des Konsumgüterangebots, zu einem Anstieg des Kassenhaltungskoeffizienten und damit zu Mengenrationierung führt:[85]

$$gk = gM_I - gY.$$

Die privaten Wirtschaftseinheiten bilden rationale Erwartungen, wenn sie ihre Rationierungserwartungen auf der Basis dieser Modellstruktur variieren: Wenn ceteris paribus

---

[84] J.S. KOWALSKI (1986) nennt die Voraussetzungen für die Übertragung des Modells rationaler Erwartungsbildung - angewendet für Marktwirtschaften erstmals von J.R. Lucas (1972; 1973) - auf sozialistische Planwirtschaften. Sein Analyseziel ist die Überprüfung der Gültigkeit der Neutralitätshypothese für sozialistische Zentralverwaltungswirtschaften. Der Hauptunterschied zu den Modellen der rationalen Erwartung für Marktwirtschaften sieht er im Gegenstand der Erwartungsbildung:"Specifically, there is no ground not to assume that the people there form expectations in the same manner as the actors in the developed market economies. RE (Rational Expectations, P.A.W.) hypotheses as such is not bound to any socioeconomic system. It is a behavioral postulate concerning all human beings. There are differences in the subject matter of the economically relevant expectations, due to the different kind of economic systems. In the CPEs (Centrally Planned Economies, P.A.W.) shortage related variables take place to the monetary variables as the subject of expectations." (S. 103). Obwohl die Rationierungskomponente als Inflationsindikator den Realwert von Geldeinheiten beeinflußt und somit sehr wohl eine monetäre Variable ist, vernachlässigt Kowalski aber "problems of money illusion" (S. 92). Nach Kowalski gilt für CPEs die Neutralitätshypothese nicht, da die privaten Haushalte als Arbeitsanbieter in Erwartung zunehmender Rationierung (Erwartungsbildungsmodell wird allerdings nicht expliziert, S. 98 f., S. 100 ff.) ihre Arbeitsintensität (tatsächliches Arbeitsangebot) reduzieren und damit entgegen dem Willen der staatlichen Autoritäten tatsächlich permanente negative Realeffekte induzieren. Langfristig könne dieser ungewünschte Prozeß nur durch eine Stabilitätspolitik, die die Rationierungserwartungen abbaut, umgekehrt werden.

[85] Vgl. H.J. THIEME (1985), 2. A. 1987, S. 305 f.

eine restriktive Konsumgüterproduktion im staatlichen Sektor oder eine expansive Geldpolitik zur Finanzierung des Staatsverbrauches erkennbar ist, werden die Inflationserwartungen nach oben korrigiert. Sie bleiben unverändert, wenn mit dem Anstieg der Nominallöhne ein proportionaler Anstieg des staatlichen Konsumgüterangebotes einhergeht. Bei einer glaubwürdigen Wachstumspolitik der Konsumgüterproduktion wird eine Abnahme der staatlichen Mengenrationierung erwartet.[86]

Aber selbst wenn die Wirtschaftssubjekte korrekte Rationierungserwartungen haben, d.h. alle systematischen Politikregeln antizipieren, gelingt eine vollständige Antizipation der Erwartungen nur dann, wenn der private Sektor sich unverzüglich an zukünftige Rationierungen anpassen kann. In einer sozialistischen Volkswirtschaft ohne Second-economy-Sektor sind relative und absolute Preisanpassungen nicht möglich. Funktionierende Devisenschwarzmärkte ermöglichen hingegen diese Preisanpassungen: Erwarten die privaten Wirtschaftssubjekte, daß die zukünftige Mengenrationierung auf den staatlichen Konsumgütermärkten höher sein wird als zunächst angenommen, so werden sie verstärkt Westdevisen nachfragen bzw. ihre Ostwährungsbestände reduzieren. Die Geldnachfragefunktion M_1^D verschiebt sich nach links (Abb. 10: M_{10}^D -> M_{11}^D). Der Gleichgewichtswechselkurs steigt an. Die heimische Währung wird tatsächlich abgewertet (e_0 -> e_1).

---

[86] Erleichtert einerseits der im Vergleich zu Marktwirtschaften relativ langsame und weniger tiefgreifende Struktur- und Institutionenwandel in sozialistischen Planwirtschaften die Erwartungsbildung, so sind andererseits Informationen bezüglich der Regierungspolitik weniger zugänglich als in demokratischen Marktwirtschaften, was die Erwartungsbildung erschwert. Vgl. J.S. KOWALSKI (1986), S. 91 f.

Abb. 10: Veränderung der Rationierungserwartungen

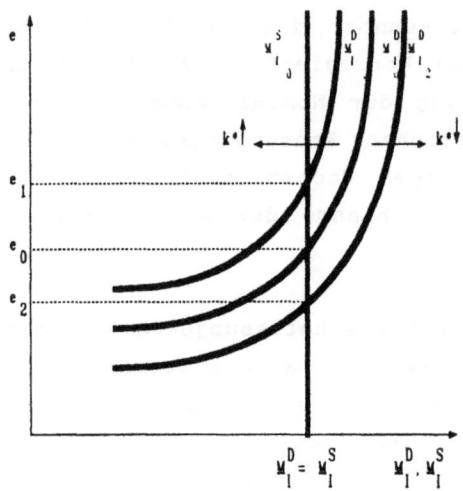

Erwarten die privaten Wirtschaftssubjekte hingegen, daß in Zukunft die staatliche Mengenrationierung sinken wird, dann werden sie schon heute bereit sein, zusätzliche Ostwährungsbestände zu halten.[87] Die Geldnachfragefunktion M_I^D verschiebt sich nach rechts (Abb. 10: $M_{I0}^D \rightarrow M_{I2}^D$), die inländische Währung wird tatsächlich aufgewertet ($e_0 \rightarrow e_2$).

Je nachdem, welches Erwartungskonzept angewendet wird, fällt das Ausmaß der Wechselkursänderung bei gegebenen Antizipationsmöglichkeiten unterschiedlich aus; die Richtung der tatsächlichen Wechselkursänderung wird jedoch nicht beeinflußt.[88]

---

[87] Vgl. J. PICKERSGILL (1976), S. 143; K.-H. HARTWIG (1987,1), S. 127.

[88] Dieses Ergebnis entspricht den Ausführungen im Unterabschnitt D. 2. dieses Kapitels: Wechselkurserwartungen.

5. Institutionelle Veränderungen

Mit der Zunahme der Verwendungsmöglichkeiten der Westdevisen als Tausch- und Zahlungsmittel innerhalb der sozialistischen Planwirtschaft steigt die Nachfrage nach Westdevisen aus dem Transaktionsmotiv. Die Geldnachfragekurve M_1^D verschiebt sich nach links (Abb. 11: M_{10}^D -> M_{11}^D). Im Ausgangsgleichgewicht herrscht dann ein Angebotsüberschuß an inländischer Währung, der durch den Kauf von Westdevisen auf dem Devisenschwarzmarkt abgebaut wird. Der Wechselkurs steigt, bis ein neues Gleichgewicht auf dem Geldmarkt für inländische Währung erreicht wird. Die heimische Währung wird tatsächlich abgewertet (e_0 -> e_1). Im umgekehrten Fall einer zunehmenden institutionellen Beschränkung von Westdevisenaktivitäten sinkt die Nachfrage nach Westdevisen. Die M_1^D - Kurve verschiebt sich nach rechts (Abb. 11: M_{10}^D -> M_{12}^D), begleitet von einer tatsächlichen Aufwertung der Inlandswährung (e_0 -> e_2).

Die erhöhte Markttransparenz von Schwarzmarktaktivitäten und die zunehmende Legalisierung der Haltung und Verwendung von Westdevisen werden die Nachfrage nach der ausländischen Währung erhöhen, da Transaktionskosten und Risiken sinken. Die Konsequenz ist, daß die Auslandswährung tatsächlich aufgewertet wird.

Die beschriebenen Wechselkursreaktionen werden durch veränderte Erwartungen bezüglich der integrativen Rahmenbedingungen in die jeweilige Richtung verstärkt.

Institutionelle Veränderungen können zudem weitere Motive der Wertaufbewahrung in Westwährung begründen: Erwarten die privaten Wirtschaftssubjekte z.B. eine erhöhte Besteuerung ihrer Sparbestände, so werden sie - wegen gestiegener Opportunitätskosten - die Geldbestände in inländischer Währung zugunsten von Westdevisenbeständen auflösen. Die Nachfrage nach inländischen Währungseinheiten sinkt. Die M_1^D -

Kurve verschiebt sich nach links (Abb. 11: $M_{10}^D \to M_{11}^D$). Die Inlandswährung wird tatsächlich abgewertet ($e_0 \to e_1$).[89]

Durch die Möglichkeit, zusätzlich Westdevisen zu halten, können sich die Wirtschaftssubjekte einer Steuerzahlung entziehen. Die durch die Steuerzahlung angestrebte Kaufkraftabschöpfung wird verhindert, ebenso verzögert sich durch dieses zusätzliche Wertaufbewahrungsmotiv der Abfluß von Westdevisen in den staatlichen Sektor. Dies kann verstärkte staatliche Reglementierungen der privaten Westdevisenhaltung hervorrufen, die den Anreiz der Westdevisenhaltung aus Risikoaspekten wieder schmälern.

Politische Veränderungen, z.B. tiefgreifende gesellschaftliche Reformen, lösen folgende Wechselkursreaktionen aus: Reformbestrebungen, die von der Bevölkerung unterstützt werden, werden das Vertrauen in die heimische Währung erhöhen. Die privaten Wirtschaftssubjekte sind bereit, verstärkt einheimische Währung nachzufragen. Die M_1^D - Kurve verschiebt sich nach rechts (Abb. 11: $M_{10}^D \to M_{12}^D$). Die Inlandswährung wird tatsächlich aufgewertet ($e_0 \to e_2$). Politische Repressionen oder nicht eingehaltene Reformversprechen werden das Bedürfnis der Bevölkerung nach einer sicheren Wertaufbewahrung des Vermögens und somit ihre Westdevisenbestandsnachfrage erhöhen. Die Geldnachfragekur-

---

[89] Vgl. FAZ vom 28.07.1987, S. 11. Dort wird vermutet, daß in Ungarn, aufgrund einer angekündigten Vermögenssteuerreform für Januar 1988, die Wirtschaftssubjekte verstärkt Sparguthaben durch Westdevisenbestände substituieren. Die Folge ist, daß die durch mehrfache Abwertungen des offiziellen Wechselkurses fast geschlossene Differenz zwischen offiziellem und außeroffiziellem Wechselkurs durch erneute Abwertungen auf dem Schwarzmarkt wieder geöffnet wird. Dadurch entstehende Wechselkursschwankungen auf den Schwarzmärkten werden zudem die spekulative Devisennachfrage wiederbeleben und damit weitere Impulse für Devisenschwarzmarkttransaktionen auslösen. Der Devisenschwarzmarkt in Ungarn wird dann wieder an Bedeutung gewinnen.

ve M_I^D verschiebt sich nach links (Abb. 11: $M_{I0}^D \rightarrow M_{I1}^D$). Der Angebotsüberschuß an inländischen Geldeinheiten wird durch einen Anstieg des tatsächlichen Wechselkurses abgebaut. Im neuen Gleichgewicht ist die inländische Währung tatsächlich abgewertet ($e_0 \rightarrow e_1$).

Abb. 11: Variationen der Integrationskomponente

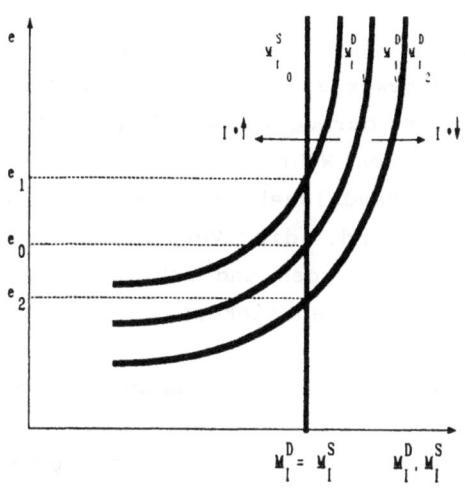

E. Zusammenfassung

In diesem Kapitel konnte mit Hilfe eines Währungssubstitutionsmodells unter den Bedingungen einer "offenen" sozialistischen Planwirtschaft der Schwarzmarktwechselkurs für Westdevisen auf dem inländischen Ostwährungs-Geldmarkt bestimmt werden. Durch Variation der wesentlichen exogenen Parameter konnte deren Einfluß auf die Geldnachfrage nach inländischer Währung bzw. nach Westwährungen und somit auch auf den Schwarzmarktwechselkurs aufgezeigt werden. Damit wird ein analytisches Konzept geliefert, das die Zusammenhänge zwischen den Geldbestandsmärkten, den Devisenschwarzmärkten und den dort auftretenden Schwankungen des

Schwarzmarktwechselkurses in sozialistischen Planwirtschaften theoretisch erklärt.

Die inländische Währung wird in diesem Modell auf dem Schwarzmarkt für Devisen abgewertet, wenn ceteris paribus eine expansive Geldpolitik durchgeführt wird, Abwertungserwartungen für die inländische Währung existieren, die Rationierung im staatlichen Handelssektor ansteigt bzw. zunehmende Rationierung erwartet wird, die Verwendungsmöglichkeiten von Westdevisen ausgeweitet werden und schließlich politische Repressionen ansteigen. Die heimische Währung wird dagegen aufgewertet, wenn ceteris paribus eine restriktive Geldpolitik durchgeführt wird, Aufwertungserwartungen der inländischen Währung existieren, die Rationierung im staatlichen Handelssektor sinkt bzw. abnehmende Rationierung erwartet wird, die Verwendungsmöglichkeiten von Westdevisen reduziert werden und schließlich politische Unsicherheiten und Repressionen sinken.

Diese aus dem Modell abgeleiteten Zusammenhänge zwischen Entwicklung der Schwarzmarktwechselkurse und wirtschaftlicher und politischer Situation eines Landes begründen somit die in Kapitel III. C. 4. bereits geäußerten Plausibilitätsüberlegungen zur Entwicklung der Schwarzmarktwechselkurse in sozialistischen Ländern. Die Ergebnisse des Währungssubstitutionsmodells können auch für die Erklärung der unterschiedlichen Entwicklungen der Schwarzmarktwechselkurse in einzelnen Ländern genutzt werden: Die stärkere Abwertung des polnischen Zloty gegenüber dem ungarischen Forint auf dem US-Dollar-Schwarzmarkt ist dann z.B. über eine stärkere Rationierung des staatlichen Konsumgüterangebotes in Polen zu erklären. Diese Interpretation ist allerdings nur unter Vorbehalt möglich: Im Modell werden jeweils nur einzelne Parameter variiert, in der Realität wirken aber mehrere Einflußfaktoren gleichzeitig auf den Wechselkurs ein, deren Wirkungen sich kompensieren können.

Darüber hinaus darf nicht übersehen werden, daß das Modell auf einer Reihe restriktiver Annahmen basiert:

- Die Annahme sicherer Wechselkurs- und Rationierungserwartungen: Für die Bestimmung der mikroökonomischen Geldnachfrage nach In- und Auslandswährung ist die Einbeziehung unsicherer Erwartungen und damit explizit des Risikoaspektes eine realitätsnähere Annahme.

- Die Annahme der Exogenität des Angebotes an inländischer Währung: Dieses wird durch das Verhalten der Betriebe endogenisiert. Sie betreiben bereits in der Planungsphase eine Politik der Fehlinformation gegenüber der staatlichen Zentrale mit dem Ziel, "weiche" Pläne aufzustellen und Produktionsfaktoren zu horten. Daraus, sowie aus der Notwendigkeit, unrentable Betriebe zahlungsfähig zu halten, resultieren zusätzliche Kredite,[90] die "materiell" nicht gedeckt sind. Da jede Kreditvergabe Geldproduktion bedeutet, steigt die monetäre Expansionsrate ungeplant an, was durch staatliche Bankenkontrolle nicht verhindert werden kann.

- Die Annahme der Exogenität des Angebotes an ausländischer Währung: Dieses kann jederzeit durch unkontrollierbare Zuströme aus dem Ausland und durch den Umtausch einheimischer Währungseinheiten auf dem staatlichen Devisenmarkt verändert werden. Die Betriebe können durch Über- bzw. Unterfakturierung ihrer Auslandstransaktionen gegenüber den staatlichen Außenhandelsbetrieben zusätzlich das Westdevisenangebot erhöhen.

- Die Annahmen exogener Datenänderungen und verzögerter Anpassungsreaktionen auf den Gütermärkten: Vorhandene Interdependenzen zwischen einzelnen Einflußgrößen des

---

[90] Vgl. J. KORNAI (1980), S. 100; P. JANSEN (1982), S. 11; H.J. THIEME (1983), S. 197 ff.; K.-H. HARTWIG (1987,1), S. 80 ff.

Schwarzmarktwechselkurses werden dadurch von vornherein ausgeschlossen. Dies gilt für die fehlende Endogenisierung von Wechselkurs- und Rationierungserwartungen und die Vernachlässigung der Rückkopplungseffekte von Geldmarkttransaktionen auf die Gütermärkte und vice versa.

Aufgabe des Kapitels war es jedoch, ein Basis-Modell der Wechselkursdetermination in sozialistischen Planwirtschaften zu entwickeln. Es kann durch die genannten Aspekte modifiziert werden, wobei sich nur das Ausmaß nicht jedoch die Richtung der Wechselkursreaktionen ändern dürfte.

Nun kann nach den wirtschaftlichen und politischen Konsequenzen der Westdevisenhaltung und der Devisenschwarzmärkte in sozialistischen Planwirtschaften gefragt werden, um anschließend die Bedeutung des Schwarzmarktwechselkurses als wirtschaftlichen Indikator abzuleiten.

V. Konsequenzen von Westdevisen und Devisenschwarzmärkten in sozialistischen Planwirtschaften

A. Wirtschafts- und gesellschaftspolitische Implikationen

1. Realeffekte expansiver monetärer Impulse bei unterschiedlichen Entwicklungsstufen eines Nebenwährungssystems

Werden z.B. den staatlichen Betrieben für außerplanmäßige Lohnzahlungen zusätzliche Kredite gewährt, so erhöht sich der Geldbestand im privaten Sektor. Durch diesen expansiven monetären Impuls wird bei gleichbleibendem Konsumgüterangebot ein inflationärer Druck ausgeübt. Im folgenden soll gezeigt werden, wie der Transmissionsprozeß eines solchen monetären Impulses durch die Verwendung von Westdevisen und die Existenz von Devisenschwarzmärkten modifiziert wird, und wie dadurch die Real- und Nominaleffekte verändert werden.

Dazu wird zunächst die Grundstruktur eines Rationierungsmodells skizziert und anschließend die Analyse sukzessiv um einzelne Entwicklungsstufen eines Nebenwährungssystems erweitert:

- In der ersten Stufe wird die Einrichtung von Westdevisenläden berücksichtigt.

- In der zweiten Stufe wird die Analyse um die Existenz von Güterschwarzmärkten erweitert.

- In der letzten Stufe werden schließlich Devisenschwarzmärkte in die Untersuchung miteinbezogen.

Die Auswirkungen eines expansiven monetären Impulses können in für sozialistische Planwirtschaften modifizierten Modellen der Neuen Makroökonomie abgeleitet werden.[1] Ausgangspunkt dieser Modelle ist, daß die privaten Wirtschaftssubjekte Mengenbeschränkungen explizit in ihr Entscheidungskalkül aufnehmen. Ein Mengenungleichgewicht auf einem Markt löst dann bei fehlenden Preisanpassungen über Revisionen der unbeschränkten (notionalen[2]) Pläne der privaten Wirtschaftssubjekte Mengenanpassungen auf nichtrationierten Märkten aus.[3] Ein Rationierungsgleichgewicht wird dort erreicht, wo die beschränkten (effektiven) Angebots- und Nachfragepläne konsistent sind.[4] In diesem Modell hat ein expansiver monetärer Impuls folgende Effekte:

- Zunächst übersteigt im privaten Sektor die tatsächliche die gewünschte Kassenhaltung. Der Versuch der privaten Wirtschaftssubjekte, ihre Kassenhaltung über zusätzliche Konsumausgaben abzubauen, scheitert wegen des konstanten nominalen Konsumgüterangebots. Die private Konsumnachfrage wird durch das geringere staatliche Konsumangebot nicht befriedigt.

---

[1] Zu den Modellen der Neuen Makroökonomie für Marktwirtschaften vgl. R.W. CLOWER (1963), wieder abgedruckt in (1981); R.J. BARRO, H.I. GROSSMAN (1971; 1974; 1976); E. MALINVAUD (1977); J. MUELLBAUER, R. PORTES (1978) und als Überblick H. HAGEMANN, H.D. KURZ, W. SCHÄFER (1981). Auf Planwirtschaften wurden diese Modelle übertragen von D.H. HOWARD (1976; 1979); R. PORTES (1976; 1981); K.-H. HARTWIG (1982; 1987,1) und J. PICKERSGILL (1982).

[2] Vgl. R.W. CLOWER (1963), wieder abgedruckt in (1981), S. 48.

[3] Sogenannte Spill-over-Effekte, vgl. D.H. HOWARD (1976), S. 871.

[4] "A temporary equilibrium with quantity rationing requires that each agent's realized transactions are the best he can attain subject to all constraints facing him, and that market transactions satisfy various conditions, including that exchange be voluntary." R. PORTES (1981), S. 562.

- Daraufhin werden die privaten Wirtschaftssubjekte die Mengenrationierung im staatlichen Handelssektor bei ihrer Nachfrage nach Geld und ihrem Angebot an Arbeit berücksichtigen.[5]

- Die Kassenhaltung inländischer Währung wird zwar erhöht[6], wegen der speziellen Faktorangebotsrestriktion – nämlich der Annahme, daß das Angebot an Arbeit nicht fix, sondern vom staatlichen Konsumgüterangebot abhängig ist – wird das private Arbeitsangebot allerdings eingeschränkt.[7] Im neuen (Rationierungs-) Gleichgewicht sind Beschäftigung, Output und Konsum geringer als im rationierungsfreien Gleichgewicht.[8]

Ein expansiver monetärer Impuls löst dann also negative Realeffekte aus.

Die Wirtschaftssubjekte müssen die Mengenrationierung aber nicht als Datum hinnehmen. Sie können stattdessen versuchen, die Mengenrationierung im staatlichen Sektor zu überwinden.[9] Mit steigenden Transaktionskosten werden die privaten Haushalte bereit sein, einen Teil der zunächst ungewünschten Kasse freiwillig und gewollt zu halten. Erwarten die privaten Wirtschaftssubjekte zudem in der Zukunft eine Ausweitung des staatlichen Konsumgüterangebotes, werden sie

---

[5] Vgl. J. PICKERSGILL (1982), S. 71.

[6] "This option corresponds to the classical concept of forced saving, or, more precisely, what D.H. Robertson defined as 'automatic lacking'." R.J. BARRO, H.I. GROSSMAN (1971), S. 91; vgl. auch E. MALINVAUD (1977), S. 47.

[7] Vgl. J. PICKERSGILL (1982), S. 67. Zu Formen der Arbeitseinschränkung in sozialistischen Planwirtschaften, vgl. D.H. HOWARD (1979), S. 49; J. PICKERSGILL (1982), S. 84.

[8] Vgl. K.-H. HARTWIG (1982), S. 371.

[9] Vgl. K.-H. HARTWIG, H.J. THIEME (1984), S. 97 f.

ebenfalls zusätzlich Kasse halten wollen und ihr Arbeitsangebot weniger stark einschränken.¹⁰ Je größer diese Optionen sind, desto geringer werden die negativen Realeffekte eines expansiven monetären Impulses ausfallen.

1.1. Westdevisenläden

Die Analyse wird nun erweitert um die Annahme, daß staatliche Westdevisenläden eingerichtet werden, um private Westdevisenbestände staatlich zu absorbieren.

Dabei ist zu beachten, daß bereits die Einrichtung dieser Westdevisenläden gesamtwirtschaftliche Effekte hat. Die Konsumgüter, die in den Westdevisenläden zur Verfügung gestellt werden, stammen entweder aus der einheimischen staatlichen Konsumgüterproduktion oder aus staatlichen Westimporten.¹¹ In beiden Fällen wird das Konsumgüterangebot im staatlichen Handelssektor direkt um das Angebot in den staatlichen Westdevisenläden reduziert. Das staatliche Konsumgüterangebot in der gesamten Volkswirtschaft wird durch die Eröffnung von Westdevisenläden nicht erweitert, sondern die vorhandene Konsumgütermenge wird lediglich auf den staatlichen Binnen- und Außensektor aufgeteilt.

Dem privaten Bestand an inländischen Währungseinheiten steht also durch die Einrichtung von Westdevisenläden i.d.R. kein höheres, sondern ein geringeres Konsumgüteran-

---

10 Oder umgekehrt: "The second option (Einschränkung des Arbeitsangebotes, P.A.W.) probably becomes more important when excess commodity demand is chronic,...". R.J. BARRO, H.I. GROSSMAN (1971), S. 91.

11 Vgl. H.-D. SCHULZ (1979), S. 451; DDR-HANDBUCH (1985), S. 672. Während in den DDR-Intershops im wesentlichen westliche Produkte angeboten werden, sind in das Verkaufsangebot der polnischen Pewex-Läden zunehmend auch Waren inländischer Herkunft, z.B. PKWs und Alkoholwaren, aufgenommen worden, um damit die staatlichen Deviseneinnahmen weiter zu erhöhen. Vgl. P. WYCZANSKI (1985), A. 279; J. BACZYNSKI (1985), A. 282.

gebot gegenüber.[12] Es entsteht ein zusätzliches Inflationspotential:[13] Bei offiziell festgesetzten Konsumgüterpreisen innerhalb des staatlichen Handelssektors wird der Kassenhaltungskoeffizient der inländischen Währung steigen. Die privaten Wirtschaftssubjekte unterliegen einer zusätzlichen Mengenrationierung auf dem staatlichen Konsumgütermarkt.

Westdevisenläden ermöglichen den Westdevisenbesitzern, die Mengenrationierung im staatlichen Handelssektor zu überwinden, indem sie ihre Westgeldbestände auflösen, als Zahlungsmittel nutzen und die gewünschten Konsumgüter in den staatlichen Westdevisenläden erwerben. Die Gelddienste der Inlandswährung werden eingeschränkt. Zudem gewinnen die Westdevisen in dieser Rationierungsumwelt als Wertaufbewahrungsmittel an Attraktivität.

Die Anpassungsmöglichkeiten der nichtdevisenbesitzenden Bevölkerung an die staatliche Mengenrationierung bleiben aber weiterhin auf die obengenannten Aktivitäten im Innensektor des staatlichen Konsumgüterhandels begrenzt, ebenso bleibt ihnen die alternative Kaufkraftaufbewahrung in Form von Westdevisenbeständen versagt.

---

[12] Wenn der Staat für das Angebot in den Westdevisenläden zusätzliche Konsumgüter aus dem Westen importiert, müssen Devisen aufgewendet werden. Diese Mittel werden dem inländischen Konsumgüterangebot entzogen, es sei denn, der Staat zieht die Devisen von der inländischen Investitionsgüterproduktion zugunsten der Importe von Konsumgütern ab. Aber auch dann könnten die zusätzlich importierten Konsumgüter im staatlichen Binnenhandel gegen inländische Währung angeboten werden und dort gegenenfalls bestehende Mengenrationierung beseitigen bzw. reduzieren.

[13] Wird nach der Einführung von staatlichen Westdevisenläden das anfängliche Konsumgüterangebot in der Zukunft beibehalten, so liegt nur ein einmaliger Inflationsimpuls vor. Wächst hingegen das zukünftige Konsumgüterangebot in den Westdevisenläden, so wird jedesmal ein neuer Inflationsimpuls erzeugt, da in dem staatlichen Konsumgüterhandel eine weitere Überschußnachfrage nach Gütern und Dienstleistungen entsteht.

Die negativen Realeffekte eines expansiven monetären Impulses für die sozialistische Volkswirtschaft insgesamt können somit durch die Verwendungsmöglichkeiten von Westdevisen in staatlichen Westdevisenläden reduziert bzw. kompensiert werden,

- wenn die Devisenbesitzer die staatliche Mengenrationierung über die staatlichen Westdevisenläden tatsächlich überwinden können;

- wenn das Arbeitspotential der Devisenbesitzer für die inländische Produktion bedeutsam ist;

- wenn die staatliche Absorption privater Devisenbestände für die Ausweitung des staatlichen Konsumgüterangebotes genutzt wird.[14]

Die Devisenbesitzer werden das Privileg der Westdevisenkäufe nur dann positiv beurteilen, wenn sie gegen ausländische Währung insgesamt mehr Konsumgüter erwerben können als mit inländischer Währung im Inlandssektor bei Nichtexistenz von Westdevisenläden. Zwar steigt das Pro-Kopf-Konsumgüterangebot der Devisenbesitzer, da das aus dem staatlichen Handelssektor abgezogene Konsumgüterangebot ei-

---

[14] Dadurch entstehen Erwartungen über den Rationierungsabbau im staatlichen Sektor, die die Arbeitsmotivation der privaten Wirtschaftssubjekte erhöhen und damit positive Realeffekte erzeugen. Bleibt die tatsächliche Verbesserung des staatlichen Konsumgüterangebotes aus und halten die Wirtschaftssubjekte ihr erhöhtes Arbeitsangebot aufrecht, so unterliegen sie einer "staatlichen Devisenillusion". Die Konsequenz positiver Realeffekte entspricht einer monetär alimentierten Nominallohnerhöhung bei Geldillusion. Bei Aufgabe der Geld- bzw. Devisenillusion bleibt allerdings je nach Art der Erwartungsbildung und -anpassung ein kurzfristiger trade off zwischen Inflation und Output bestehen. Vgl. zur Phillipskurvendiskussion für sozialistische Planwirtschaften J. PICKERSGILL (1982), S. 72; H.J. THIEME (1983), S. 203 ff.; (1985), 2. A. 1987, S. 303 ff.; J. KORNAI (1986), S. 27 f.; G.W. KOLODKO, W.W. MC MAHON (1987), S. 176 ff.

nem kleineren Personenkreis als der Gesamtbevölkerung gegenübersteht. Positive Realeffekte werden aber nur dann erzeugt, wenn die Devisenbesitzer den Nutzen des zusätzlichen Konsums höher einschätzen als die deswegen verlorengegangene Vermögensaufbewahrung in Westdevisen.

Diese potentiellen positiven Realeffekte durch Devisenbesitzer sind jedoch begrenzt, wenn entweder nur "unproduktive" Mitglieder des Parteiapparates in den Besitz von Westdevisen gelangen oder solche Wirtschaftssubjekte, die ihre Arbeitskraft im westlichen Ausland anbieten. Nur mit wachsender Zahl der Wirtschaftssubjekte, die im Inland beschäftigt sind und Westdevisenüberweisungen erhalten, werden die möglichen positiven Realeffekte von Bedeutung sein.

Wird die staatliche Zentrale die zusätzlichen privaten Devisenzuflüsse nicht zur Förderung des Konsumgütersektors einsetzen, sondern zur Finanzierung von Importen für den Investitionssektor oder zur Tilgung westlicher Kredite, so werden die privaten Erwartungen von einer Rationierungsminderung enttäuscht. Die Wirtschaftssubjekte geben die "staatliche Devisenillusion" auf und reagieren mit Arbeitsangebotsrestriktionen.

Die Einkommensumverteilung aufgrund von Devisenbesitz entspricht einem Zweiklassensystem und verstößt gegen die Grundprinzipien der sozialistischen Gesellschaft. Die Glaubwürdigkeit des Systems sinkt und damit die Loyalität der nichtdevisenbesitzenden Arbeiterschaft. Die Arbeitsmotivation der Nichtprivilegierten nimmt weiter ab.[15]

Insgesamt ist mit der Einführung der beschränkten Verwendungsmöglichkeiten von Westdevisen daher eher mit einer Verstärkung der negativen Realeffekte eines expansiven monetären Impulses zu rechnen.

1.2. Güterschwarzmärkte

Nun werden außerstaatliche Güter- und Dienstleistungsmärkte einbezogen, auf denen private Wirtschaftssubjekte begehrte Güter und knappe Dienstleistungen gegen Ostwährungseinheiten oder andere Engpaßgüter anbieten und nachfragen.[16] Der Preis auf diesen Märkten wird durch Angebot und Nachfrage bestimmt und ist flexibel.[17] Dadurch können Ungleichgewichte in den privaten monetären Portefeuilles nicht nur über Mengenanpassungen im staatlichen Sektor, sondern auch über Preisniveauanpassungen im außerstaatlichen Sektor ausgeglichen werden.[18]

---

[15] Vgl. H.-D. SCHULZ (1979), S. 451. Dort werden aufgrund der zunehmenden Ausbreitung des "sozialistischen Mehr-Klassen-Einkauf-Systems" in der DDR betriebsinterne Streiks nicht ausgeschlossen. Denn die Zunahme der Intershopangebote reduziert weiter das staatliche Konsumgüterangebot, welches den Wirtschaftssubjekten gegenübersteht, die keinen Zugang zu Westdevisen haben. Im WORLD CURRENCY YEARBOOK (1985) wird sogar berichtet, daß Arbeiter in der DDR zeitweise Lohnzahlungen in Westdevisen forderten, vgl. S. 273.

[16] Überblicke zu Güterschwarzmärkten finden sich bei A. KATSENELINBOIGEN (1977); G. GROSSMAN (1977; 1984); D. O'HEARN (1980); P. WILES (1981); H. BREZINSKI (1983; 1987); P. GALASI (1984); D. CASSEL (1985,2); F. HAFFNER (1985).

[17] Vgl. D. CASSEL (1985,1), 2. A. 1987, S. 271.

[18] Vgl. J. PICKERSGILL (1970), S. 130; P.T. WANLESS (1985), S. 411; H.J. THIEME (1985), 2. A. 1987, S. 312.

Ein expansiver monetärer Impuls wird bei staatlicher Konsumgüterrationierung auf die Güterschwarzmärkte übertragen und erhöht dort das Preisniveau und damit die Höhe der gewünschten Transaktionskasse an Inlandswährung.[19] Die realen Kassenbestände sinken und damit die private Konsumgüternachfrage. Die Rationierung der privaten Konsumgüternachfrage wird reduziert und deshalb das Arbeitsangebot im staatlichen Sektor weniger eingeschränkt.

Die gesamtwirtschaftlichen Realeffekte sind jedoch nicht eindeutig; denn aufgrund von Preissteigerungen in der Schattenwirtschaft können zusätzliche und steuerfreie Einkommen erzielt werden, die das Arbeitsangebot auf den Güterschwarzmärkten erhöhen.[20] Je nachdem, wie die Beziehung zwischen staatlichem und außerstaatlichem Sektor gestaltet ist, werden unterschiedliche Realeffekte ausgelöst:

- Substituieren die Arbeitnehmer Freizeit durch Arbeit in der second economy, so wird ceteris paribus das konstante staatliche Konsumgüterangebot um die Schwarzmarktproduktion ergänzt. Die Erhöhung des tatsächlichen gesamtwirtschaftlichen Outputniveaus reduziert dann auf jeden Fall die Mengenrationierung im privaten Sektor.

- Substituieren die Arbeitskräfte hingegen Arbeit im staatlichen Sektor durch Arbeit in der Schattenwirtschaft[21], so stehen positiven Realeffekten in der second economy kontraktive Realeffekte im staatlichen Sektor gegenüber. Wegen der höheren Leistungsanreize im Schwarzmarktsektor kann hier eine höhere Arbeitsproduktivität als im staatlichen Sektor unterstellt werden.

---

[19] Vgl. K.-H. HARTWIG (1983), S. 104.

[20] Vgl. H.J. THIEME (1985), 2. A. 1987, S. 314.

[21] Vgl. G. GROSSMAN (1984), S. 31; D. CASSEL (1985,1), 2. A. 1987, S. 275.

Insgesamt wird sich dann der tatsächliche gesamtwirtschaftliche Output erhöhen.

- Werden für die Produktion in der second economy dem staatlichen Produktionsprozeß neben dem Faktor Arbeit auch noch andere knappe Inputfaktoren entzogen, so werden die staatlichen Produktionsengpässe verstärkt. Die tatsächlichen gesamtwirtschaftlichen Realeffekte können dann je nach Ausmaß des privaten Faktordiebstahls auch negativ werden.[22]

Besitzt nun ein Teil der Bevölkerung im sozialistischen Inland Westdevisen, so werden mit zunehmender Mengenrationierung im staatlichen Sektor die Westdevisenbesitzer ihre Konsumgüter- und Dienstleistungsnachfrage verstärkt auf die Märkte der Schattenwirtschaft lenken. Und zwar umso stärker, je mehr die in Auslandswährungseinheiten umgerechneten Preise (mit dem Schwarzmarktwechselkurs) auf den Güterschwarzmärkten unter den Preisen der staatlichen Westdevisenläden liegen. Je höher der Geldnutzen von Westdevisen bei den Schwarzmarktakteuren eingeschätzt wird, desto mehr werden die Konsumbedürfnisse der Devisenbesitzer bevorzugt befriedigt.

Neben die staatliche Diskriminierung der Nichtdevisenbesitzer tritt nun also noch eine außerstaatliche Diskriminierung der Devisenlosen. Auf der anderen Seite werden durch die Second-economy-Aktivitäten die Devisen innerhalb des privaten Sektors umverteilt und damit die Zahl der an Westdevisentransaktionen beteiligten Personen erhöht (direkte und indirekte Devisenempfänger).[23] Die Verwendung der Inlandswährung als Zahlungsmittel wird weiter eingeschränkt, die Umschlaghäufigkeit der Westdevisen erhöht und

---

[22] Vgl. P. JANSEN (1982), S. 52; F. HAFFNER (1985), S. 179 f.; D. CASSEL (1985,1), 2. A. 1987; S. 283 f.

[23] Vgl. Übersicht 4, S. 58.

der Abfluß der Devisen in den staatlichen Handels- und Bankensektor verzögert.

Die Existenz von Güter- und Dienstleistungsschwarzmärkten induziert demnach nur dann gesamtwirtschaftliche positive Realeffekte, wenn

- innerhalb des privaten Sektors der positive Effekt der Ausbreitung des Nebenwährungssystems die negativen Frustrationseffekte der zusätzlichen Diskriminierung der Devisenlosen kompensiert bzw. überkompensiert.

- die positiven Realeffekte im privaten Sektor (höhere Arbeitsproduktivität, die Möglichkeit der Portfolio-Preisanpassung) die negativen Realeffekte im staatlichen Sektor (Verringerung der Arbeitsproduktivität, Verzögerung der staatlichen Devisenabsorption) ausgleichen bzw. übersteigen.

1.3. Devisenschwarzmärkte

Schließlich wird eine Liberalisierung der Devisengesetze angenommen: Der Devisenbesitz - nicht jedoch der Devisenhandel - wird allgemein legalisiert, auf einen Herkunftsnachweis der Devisen bei Verwendung in staatlichen Westdevisenläden wird verzichtet. Aufgrund dieser günstigen Rahmenbedingungen blüht ein wohl funktionierender Devisenmarkt auf.

Der Transmissionsprozeß eines expansiven monetären Impulses wird mit der Existenz von Devisenschwarzmärkten weiter modifiziert. Steigt die tatsächliche private Kassenhaltung infolge eines monetären Impulses an, so werden die Wirtschaftssubjekte zunächst die überschüssigen Kassenbestände inländischer Währungseinheiten auf dem Devisenschwarzmarkt anbieten.[24] Daraufhin wird die inländische Währung auf dem Devisenschwarzmarkt abgewertet. Der Schwarzmarktwechselkurs steigt. Die zukünftige Rendite der Westdevisenhaltung, die erwartete Wechselkursänderung, sinkt. Die privaten Wirtschaftssubjekte sind bereit, die tatsächlichen Bestände an inländischen Währungseinheiten zu halten: Die Konsumgüternachfrage sinkt. Die Konsumgüterrationierungslücke wird kleiner. Das Arbeitsangebot wird weniger stark eingeschränkt. Die restriktiven Beschäftigungs- und Outputeffekte sind geringer als in einer sozialistischen Volkswirtschaft, in der keine Währungssubstitution möglich ist.[25]

Darüber hinaus bietet der Devisenschwarzmarkt den bisher diskriminierten, nichtdevisenbesitzenden Wirtschaftseinheiten Zugang zu (privaten) inländischen Devisenquellen.[26] Auf dem Devisenschwarzmarkt können die "Devisenlosen" gegen die Zahlung inländischer Währungseinheiten das begehrte Westgeld besorgen und unmittelbar zu Käufen in Westdevisenläden und auf Güterschwarzmärkten verwenden oder sich an nun möglichen Spekulationen in Westdevisen beteiligen.

---

[24] Vgl. Kapitel IV. D. 1.

[25] In den Modellen der Neuen Makroökonomie werden Vermögensbestandsanpassungen und daraus resultierende relative Preisveränderungen nicht berücksichtigt. Inländisches Geld ist die einzige Vermögensform. Vgl. R.J. BARRO, H.I. GROSSMAN (1974); R.PORTES (1981); K.-H. HARTWIG (1982; 1987,1). In diese Modelle könnte ohne weiteres ein Währungssubstitutionsmodell integriert werden. Die effektiven Angebots- und Nachfragefunktionen sind dann um die Bestände ausländischer Währung zu erweitern. In den Rationierungsgleichgewichten mit Währungssubstitution sind Beschäftigung und Output aufgrund relativer Preisanpassungen höher als in einem Rationierungsgleichgewicht ohne Währungssubstitution. Dieses Ergebnis unterstützt die These, daß bei Existenz von Märkten mit freier Preisbildung die privaten Wirtschaftssubjekte ihre Vermögensbestände optimieren können bzw. Vermögensbestände einschließlich Geld freiwillig halten. Vgl. J. PICKERSGILL (1970), S. 130; K.-H. HARTWIG (1983), S. 103 ff.; J. PAWILNO-PACEWICZ (1986), S. 9.

[26] Vgl. J. BACZYNSKI (1985), A. 280.

Die Möglichkeit aller Bevölkerungsgruppen, an den privaten Außenwirtschaftstransaktionen im sozialistischen Inland teilzunehmen, hebt die bisherige Diskriminierung der "Devisenlosen" auf und reduziert den Mißmut der Bevölkerung gegenüber dem Nebenwährungssystem. Die stärkere Umverteilung von Westdevisen innerhalb des privaten Sektors erhöht zudem den Zufluß von Westdevisen in die second economy. Der Devisenerwerb in der Schattenwirtschaft motiviert die privaten Wirtschaftssubjekte dazu, das Arbeitsangebot dort zu erhöhen.[27] Die Schattenwirtschaft wird sich weiter ausbreiten. Die Verwendung inländischer Währungseinheiten als Zahlungsmittel wird weiter verdrängt. Die weitverbreitete Verwendung von Westdevisen innerhalb des privaten Sektors erhöht die Umlaufgeschwindigkeit der Westdevisen. Der private Devisenabfluß in den staatlichen Sektor wird verzögert.

Die Existenz von Devisenschwarzmärkten und die damit verbundene Ausweitung der Westdevisenverwendung wird dann positive Realeffekte erzeugen, wenn die zusätzliche Anpassung der privaten Wirtschaftssubjekte über Währungssubstitution und Teilnahme weiter Bevölkerungskreise an Schwarzmarktaktivitäten die Leistungsmotivation der Beschäftigten erhöht. Der Ausweitung der Schattenwirtschaft mit den dort positiven Produktionseffekten stehen wiederum die durch Verluste von Produktionsfaktoren ausgelösten negativen Realeffekte im staatlichen Sektor gegenüber. Kurzfristig kann jedoch insgesamt eine Verbesserung der Konsumgüterversorgung erwartet werden.

Wird in dieser Entwicklungsstufe das Nebenwährungssystem von der Bevölkerung weitgehend akzeptiert, wird die staatliche Zentrale mit folgenden Problemen konfrontiert:

- Durch die verstärkte Verwendung von Westdevisen als Tausch- und Wertaufbewahrungsmittel im privaten Sektor

---

[27] Vgl. H.J. THIEME (1985), 2. A. 1987, S. 314.

wird der Devisenabfluß in den staatlichen Sektor verzögert und damit das staatliche Ziel der Devisenabsorption unterlaufen.

- Es entstehen ideologische Rechtfertigungszwänge für die Existenz und die Ausweitung des Nebenwährungssystems gegenüber westlichen und östlichen Beobachtern.[28]

Das Dilemma zwischen staatlicher Devisenknappheit und ideologischem Rechtfertigungszwang versucht die staatliche Zentrale über die Einführung von Devisengutscheinen zu lösen. Wegen ihrer Legalität fördern sie die Ausweitung des Nebenwährungssystems und werden ebenfalls zum Objekt von Schwarzmarkttransaktionen.[29] Die Inlandswährung wird weiter verdrängt, die staatliche Kontrolle über private Außenwirtschaftstransaktionen weiter eingeschränkt.

Es besteht nun die Gefahr, daß sich das von staatlicher Seite zuerst geförderte Nebenwährungssystem mit dem Ziel der staatlichen Devisenbereicherung verselbständigt, weil die Westdevisen als Zahlungs- und Wertaufbewahrungsmittel innerhalb des privaten Sektors für die Abwicklung der alltäglichen Transaktionen unabdingbar werden und damit die Westdevisen immer spärlicher oder später in den staatlichen Sektor abfließen. Im Extremfall tritt eine vollständige "Dollarisierung"[30] der sozialistischen Wirtschaft ein, d.h. die inländische Währung wird von der privaten Bevölkerung als Zahlungs- und als Wertaufbewahrungsmittel abgelehnt und durch ausländische Währungseinheiten ersetzt. Die Konse-

---

[28] Vgl. G. GROSSMAN (1977), S. 236; E. SELL, H.J. THIEME (1980), S. 138.

[29] Vgl. Kapitel III. C. 2., S. 82 f. und die dort angegebene Literatur.

[30] "The term "dollarization" will be interpreted... as the degree to which real and financial transactions are actually performed in dollar relative to those performed in domestic currency." G. ORTIZ (1983), S. 71.

quenz ist, daß der staatliche Sektor zunehmend funktionsunfähiger wird, während der private bzw. Marktsektor sich ausbreitet.[31] Ausschlaggebend für die Bedeutsamkeit eines Nebenwährungssystems in sozialistischen Volkswirtschaften sind also neben dem quantitativen Ausmaß der Währungsbestände und -zuflüsse[32], die Verwendungsmöglichkeiten von Westdevisen und die Anzahl der an den privaten Außenwirtschaftstransaktionen beteiligten Personen. Als Ergebnis der Analyse kann festgehalten werden:

- Ein wohlfunktionierendes Nebenwährungssystem kann kurzfristig als Stabilitätsfaktor der sozialistischen Wirtschaft dienen. Die Entscheidungs- und Handlungsspielräume der Privaten werden ausgeweitet und ermöglichen die Anpassung an die staatliche Wirtschaftspolitik. Damit können negative Realeffekte im staatlichen Sektor gemindert werden.

- Langfristig besteht jedoch die Gefahr, daß mit der Ausweitung des Nebenwährungssystems das sozialistische Geld- und Wirtschaftssystem unterlaufen wird, die staatliche Kontrolle verloren geht und damit ein staatlicher Handlungszwang entsteht.

2. Staatliche Anpassungsstrategien

Solange ein Nebenwährungssystem insgesamt einen positiven Beitrag zur gesamtwirtschaftlichen Versorgung leisten und ideologisch plausibel begründet werden kann, stellt es für das sozialistische System kein Problem, sondern eine erwünschte Ergänzung dar. Langfristig erfordert ein Nebenwährungssystem allerdings, daß die staatlichen Institutionen in der Lage sind, die Westdevisenbestände quantitativ zu

---

[31] Vgl. auch M.A. EL-ERIAN (1987), S. 39; (1988).
[32] Vgl. E. SELL, H.J. THIEME (1980), S. 138.

begrenzen bzw. im staatlichen Sektor zu absorbieren. Nehmen hingegen staatlich ungewünschte und nicht kontrollierbare private Außenwirtschaftstransaktionen überhand, steht der staatlichen Zentrale eine Palette unterschiedlicher Gegenmaßnahmen zur Verfügung:

- Die Devisengesetze können derart verschärft werden, daß das Risiko der illegalen Westdevisenverwendung so hoch wird, daß die Wirtschaftssubjekte auf illegale Außenwirtschaftstransaktionen verzichten.

- Es können Maßnahmen zur Beseitigung der staatlichen Devisenknappheit durchgeführt werden. Bei Erfolg wird den Westdevisenläden als Devisenbringer die Existenzgrundlage entzogen. Die Legalisierung des privaten Westdevisenbesitzes kann aufgehoben werden.

- Der Geldnutzen der einheimischen Währung kann erhöht werden, indem die ökonomische und politische Situation im Inland verbessert wird.

Die Verschärfung der Devisengesetze kann die private Devisenverwendung direkt auf den staatlichen Sektor beschränken. Andererseits werden die nun diskriminierten Wirtschaftssubjekte mit einer Reduzierung des Arbeitsangebotes im staatlichen Sektor reagieren. Diese Reaktion wird durch die allgemeine Frustration der Bevölkerung über staatliche Eingriffe verstärkt. Dem Güterschwarzmarkt werden zudem notwendige Mittel entzogen. Das Produktionspotential sinkt dort und damit auch der Ausgleich zur Mengenrationierung im staatlichen Konsumhandel, was eine weitere Einschränkung der Arbeitsintensität im staatlichen Sektor zur Folge hat. Die Beschränkung des Nebenwährungssystems gelingt daher nur zum Preis negativer Realeffekte.

Für die Lösung des staatlichen Devisenknappheitsproblems können mehrere Strategien diskutiert werden. Die strikteste

Position wäre die reine Autarkie gegenüber dem westlichen Ausland und damit der Verzicht auf die Integration in den Welthandel. Diese Strategie ist wegen der bereits fortgeschrittenen Verflechtung des Ost-West-Handels kaum zu realisieren. Neben der staatlich postulierten Intensivierung des RGW-Handels sind in der Realität vielmehr Bestrebungen einer weiteren Integration in den Welthandel zu beobachten. Eine Konvertibilität der sozialistischen Währung würde die Integration erleichtern;[33] auf der anderen Seite wären erhebliche Modifikationen des staatlichen Außenhandelsmonopols erforderlich.[34] Kurzfristig bleiben daher nur die in Kapitel II bereits genannten Strategien der Exportausweitung, der Importreduzierung und -substitution oder der westlichen Kreditaufnahme. Die daraus resultierenden Probleme wurden bereits diskutiert, und die Analyse ergab, daß in naher Zukunft keine Reduzierung der staatlichen Devisenlücken möglich ist.[35] Die Konsequenz ist, daß auf die Einrichtung von Westdevisenläden, Legalisierung des Westdevisenbesitzes und Devisenanlagekonten als private Devisenquellen des staatlichen Devisenfonds nicht verzichtet werden kann.

Daher bleibt zur Eindämmung der außerstaatlichen Außenwirtschaftstransaktionen nur die Alternative, die Verwendung der Inlandswährung als Tausch- und Wertaufbewahrungsmittel attraktiver zu machen und damit das Vertrauen der Bevölkerung in die inländische Währung zurückzugewin-

---

[33] "Auf dem Juni-Plenum des ZK wurde ein Dokument verabschiedet, wonach unsere Währung konvertibel werden soll, zunächst im Rahmen der sozialistischen später auch der kapitalistischen Währungen. Hierzu ist zunächst eine Preisreform notwendig. Ich glaube, daß wir zur Konvertibilität des Rubels auf dem kapitalistischen Markt in den neunziger Jahren kommen können." A.G. AGANBEGJAN (1987), S. 23.

[34] Vgl. Kapitel II. A. 3., S. 25 f.

[35] Vgl. Kapitel II. B. 1., S. 33 ff.

nen.[36] Das erfordert eine gegenwärtige Stärkung und zukünftige Sicherung der Kaufkraft der einheimischen Währung,

- indem die staatlich postulierte Währungsstabilität erreicht und eingehalten wird, d.h. für eine Übereinstimmung zwischen materiellen und monetären Prozessen gesorgt wird[37] bzw. Waren- und Kauffonds der Bevölkerung ausgeglichen werden;

- indem zusätzliche auf Inlandswährung lautende Vermögenswerte (z.B. Staatsschuldtitel, Kommunalobligationen, Aktien) geschaffen werden, die eine Diversifikation des privaten Vermögens ermöglichen und die Ausnahmestellung der Westdevisen als Vermögensaufbewahrungs- und Spekulationsobjekt aufheben.[38]

Die Währungsstabilität der inländischen Währung kann nur bei einer ausreichenden staatlichen Konsumgüterversorgung und einer stabilitätsgerechten Geldversorgung erreicht werden. Das setzt voraus, daß die inflationären Quellen bei der Planaufstellung und im Planvollzug beseitigt werden, indem eine auch tatsächlich zu erreichende Planung der Geldeinnahmen und -ausgaben der Bevölkerung erfolgt und für

---

[36] "Ein fehlendes Währungsvertrauen (Vertrauen der Bevölkerung in die Stabilität der Landeswährung, P.A.W.) entsteht dagegen im Zusammenhang mit Inflation und Währungsverfall in kapitalistischen Ländern und wird deutlich durch eine sog. Flucht in Sachwerte, sowie dem Bestreben, Geldbeziehungen und Geldanlagen nicht in der Landeswährung, sondern in anderen, weniger instabilen Währungen ggf. sogar im Ausland, zu vollziehen." LEXIKON DER WIRTSCHAFT. FINANZEN (1986), S. 596.

[37] Vgl. W. EHLERT, K. KOLLOCH, W. SCHLIESSER, K. TANNERT (1982), S. 39.

[38] Der außergewöhnliche Run auf die Eröffnung der "Aktienbörse" in China 1986 oder auf Firmenobligationen in Ungarn, die dort seit 1984 ausgegeben werden, zeigt, daß bei der Bevölkerung ein sehr großes Bedürfnis nach Vermögensdiversifikation und Spekulation besteht, vgl. HB vom 2.4.1987, S. 23.

die Einhaltung der Lohn- und Kassenpläne gesorgt wird. Dem stehen aber systemimmanente Störfaktoren gegenüber: Die staatliche Priorität der Investitionsgüterproduktion[39], das System der staatlichen Plankennziffervorgabe, das Planerfüllungsprinzip, die Prämienzahlungen und die aus der Eigentumsordnung begründete Konkursunfähigkeit staatlicher Betriebe.

Um das Ziel der Währungsstabilität zu erreichen, sind daher weitreichende Wirtschaftsreformen notwendig, denen in einigen sozialistischen Ländern marxistisch-orthodoxe oder systembedingte Grenzen entgegenstehen. Das gilt auch für die Einführung von Börsen, an denen z.B. Staatsschuldtitel oder Aktien frei gehandelt werden können.[40] Es gilt aber abzuwarten, was die Mitte der achtziger Jahre eingeleiteten Reformbewegungen in diese Richtung leisten können.

Gelingt eine annähernde Währungsstabilität oder werden zumindest Erwartungen im Hinblick auf zukünftige Kaufkraftstabilitäten im privaten Sektor erzeugt und das Vermögensspektrum tatsächlich erweitert, so werden verschärfte Devisengesetze oder die Aufgabe der privaten Devisenquellen des staatlichen Sektors hinfällig. Die aus diesen Strategien resultierenden negativen gesamtwirtschaftlichen Effekte entfallen. Die Wirtschaftssubjekte sind dann bereit, die inländische Währung wieder verstärkt als Tausch- und Wertaufbewahrungsmittel zu verwenden. Das Nebenwährungssystem einschließlich der Devisenschwarzmärkte kann weiter existieren und den privaten - und auch staatlichen -

---

[39] Vgl. J. PICKERSGILL (1982), S. 78.

[40] "Die B. (Börsen, P.A.W.) sind Einrichtungen des Kapitalismus, die besonders in der Form der Effektenbörse ("Wertpapierbörsen, die vorwiegend einen Aktienmarkt darstellen") der Mobilisierung und Zentralisierung von Kapital dienen,...". "Der börsenmäßige Handel mit Wertpapieren ist nur (Hervorhebung, P.A.W.) in kapitalistischen Staaten möglich." LEXIKON DER WIRTSCHAFT. FINANZEN (1986), S. 93 bzw. S. 612.

Wirtschaftseinheiten als stabilisierender Anpassungsmechanismus dienen. Mit der Stabilität der eigenen Währung wird es zu einer Aufwertung der inländischen Währung auf dem Devisenschwarzmarkt kommen.[41] Der Schwarzmarktwechselkurs wird zum Indiz des Vertrauens in die inländische Währung und damit in das wirtschafts- und gesellschaftspolitische Agieren der Regierung.

B. Indikatorfunktion des Schwarzmarktwechselkurses

Bisher fand eine Auswertung von Schwarzmarktwechselkursen in der systemvergleichenden Literatur kaum statt. Die Existenz von Westdevisenbeständen, Devisenschwarzmärkten und damit des Schwarzmarktwechselkurses ist zwar bekannt, wird aber wegen des als gering vermuteten Einflusses auf die gesamtwirtschaftlichen Abläufe oder mangels geeigneten Datenmaterials nicht weiter analysiert.

Es konnte jedoch gezeigt werden, daß die Westdevisenbestände in einigen sozialistischen Ländern nicht zu vernachlässigen sind. Darüber hinaus weisen die sozialistischen Länder zwar keine Schwarzmarktwechselkurse in den offiziellen Statistiken aus, dennoch stehen mehrere Datenquellen für die Analyse von Schwarzmarktwechselkursen zur Verfügung. Dem WORLD CURRENCY YEARBOOK können die Schwarzmarktwechselkurse für alle sozialistischen Länder direkt entnommen werden. Für Polen können zudem die veröffentlichten Wechselkurse der Devisengutscheine oder neuerdings die bei Versteigerungen von betrieblichen Devisenkontenanteilen erreichten Wechselkurse zur Approximation des tatsächlichen Schwarzmarktwechselkurses verwendet werden. Für die Schätzungen der Schwarzmarktwechselkurse in der DDR kann die Wechselkursentwicklung in den westdeutschen Wech-

---

[41] Vgl. Währungssubstitutionsmodell in Kapitel IV. E.

selstuben herangezogen werden, die monatlich vom Senator für Finanzen in West-Berlin dokumentiert wird.[42]

Fehlerquellen und damit Abweichungen vom tatsächlichen Schwarzmarktwechselkurs können bei der Nutzung dieser Daten nicht ausgeschlossen werden. Das gilt aber auch für die Datenerhebung offizieller Statistiken, die häufig nur nach Bereinigung der Daten bzw. unter Vorbehalt analysiert werden können.

Wird die inoffizielle Datenerfassung akzeptiert, stellt sich die Frage, ob und inwieweit der Devisenschwarzmarktwechselkurs Indikatorfunktionen übernehmen und somit für die Analyse sozialistischer Planwirtschaften genutzt werden kann.

Culbertson und Amacher[43] nutzen die Information der Schwarzmarktwechselkurse, um auf der Basis der Kaufkraftparität das "tatsächliche" Ausmaß der Inflation in sozialistischen Planwirtschaften, d.h. auch über die offiziell ausgewiesenen Preisindizes hinausgehende Kaufkraftverluste, zu ermitteln. Nach der Kaufkraftparitätentheorie wird die Veränderung des gleichgewichtigen Wechselkurses durch die relative Veränderung der Inflationsraten in den betrachteten Ländern bestimmt. Sind Wechselkursänderungen und Preisniveauentwicklung in einem Land bekannt, kann die Preisniveauentwicklung in einer anderen Volkswirtschaft abgeleitet werden. Da in sozialistischen Ländern wegen des offiziellen Systems fixer Wechselkurse keine Gleichgewichtswechselkurse beobachtet werden können, aber Informationen über Schwarzmarktwechselkurse existieren, werden er-

---

[42] Ebenso könnte der Schwarzmarktwechselkurs approximiert werden, indem z.B. in Polen der Zloty-Preis einheimischer Alkoholwaren verglichen wird mit dem US-Dollar-Preis in Pewex-Läden. Vgl. WIRTSCHAFTSWOCHE (1986), S. 45.

[43] Vgl. W.P. CULBERTSON, R.C. AMACHER (1978).

stere durch letztere approximiert. Die Kalkulation des "tatsächlichen" inländischen Preisniveaus (P_h) erfolgt dann aus der Summe von ausländischem Preisniveau (P_f) und Schwarzmarktwechselkurs (R_b) (in Logarithmen):

$$\ln P_h = \ln P_f + (1/\alpha) \ln R_b {}^{44}, \quad \text{mit } \alpha = 1.$$

Da nur Schwarzmarktwechselkurse zum US-Dollar zur Verfügung stehen, wählen Culbertson und Amacher für das ausländische Preisniveau den amerikanischen Preisindex für Konsumgüter, wenngleich die Autoren einen Währungskorb auf der Basis der Außenhandelsumsätze mit den wichtigsten Handelspartnern des staatlichen Außenhandelsmonopols für sinnvoller halten.

Für den Zeitraum von 1960-1970 werden durchschnittliche Inflationsraten ermittelt, die in allen betrachteten Ländern über den offiziellen Inflationsraten liegen, wobei die UdSSR mit einer durchschnittlichen Inflationsrate von 8,6 Prozent gegenüber 0,1 Prozent offizieller Inflationsrate nach Jugoslawien an der Spitze liegt. Die DDR bildet - neben Bulgarien - mit 3,4 Prozent gegenüber 0,0 Prozent offizieller Preisinflation das positive Schlußlicht. Der "tatsächliche" Preisindex für die DDR steigt jedoch stärker an, wenn statt des amerikanischen der westdeutsche Konsumgüterpreisindex zugrunde gelegt wird.[45]

Die Schätzergebnisse sind wegen des sehr restriktiven Analyserahmens nur begrenzt aussagefähig:

- Die Gültigkeit der Kaufkraftparität konnte bisher nicht empirisch nachgewiesen werden; und so treten auch in

---

[44] Vgl. W.P. CULBERTSON, R.C. AMACHER (1978), S. 384.

[45] Vgl. ebenda, S. 392, Fußnote 6. Der Schwarzmarktwechselkurs Ost-Mark zu West-Mark ergibt sich dabei aus der Umrechnung des Ost-Mark/US-Dollar-Schwarzmarktwechselkurses mit dem westlichen Wechselkurs West-Mark zu US-Dollar. Vgl. ebenda, S. 390.

dieser Studie zeitweise sehr heftige jährliche Schwankungen der geschätzten Preisindizes auf, die kaum einem realistischen Verhältnis der Kaufkraftrelationen in den betrachteten Ländern entsprechen.[46] Die heftigen Ausschläge der Preisindizes sind vielmehr durch Anpassungsreaktionen der Wirtschaftssubjekte an politische Krisen verursacht.[47] Im Anschluß an das jeweilige Krisenjahr werden moderate Inflationsraten geschätzt, die unrealistischerweise unter den offiziell veröffentlichten Inflationsraten liegen.[48] Die Autoren können das Problem der Unter- bzw. Überschätzung der Kaufkraft der sozialistischen Währungen auch nicht damit lösen, daß sie statt der jährlichen Inflationsrate eine zehnjährige Durchschnittsrate ermitteln: Erstens können dann weiterhin keine "tatsächlichen" jährlichen Preisindizes abgeleitet werden; zweitens wird die Reagibilität der Schwarzmarktwechselkurse durch Einflüsse, die außerhalb der Kaufkraftparität liegen, nicht erklärt bzw. die Wechselkursentwicklung nicht um diese Einflußfaktoren bereinigt.

- Die Wahl des amerikanischen Preisniveaus ist nicht dazu geeignet, die tatsächliche Kaufkraftparität im sozialistischen Inland zu bestimmen; denn den Schwarzmarkttransaktionen liegen nicht staatliche Außenhandelstransaktionen mit dem westlichen Ausland zugrunde, sondern die Westdevisen werden direkt zu Transaktionen im Inland bzw. "internen" Ausland verwendet ("inländische" Im- und Exporte). Dem amerikanischen Preisindex liegt ein Warenkorb zugrunde, der nicht dem Warenkorb des "internen" Auslands sozialistischer Planwirtschaften entspricht. Stattdessen wäre ein Preisniveau des "internen"

---

[46] Vgl. J. PAWILNO-PACEWICZ (1986), S. 28.

[47] Vgl. P. JANSEN (1982), S. 54 und Kapitel III. C. 4. dieser Arbeit.

[48] Vgl. J. PAWILNO-PACEWICZ (1986), S. 28.

Auslands in ausländischen Währungseinheiten zu ermitteln, um das tatsächliche Wertverhältnis der ausländischen Währung im sozialistischen Inland zum Ausdruck zu bringen. Aber auch dann besteht weiterhin das Problem, Einflüsse außerhalb der Kaufkraftparität herauszufiltern.

Vanous[49] überprüft, inwieweit sich die Schwarzmarktwechselkurse der osteuropäischen Länder - entsprechend dem Theorem der Kaufkraftparität - an die Differenz zwischen der offiziellen Inflationsrate und der amerikanischen Inflationsrate anpassen. Anschließend versucht er die Einflüsse, die außerhalb der Kaufkraftparität liegen, herauszufiltern und einzelnen Zeitperioden zuzuordnen. Zur Ermittlung einer Kaufkraftparitätenlinie verwendet er folgenden Index:

$$E_t = \frac{\dfrac{\text{SMWK im Jahr } t}{\text{SMWK im Jahr 1966}} \times 100}{\dfrac{\text{KPI in Osteuropa im Jahr } t \ (1966=100)}{\text{KPI in USA im Jahr } t \ (1966=100)}}$$

SMWK = Schwarzmarktwechselkurs

KPI = Konsumgüterpreisindex.[50]

---

[49] Vgl. J. VANOUS (1980).

[50] Dabei trifft Vanous die Annahme:"If we assume that consumers in each Eastern European country and in the USSR consumed a particular bundle of consumer goods and services for which they used U.S. dollars as means of payment and that the cost of this bundle in Eastern Europe and in the U.S. moved approximately with the respective CPI's, then the black market exchange-rate index adjusted for the differences in inflation rates should have roughly followed the line labelled "purchasing power parity (PPP) line of 1966"." J. VANOUS (1980), S. 36.

Für den Zeitraum 1964-1974/75 kann eine Anpassung der Schwarzmarktwechselkurse an die unterschiedlichen Inflationstrends beobachtet werden, die nur durch starke Wechselkursschwankungen als Folge politischer Ereignisse unterbrochen werden.

Seit 1974/75 weichen die Schwarzmarktwechselkursindizes in allen betrachteten Ländern erheblich von der Kaufkraftparitätenlinie ab. Vanous beurteilt diese Abweichungen - bei Abwesenheit politischer Krisen - als Indiz für zurückgestaute Inflation, die mit einer allgemeinen Verschlechterung der wirtschaftlichen Verhältnisse im "Ostblock" seit der zweiten Hälfte der siebziger Jahre einhergeht. Dabei treten die größten Abweichungen in Polen, Rumänien und der UdSSR und die geringsten in Ungarn auf. Vanous begründet die Unterschiede mit den chronischen Nachfrageüberhängen auf den Konsumgütermärkten in den ersten drei Ländern, während in Ungarn eine relativ günstigere Konsumgüterversorgung zu verzeichnen ist.[51]

Die Vorteile gegenüber der Untersuchung von Culbertson und Amacher sind die, daß Vanous explizit zeigt, daß in der Realität die Schwarzmarktwechselkursentwicklung häufig von der Kaufkraftparität abweicht; und es gilt diese Abweichungen im einzelnen zu erklären und nicht zu unterdrücken. Die plausible Annahme, daß in politisch ruhigeren Phasen die Abweichungen von der Kaufkraftparitätenlinie auf zurückgestaute Inflation zurückgeführt werden können, wird zudem durch die Ergebnisse des Währungssubstitutionsmodells in dieser Arbeit unterstützt. Da Vanous keine Regressionsanalyse vornimmt, in der die spekulativen und politischen Einflüsse aus der Wechselkursentwicklung herausgerechnet werden können, kann auch er keine quantitative Messung der "tatsächlichen" Inflation leisten. Zu kritisieren bleibt, daß auch Vanous den amerikanischen Preisindex für Konsumgü-

---

[51] Vgl. auch A. GWIAZDA (1986), S. 35 f.

ter verwendet und somit nicht den Wert des US-Dollars im sozialistischen Inland als Tausch- und Wertaufbewahrungsmittel ermittelt. Darüber hinaus wird nur der US-Dollar als ausländische Währung berücksichtigt, womit den unterschiedlichen wichtigsten Nebenwährungen in einzelnen sozialistischen Ländern keine Rechnung getragen wird.[52]

Dieser Überblick zeigt, daß aus der Entwicklung der Schwarzmarktwechselkurse die "tatsächliche" Inflationsrate (offizielle Preisinflation plus versteckte und zurückgestaute Preisinflation) mengenmäßig nicht bestimmt werden kann. Ein Ergebnis, daß bei der Ableitung des Währungssubstitutionsmodells aufgrund der Vielfältigkeit der Wechselkursdeterminanten nicht anders zu erwarten war. Die Wechselkursänderungen könnten nur dann das exakte Inflationsmaß wiedergeben, wenn z.B. die Wachstumsrate der Geldmenge an inländischen Währungseinheiten durch einen entsprechenden Anstieg der Schwarzmarktwechselkurse, der als Preisbestandteil das Inflationspotential absorbieren könnte, kompensiert werden würde.[53] Dem steht jedoch entgegen, daß der Wechselkurs nicht nur Kaufkraftrelationen wiedergibt (bzw. Wechselkursschwankungen durch Kassenhaltungs- und/oder Preisinflation induziert werden), sondern zusätzlich Wertaufbewahrungsmotive (Spekulationsmotiv, politische Krisen) erhebliche Schwankungen der Schwarzmarktwechselkurse induzieren.[54]

---

[52] Diese Kritik gilt auch für die in Kapitel III, Abb. 3-5 nur in US-Dollar dargestellten Entwicklungen der Schwarzmarktwechselkurse. Die Schwarzmarktwechselkurse westeuropäischer Nebenwährungen können aber über westliche Kreuzwechselkurse (z.B. US-$/DM) ermittelt werden.

[53] Vgl. Kapitel IV. D. 3., S. 156.

[54] So auch für Marktwirtschaften, wo die Abweichungen von der Kaufkraftparität durch spekulative Umschichtungen der Vermögensbestände der Wirtschaftssubjekte erklärt werden. Gleichzeitig wird damit die Bestimmung des Wechselkurses auf der Basis von Portfolio- und Erwartungsmodellen begründet. Vgl. als Überblick E. SELL (1981), S. 1 ff. und D. BENDER (1985), 2. A. 1987, S. 111 ff.

Trotzdem kann die Analyse sozialistischer Planwirtschaften durch die Auswertung der Schwarzmarktwechselkursentwicklungen bereichert werden:

Während Preis- und Kassenhaltungsinflationsrate offiziell bestimmte Variablen sind, ist der Wechselkurs auf dem Schwarzmarkt ein Ergebnis der gewünschten Anpassung des privaten Sektors bzw. seiner Reaktionsfähigkeit auf staatliche Wirtschafts- und Gesellschaftspolitik.

Wird das offizielle Preisniveau erhöht, so sinkt bei Konstanz des Nominaleinkommens zwar der Kassenhaltungskoeffizient, d.h. die Mengenrationierung im staatlichen Sektor sinkt. Damit wird die Versorgung der Bevölkerung aber nicht verbessert bzw. wird durch diese "Preisrationierung" das Vertrauen in die inländische Währung nicht gestärkt. Der Schwarzmarktwechselkurs bringt stattdessen, unabhängig davon, ob Kassenhaltungsinflation in Preisinflation oder umgekehrt umgewandelt wird, das tatsächliche Vertrauen der Bevölkerung in die inländische Währung zum Ausdruck bzw. die Bedeutung der Westwährungen als Tausch- und Wertaufbewahrungsmittel.

"Wechselkursinflation", d.h. ein permanenter Anstieg der Wechselkurse, bringt dann einen anhaltenden Währungsverlust der Bevölkerung zum Ausdruck. In Polen beispielsweise ist eine permanente Wechselkursinflation (mit zu- und abnehmenden jährlichen Änderungsraten) zu beobachten (vgl. Abb. 12). Diese Wechselkursinflation ist Ausdruck des Wertverlustes des Zloty und gibt die Bedeutung des US-Dollars in Polen wieder. Es wird eindrucksvoll empirisch belegt, daß der Schwarzmarktwechselkurs eine eindeutig im Inland bestimmte Größe ist. Trotz massiver Abwertung des US-

Abb. 12: Schwarzmarktwechselkurse Zloty / US-Dollar mit Trend 1951 - 1985

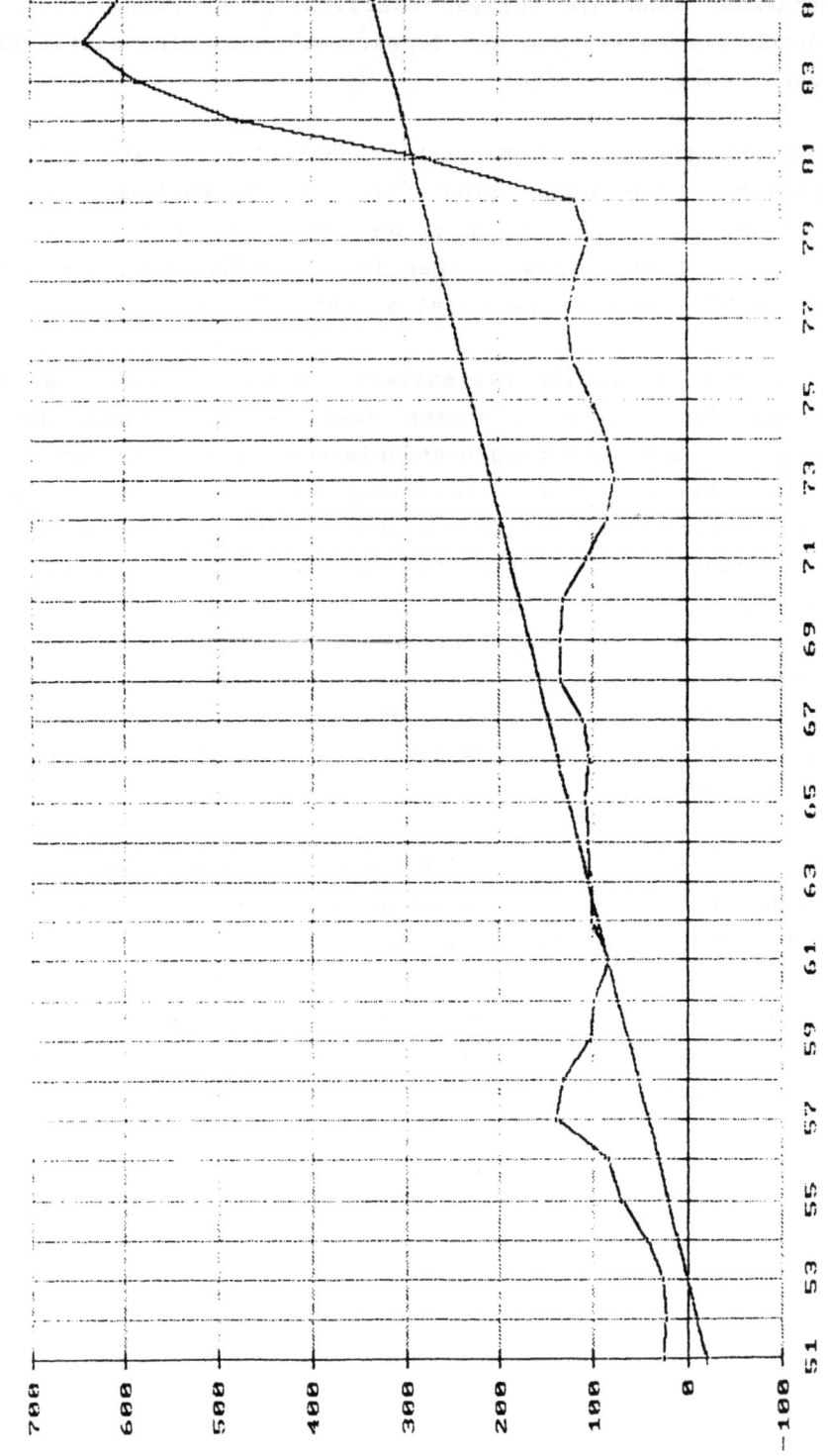

Quelle: WORLD CURRENCY YEARBOOK, laufende Jahrgänge.

Dollars im Westen ist eine zunehmende Aufwertung des US-Dollars in Polen zu beobachten.[55]

Der ex post Kassenhaltungskoeffizient zeigt zwar das Inflationspotential an, jedoch ist nicht zu erkennen, inwieweit die Anteile gewünscht oder unerwünscht sind.[56] Da die Schwarzmarktwechselkurse marktmäßig bestimmt werden bzw. Ausdruck gewünschter Vermögensanpassungsprozesse sind, wird ein Teil der ungewünschten Kassenhaltung in gewünschte Kassenhaltung transformiert.[57] Damit wird der Schwarzmarktwechselkurs theoretisch zur Determinanten der Geldnachfrage nach inländischer Währung. Der tatsächliche Einfluß von Schwarzmarktwechselkursen ist daher über empirische Schätzungen der Geldnachfragefunktion festzustellen.

Für die Systemanalyse kann der Schwarzmarktwechselkurs insgesamt als Indikator der Reaktions- und Anpassungsfähigkeit des privaten Sektors genutzt werden. Für östliche Beobachter gewinnt er als "Vertrauensindikator" an Bedeutung, der die Verdrängungstendenz bzw. die Akzeptanz der inländischen Währung bei der Bevölkerung angibt und damit Signale für notwendige Abwehrmaßnahmen einer "Dollarisierung" setzt.[58]

---

[55] Vgl. auch Abb. II im Anhang. Dort wird die Schwarzmarktwechselkursentwicklung 1987 (Monatsendwerte) aus der Konsumzeitschrift Veto abgebildet: Trotz weiterer Abwertungen des US-Dollars im Westen erreicht sein Wert in Polen historische Spitzenwerte.

[56] Vgl. D. CASSEL, H.J. THIEME (1976), S. 119, Fußnote 5).

[57] Vgl. Kapitel IV. D. 3., S. 153 ff.

[58] Vgl. Abschnitt A. 1.3. dieses Kapitels.

VI. Ergebnisse und Schlußfolgerungen

In sozialistischen Ländern werden chronische Devisenlücken beobachtet. Das staatliche Außenwirtschaftsmonopol und die zentrale Planung, Leitung und Organisation der inländischen Produktion verhindern eine kurzfristige Überwindung der staatlichen Devisenknappheit. Die staatliche Absorption privater Devisenbestände ist unverzichtbar geworden. Mit der Legalisierung der privaten Verwendung von Westdevisen haben diese zunehmend die Funktion als Tausch- und Wertaufbewahrungsmittel im sozialistischen Inland übernommen. Es sind Devisenschwarzmärkte entstanden, auf denen Devisen zu einem marktmäßig ermittelten Wechselkurs angekauft und verkauft werden. Dadurch werden Westdevisen im privaten Sektor umverteilt; es entstehen Spekulationsmöglichkeiten.

Die Auswertung des vorhandenen Datenmaterials deutet auf beachtliche Westdevisenbestände in den privaten Sektoren der betrachteten Länder hin. Die Struktur der Kassenhaltung in- und ausländischer Währung verändert sich gleichgerichtet, die Bargeldquote der ausländischen Währung übersteigt jedoch die der inländischen Währung. Die Struktur der Kassenhaltung ausländischer Währung erschwert somit zusätzlich die staatliche Kontrolle privater Devisenbestände und -transaktionen.

Die zu beobachtenden Fluktuationen der Schwarzmarktwechselkurse können mit einem monetären Währungssubstitutionsmodell für sozialistische Planwirtschaften erklärt werden. Danach rufen wirtschaftliche und politische Restriktionen eine Abwertung der sozialistischen Währung hervor. Die Schwankungen der Schwarzmarktwechselkurse sind als kurzfristige Reaktion des privaten Sektors zu begreifen: Wechselkursänderungen auf den Schwarzmärkten ermöglichen es den Wirtschaftssubjekten, ihre Kassenbestände exogenen Datenänderungen anzupassen bzw. sich ökonomisch rational zu verhalten.

Der Einfluß eines Nebenwährungssystems auf eine sozialistische Gesamtwirtschaft ist weitreichend: Erstens wird die Steuerbarkeit der inländischen Geldmenge im privaten Sektor durch die Haltung und den Umtausch von Westdevisen reduziert. Zweitens verursachen private Außenwirtschaftsbeziehungen Realeffekte: Die negativen Realeffekte eines monetären Impulses werden verstärkt, wenn das Nebenwährungssystem nicht von der Bevölkerung unterstützt wird bzw. die Ausweitung des privaten nur zu Lasten des staatlichen Produktionssektors erfolgt. Im Extremfall wird die inländische durch die ausländische Währung verdrängt ("Dollarisierung"), begleitet von einer Ausbreitung des privaten bzw. Marktsektors.

Die Ausweitung bzw. Verselbständigung eines Nebenwährungssystems können die staatlichen Autoritäten nur verhindern, wenn sie die Kaufkraft der inländischen Währung erhöhen bzw. stabilisieren und attraktive inländische Vermögensformen anbieten. Dies setzt tiefgreifende Reformen des Wirtschafts- und Gesellschaftssystems voraus, die teilweise in neueren Reformansätzen berücksichtigt wurden, deren Realisierung aber unsicher bleibt.

Der Schwarzmarktwechselkurs kann nicht als "tatsächlicher" Inflationsindikator genutzt werden, da neben der Kaufkraftparität auch Spekulationsmotive und politische Faktoren auf die Entwicklung des Schwarzmarktwechselkurses einwirken. Dennoch ist er als marktmäßig bestimmte Größe ein Indikator für das "tatsächliche" Vertrauen der Bevölkerung in die inländische Währung. Ein permanenter Anstieg des Wechselkurses ("Wechselkursinflation") spiegelt einen Währungsverlust wider, unabhängig davon, ob offizielle Preis- in Kassenhaltungsinflation umgewandelt wird oder umgekehrt. Damit ist der Schwarzmarktwechselkurs als Indikator für die Beurteilung sozialistischer Planwirtschaften unverzichtbar. Sein tatsächlicher Einfluß ist allerdings nur empirisch über Schätzungen von Geldnachfragefunktionen zu ermitteln.

Anhang

Tab. I: M-Ost/DM-West - Entwicklung in West-Berlin

	1985	1986	1987
Januar	20,50	18,93	13,76
Februar	20,73	18,63	16,59
März	21,45	18,37	17,74
April	21,24	17,91	16,99
Mai	20,50	17,03	17,42
Juni	20,50	18,05	16,25
Juli	20,60	18,93	16,03
August	20,52	18,18	-
September	20,62	17,55	-
Oktober	19,50	17,12	-
November	19,68	16,50	-
Dezember	19,50	16,14	-
Jahreswert	20,44	17,78	-

Quelle: Steuer- und Zollblatt Berlin, laufende Jahrgänge.

Tab. II: Schwarzmarktwechselkurs pro US-Dollar (in Ostwährungseinheiten)

Jahr	Bulgarien	CSSR	DDR	Polen	Rumänien	Ungarn	UdSSR	China
1950	121.21	515.83	35.15	20.85	580.41	49.96	3.75	38.79
1951	105.42	503.33	23.96	25.34	462.08	39.88	2.49	30.45
1952	40.45	536.67	21.20	23.38	46.73 c	46.65	2.35	33.75
1953	3.27	158.27 b	26.09	27.34	48.44	48.35	2.29	35.31
1954	3.63	38.38	18.79	43.67	27.25	51.29	2.19	38.61
1955	3.80	43.58	22.39	70.88	28.68	52.50	2.05	7.94 e
1956	3.64	42.96	18.79	84.35	27.91	62.31	2.11	6.15
1957	4.38	52.96	17.86	139.58	35.88	97.96	3.79	7.84
1958	3.52	44.90	16.43	131.25	32.98	53.52	3.09	6.97
1959	3.14	38.02	15.73	103.75	29.79	43.10	2.70	5.67
1960	3.26	36.69	15.57	99.00	29.08	42.81	3.85 d	6.46
1961	3.07	29.90	19.79	82.34	25.81	43.27	4.54	11.53
1962	4.33 a	31.29	16.05	102.04	29.09	43.14	3.57	15.40
1963	4.16	37.13	14.38	102.71	32.36	47.46	3.49	5.51
1964	3.39	39.44	11.79	106.29	34.97	55.94	3.28	3.77
1965	3.15	35.71	13.86	108.08	29.85	52.59	3.03	3.80
1966	3.22	35.79	12.46	104.58	29.91	49.18	4.08	3.95
1967	3.19	38.57	12.83	110.46	41.72	51.61	4.28	3.66
1968	3.71	45.63	14.76	134.48	40.98	57.02	5.35	3.94
1969	3.63	62.65	14.87	134.67	38.74	55.49	5.44	3.57
1970	3.39	42.90	13.15	131.79	39.03	49.73	5.89	3.38
1971	3.07	34.35	13.32	107.63	39.75	42.02	5.40	3.23
1972	2.80	31.28	12.58	84.75	38.82	42.00	4.16	2.68
1973	2.48	26.03	9.71	77.25	30.19	35.39	3.96	2.08
1974	2.47	24.01	9.63	85.44	28.69	32.91	3.05	2.07
1975	2.32	23.28	8.68	101.63	29.71	31.29	3.18	2.49
1976	2.47	25.72	9.75	121.13	36.14	37.53	3.72	2.38
1977	2.55	25.42	9.55	126.73	34.63	36.91	3.87	2.27
1978	2.84	26.27	8.60	118.23	31.95	33.01	4.05	2.28
1979	2.38	25.87	8.28	105.19	29.48	32.88	4.05	2.37
1980	2.33	25.61	9.11	119.08	29.43	30.77	3.98	1.94
1981	2.72	27.36	9.82	272.42	39.84	36.75	3.75	2.04
1982	3.01	28.95	10.97	479.17	48.10	42.17	3.88	2.26
1983	3.30	31.29	12.06	587.92	58.24	52.58	4.08	2.39
1984	3.92	34.90	14.54	642.67	56.87	57.43	4.59	2.69
1985	4.34	34.51	14.34	607.52	62.10	64.53	4.93	3.05

a) Währungsreform 1962: 1 neue Lew = 10 alte Lewa
b) Währungsreform 1953: 1 neue Krone = 50 alte Kronen
c) Währungsreform 1952: 1 neue Leu = 400 alte Lei
d) Währungsreform 1961: 1 neuer Rubel = 10 alte Rubel
e) Währungsreform 1955: 1 neuer Yuan = 10 Jen Min Piao

Quelle: WORLD CURRENCY YEARBOOK, mehrere Jahrgänge.

Tab. III: Schwarzmarktwechselkurse pro US-Dollar (Index: Basisjahr 1966 = 100)

Jahr	Bulgarien	CSSR	DDR	Polen	Rumänien	Ungarn	UdSSR	China
1955	118.01	121.77	179.70	67.78	95.89	106.75	50.25	201.01
1956	113.04	120.03	150.80	80.66	93.31	126.70	51.72	155.70
1957	136.02	147.97	143.34	133.47	119.96	199.19	92.89	198.48
1958	109.32	125.45	131.86	125.50	110.26	108.82	75.74	176.46
1959	97.52	106.23	126.24	99.21	99.60	87.64	66.18	143.54
1960	101.24	102.51	124.96	94.66	97.23	87.05	94.36	163.54
1961	95.34	83.54	158.83	78.73	86.29	87.98	112.75	291.90
1962	134.47	87.43	128.81	97.57	97.26	87.72	87.50	389.82
1963	129.19	103.74	115.41	98.21	108.19	96.50	85.54	139.49
1964	105.28	110.20	91.41	101.64	116.92	113.75	80.39	95.44
1965	97.83	99.78	111.24	103.35	99.80	106.93	74.26	96.20
1966	100.00	100.00	100.00	100.00	100.00	100.00	100.00	100.00
1967	99.07	107.78	102.97	105.62	139.49	104.94	104.90	92.66
1968	115.22	127.49	118.46	128.59	137.01	115.94	131.13	99.75
1969	112.73	175.05	119.34	128.77	129.52	112.83	133.33	90.38
1970	105.28	119.87	105.54	126.02	130.49	101.12	144.36	85.57
1971	95.34	95.98	106.90	102.92	132.90	85.44	132.35	81.77
1972	86.96	87.40	100.96	81.04	129.79	85.40	101.96	67.85
1973	77.02	72.73	77.93	73.87	100.94	71.96	97.06	52.66
1974	76.71	67.09	77.29	81.70	95.92	66.92	74.75	52.41
1975	72.05	65.05	69.66	97.18	99.33	63.62	77.94	63.04
1976	76.71	71.86	78.25	115.83	120.83	76.31	91.18	60.25
1977	79.19	71.03	76.65	121.18	115.78	75.05	94.85	57.47
1978	88.20	73.40	69.02	113.05	106.82	67.12	99.26	57.72
1979	73.91	72.28	66.45	100.58	98.56	66.86	99.26	60.00
1980	72.36	71.56	73.11	113.86	98.40	62.57	97.55	49.11
1981	84.47	76.45	78.81	260.49	133.20	74.73	91.91	51.64
1982	93.48	80.89	88.04	458.19	160.82	85.75	95.10	57.22
1983	102.48	87.43	96.79	562.17	194.72	106.91	100.00	60.51
1984	121.74	97.51	116.69	614.52	190.14	116.78	112.50	68.10
1985	134.78	96.42	115.09	584.15	207.62	131.21	120.83	77.22

Tab. IV: DM/US-Dollar - Wechselkurs

Jahr	DM-US-$	Index der Veränderung (1966=100)
1950	-	-
51	-	-
52	-	-
53	4,2000	105,05
54	4,1993	105,03
55	4,2107	105,32
56	4,2030	105,12
57	4,2012	105,08
58	4,1919	104,85
59	4,1791	104,53
1960	4,1704	104,31
61	4,0221	100,60
62	3,9978	99,99
63	3,9864	99,71
64	3,9748	99,42
65	3,9943	99,90
66	3,9982	100,00
67	3,9866	99,71
68	3,9923	99,85
69	3,9244	98,15
1970	3,6463	91,20
71	3,4795	87,03
72	3,1889	79,76
73	2,6590	66,51
74	2,5897	64,77
75	2,4631	61,61
76	2,5173	62,96
77	2,3217	58,07
78	2,0084	50,23
79	1,8330	45,85
1980	1,8158	45,42
81	2,2610	56,55
82	2,4287	60,75
83	2,5552	63,91
84	2,8456	71,17
85	2,9424	73,59

Quelle: DEUTSCHE BUNDESBANK, Statistische Beihefte, Reihe 5, August 1986, S. 9.

Tab. V: Schwarzmarktwechselkurs Zloty/US-Dollar für 1987 (Monatsenddaten)

	Ankaufskurs	Verkaufskurs
Januar	840	880
Februar	860	900
März	900	940
April	950	970
Mai	950	980
Juni	970	990
Juli	950	970
August	965	990
September	960	980
Oktober	1050	1100
November	1200	1250
Dezember	1250	1350
Jahreswert	986	1025

Quelle: VETO. Tygodnik Kazdego Konsumenta (1987).

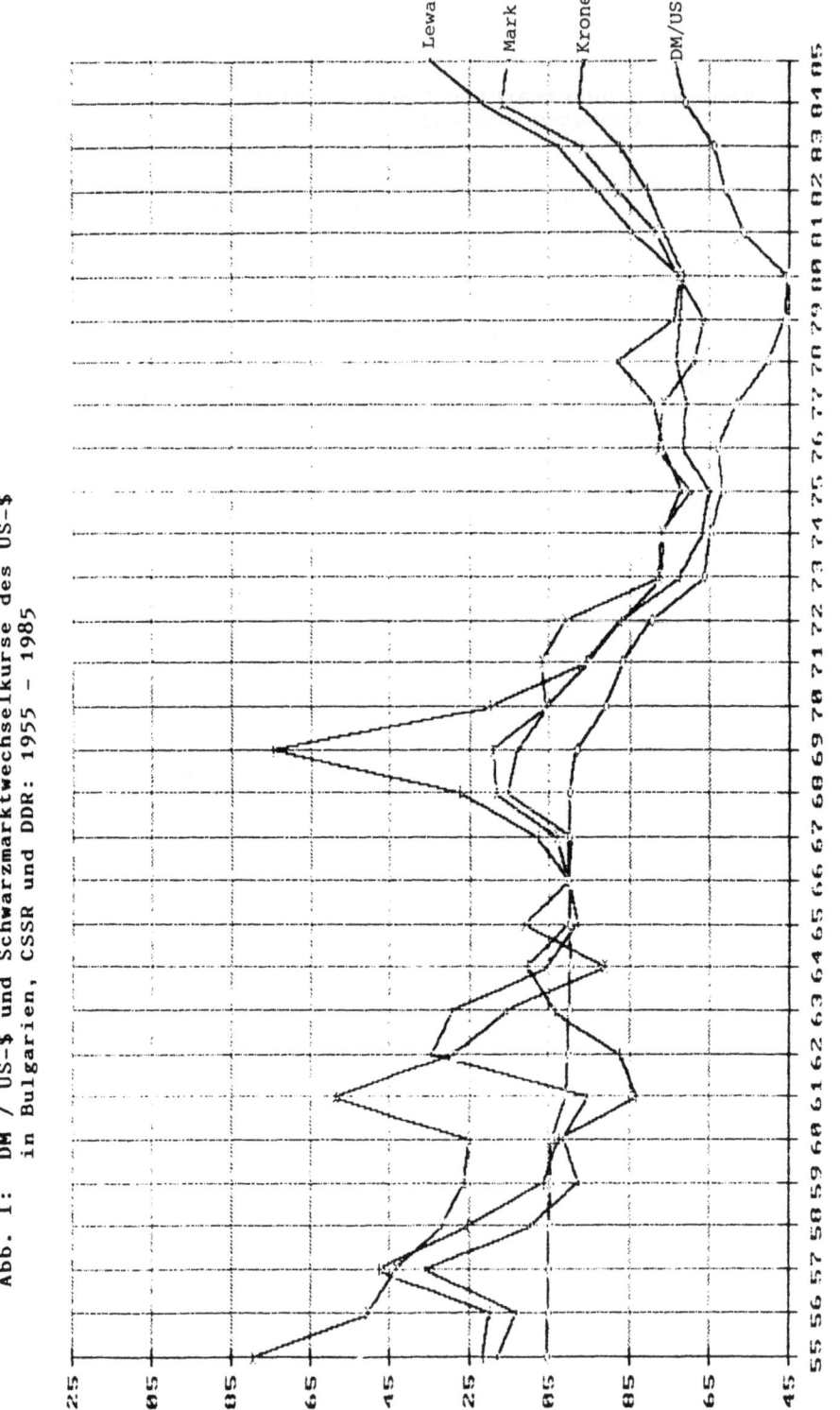

Abb. I: DM / US-$ und Schwarzmarktwechselkurse des US-$ in Bulgarien, CSSR und DDR: 1955 - 1985

Quelle: DM/US-$: Tab. IV im Anhang; Lewa, Krone, Mark der DDR zu US-$: Tab. III im Anhang.

Abb. II: Schwarzmarktwechselkurs Zloty / US-Dollar für 1987
(Monatsendwerte) mit Trend

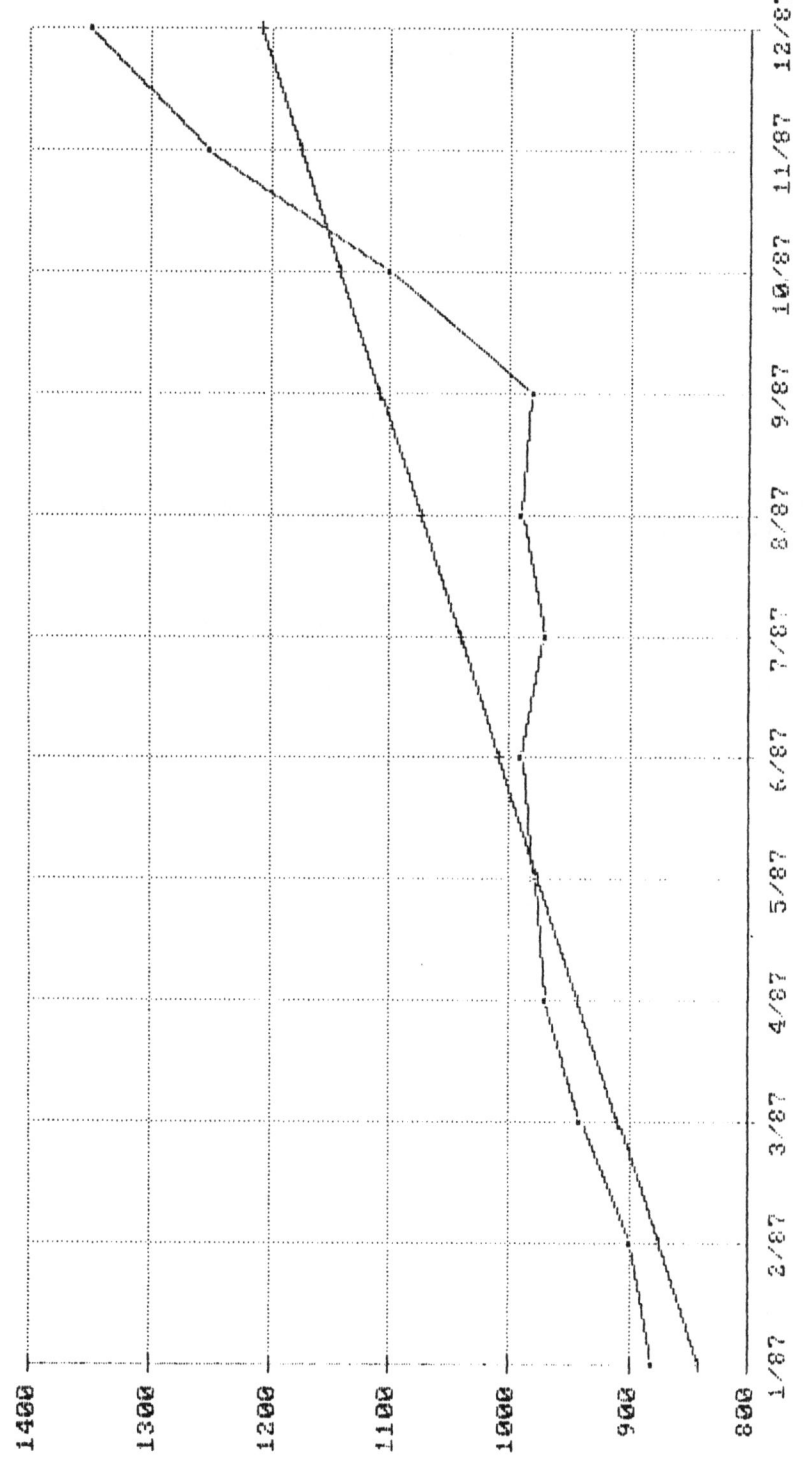

Quelle: Vgl. Tab. V im Anhang: Verkaufskurse.

Literatur

ADAMS, J. (1986), The Recent Polish Economic Reform and its Results, in: Osteuropa Wirtschaft, 31, S. 287-306.

AGANBEGJAN, A.G. (1987), Wirtschaftsreform in der Sowjetunion: "Dies sind die Jahre des Handelns", in: Die Zeit, 42, Nr. 39 vom 18. 9. 1987, S. 23 f.

ALLEN, M. (1976), The Structure and Reform of the Exchange and Payments Systems of Some East European Countries, in: International Monetary Fund Staff Papers, 26, S. 718-739.

ARANGO, S.; NADIRI, M.I. (1981), Demand for Money in Open Economies, in: Journal of Monetary Economics, 7, S. 69-83.

AUTORENKOLLEKTIV (1984), Sozialistische Außenwirtschaft, Berlin (Ost) 1984.

AUTORENKOLLEKTIV (1985), Geld und Kredit in der Deutschen Demokratischen Republik, Berlin (Ost) 1985.

AUTORENKOLLEKTIV (1986,1), Valutaökonomie. Grundriß, Berlin (Ost) 1986.

AUTORENKOLLEKTIV (1986,2), Geldtheoretische Fragen der Gestaltung der intensiv erweiterten Reproduktion, in: Wirtschaftswissenschaft, 34, S. 358-373.

BACZYNSKI, J. (1985), Wieviel für einen Dollar?, Übers. a. d. Poln., in: Osteuropa, 35, A. 280-283.

BAJT, A. (1971), Investment Cycles in European Socialist Economies: A Review Article, in: Journal of Economic Literature, Vol. IX, No. 1, 1971, S. 53-63.

BAKENECKER, W. (1983), Portfoliotheoretische Wechselkursanalyse, Hamburg 1983.

BALTENSPERGER, E.; BÖHM, P. (1982), Stand und Entwicklungstendenzen der Wechselkurstheorie - Ein Überblick, in: Aussenwirtschaft, 37, S. 109-157.

BARRO, R.J.; GROSSMAN, H.I. (1971), A General Disequilibrium Model of Income and Employment, in: American Economic Review, 61, S. 82-93.

BARRO, R.J.; GROSSMAN, H.I. (1974), Surpressed Inflation and the Supply Multiplier, in: Review of Economic Studies, 41, S. 87-104.

BARRO, R.J.; GROSSMAN, H.I. (1976), Money, Employment and Inflation, London 1976.

BENDER, D. (1980), Außenhandel, in: D. Bender; u.a., Vahlens Kompendium der Wirtschaftstheorie und Wirtschaftspolitik, 3. A., München 1988, S. 409-462.

BENDER, D. (1985), Monetäre Transmissions- und Steuerungsprobleme in offenen Volkswirtschaften, in: H.J. Thieme, Hg., Geldtheorie. Entwicklung, Stand und systemvergleichende Anwendung, 2. A., Baden-Baden 1987, S. 111-162.

BfAi, Nachrichten für den Aussenhandel vom 17. 12. 1984.

BLEJER, M.I. (1978,1), Exchange Restrictions and the Monetary Approach to the Exchange Rate, in: J.A. Frenkel; H.G. Johnson, Hg., The Economics of Exchange Rates: Selected Studies, Reading 1978.

BLEJER, M.I. (1978,2), Black-Market Exchange-Rate Expectations and the Domestic Demand for Money: Some Empirical Results, in: Journal of Monetary Economics, 4, S. 767-773.

BLESSING, H.; GROTE, G.; LUFT, C. (1986), Außenhandel und Wachstum der sozialistischen Volkswirtschaft bei umfassender Intensivierung, in: Wirtschaftswissenschaft, 34, S. 537-556.

BÖHM, E. (1983), Die Wechselkurse im polnischen Westhandel 1971-1982, in: Osteuropa Wirtschaft, 28, S. 204-216.

BÖHM, E. (1986), Wechselkurspolitik in der Planwirtschaft, Hamburg 1986.

BÖHM, P. (1984), Zur Theorie der Währungssubstitution, Diessenhofen 1984.

BOLZ, K. (1985), Währung/ Währungspolitik, in: Bundesministerium für innerdeutsche Beziehungen, Hg., DDR-Handbuch (1979), 3. A., Köln 1985, S. 1449-1456.

BORDO, M.D.; CHOUDHRI, E.U. (1982), The Link Between Money and Prices in an Open Economy: The Canadian Evidence from 1971 to 1980, in: Federal Reserve Bank of St. Louis, Review, 64, S. 13-23.

BOTOS, K.; RIECKE, W. (1985), Einige Fragen der ungarischen Wechselkurspolitik, in: Osteuropa Wirtschaft, 30, S. 181-217.

BOULDING, K.E. (1976), Die Ökonomie als Moralwissenschaft, in: K.E. Boulding, Ökonomie als Wissenschaft, Übers. a. d. Amerik., München 1976.

BREZINSKI, H. (1983), The Second Economy in the Soviet Union and its Implications for Economic Policy, Konferenzpapier: "The Economics of the Shadow Economy", Bielefeld 10. - 14. Okt. 1983.

BREZINSKI, H. (1987), The Second Economy in the GDR - Pragmatism is Gaining Ground, Arbeitspapier des Fachbereichs 5 der Universität - Gesamthochschule Paderborn, Neue Folge, Nr. 7, Paderborn 1987.

BRILLEMBOURG, A.; SCHADLER, S.M. (1979), A Model of Currency Substitution in Exchange Rate Determination, 1973-78, in: International Monetary Fund Staff Papers, 26, S. 513-542.

BRITTAIN, B. (1981), International Currency Substitution and the Apparent Instability of Velocity in Some Western European Economies and in the United States, in: Journal of Money, Credit, and Banking, 15, S. 135-155.

BRUNNER, K. (1970), Eine Neuformulierung der Quantitätstheorie des Geldes. Die Theorie der relativen Preise, des Geldes, des Outputs und der Beschäftigung, in: Kredit und Kapital, 1, S. 1-30.

BRUS, W. (1978), Ziele, Methoden und politische Determinanten der Wirtschaftspolitik Polens 1970-1976. Berichte des Bundesinstituts für ostwissenschaftliche und internationale Studien, Nr. 49, Köln 1978.

BUCK, H. (1971), Sparen und Vermögensbildung privater Haushalte in beiden Teilen Deutschlands - 1. Teil, in: Bank-Betrieb, 11, S. 178-186.

BUCK, H.F. (1980), Stabilisierung der Außenwirtschaftsbeziehungen von administrativen sozialistischen Wirtschaftssystemen durch Zahlungsbilanz- und Finanzpolitik, in: A. Schüller; U. Wagner, Hg., Außenwirtschaftspolitik und Stabilisierung von Wirtschaftssystemen, Stuttgart 1980, S. 143-176.

BUSCH, U. (1987), Sozialistisches Leistungsprinzip, Geldeinkommen und Konsumgüterproduktion, in: Wirtschaftswissenschaft, 35, S. 355-372.

CAGAN, P. (1956), The Monetary Dynamics of Hyperinflation, in: M. Friedman, ed., Studies in the Quantity Theory of Money, Chicago 1956, S. 25-117.

CALVO, C.A.; RODRIGUEZ, C.A. (1977), A Model of Exchange Rate Determination under Currency Substitution and Rational Expectation, in: Journal of Political Economy, 85, S. 617-625.

CASSEL, D. (1980), Inflation, in: D. Bender; u.a., Vahlens Kompendium der Wirtschaftstheorie und Wirtschaftspolitik, 3. A., München 1988, S. 257-314.

CASSEL, D. (1985,1), Inflation und Inflationswirkungen in sozialistischen Planwirtschaften, in: H.J. Thieme, Hg., Geldtheorie. Entwicklung, Stand und systemvergleichende Analyse, 2. A., Baden-Baden 1987, S. 263-294.

CASSEL, D. (1985,2), Funktionen der Schattenwirtschaft im Koordinationsmechanismus der Marktwirtschaft und der Zentralverwaltungswirtschaft. Diskussionsbeitrag Nr. 79 der Universität - Gesamthochschule Duisburg, Duisburg 1985.

CASSEL, D.; CASPERS, A. (1984), Inflationsbedingte Vermögensumverteilung in alternativen Wirtschaftssystemen, in: H.G. Krüsselberg, Hg., Vermögen im Systemvergleich, Stuttgart 1984, S. 105-120.

CASSEL, D.; SCHUBERT, M. (1979), Außenwirtschaftlich induzierte Instabilitäten, in: H.J. Thieme, Hg., Gesamtwirtschaftliche Instabilitäten im Systemvergleich, Stuttgart 1979, S. 187-202.

CASSEL, D.; THIEME, H.J. (1976), Verteilungswirkungen von Preis- und Kassenhaltungsinflation, in: D. Cassel; H.J. Thieme, Hg., Einkommensverteilung im Systemvergleich, Stuttgart 1976, S. 101-121.

CHAREMZA, W.; GRONICKI, M.; QUANDT, R.E. (1988), Modelling Parallel Markets in Centrally Planned Economies. The Case of the Automobile Market in Poland, in: European Economic Review, 32, S. 861-883.

CLAASSEN, E.-M. (1970), Grundlagen der Geldtheorie, 2. A., Berlin 1980.

CLOWER, R.W. (1963), Die keynesianische Gegenrevolution: eine theoretische Kritik, in: Schweizerische Zeitschrift für Volkswirtschaft und Statistik, 99, S. 8-31; wieder abgedruckt in: H. Hagemann; H.D. Kurz; W. Schäfer, Hg., Die Neue Makroökonomie. Marktungleichgewicht, Rationierung und Beschäftigung, Frankfurt 1981, S. 37-59.

COLLIER, J.L.; PAPELL, D.H. (1988), About Two Markets: Refugees and the Exchange Rate before the Berlin Wall, in: The American Economic Review, Papers and Proceedings, 78, S. 531-542.

CUDDINGTON, J.T. (1982), Currency Substitution, Capital Mobility and Money Demand, Seminar Paper No. 216, Institute for International Economic Studies, University of Stockholm, Stockholm 1982.

CULBERTSON, W.P.; AMACHER, R.C. (1978), Inflation in the Planned Economies: Some Estimates for Eastern Europe, in: Southern Economic Journal, 45, S. 380-393.

DDR-HANDBUCH (1979), Bundesministerium für innerdeutsche Beziehungen, Hg., 2 Bde., 3. A., Köln 1985.

DERIX, H.-H.; HAENDCKE-HOPPE, M. (1987), Die Außenwirtschaftssysteme, in: Bundesministerium für innerdeutsche Beziehungen, Hg., Materialien zum Bericht zur Lage der Nation im geteilten Deutschland 1987, Bonn 1987, S. 205-223.

DER SPIEGEL (1987), DDR. Heimlicher Handel, 41, Nr. 6 vom 2. 2. 1987, S. 90-92.

DEUTSCHE BUNDESBANK, Geschäftsberichte der Deutschen Bundesbank (1977; 1978).

DEUTSCHE BUNDESBANK, Statistische Beihefte zu den Monatsberichten der Deutschen Bundesbank, Reihe 5: Die Währungen der Welt, August 1986.

DEUTSCHE SPARKASSENZEITUNG (1987), Hoffen am Goldmarkt, 50, Nr. 19 vom 10. 3. 1987, S. 1.

DEVISENGESETZ der DDR vom 19. Dezember 1973 und seine fünf DURCHFÜHRUNGSVERORDNUNGEN, GB 1/1973, Nr. 58, S. 574-577, S. 579-590.

DIECH, U. (1985), Außenwirtschaft und Außenhandel, in: Bundesministerium für innerdeutsche Beziehungen, Hg., DDR-Handbuch (1979), 3. A., Köln 1985, S. 122-131.

DORNBUSCH, R. (1980), Open Economy Macroeconomics, New York 1980.

DORNBUSCH, R.; FISCHER, S. (1978), Macroeconomics, 3. A., Auckland 1984.

DORNBUSCH, R.; DANTAS, D.V.; PECHMAN, C.; DE REZENDE ROCHA, R.; SIMOES, D. (1983), The Black Market for Dollars in Brazil, in: The Quarterly Journal of Economics, 98, S. 25-40.

DUWENDAG, D.; u.a. (1974), Geldtheorie und Geldpolitik, 3. A., Köln 1985.

DZIENNIK LODZKI, Waluta - oficjalnie i "na czarno", Lodz 1988.

EHLERT, W.; KOLLOCH, K.; SCHLIESSER, W.; TANNERT, K. (1982), Geldzirkulation und Kredit im Sozialismus, Berlin (Ost) 1982.

EL-ERIAN, M.A. (1987), Fremdwährungseinlagen in Entwicklungsländern, in: Finanzierung & Entwicklung, 24, S. 38-40.

EL-ERIAN, M.A. (1988), Currency Substitution in Egypt and the Yemen Arab Republic. A Comparative Quantitative Analysis, in: International Monetary Fund Staff Papers, 35, S. 85-103.

EL-SHAGI, E.-S. (1987), Schattenwechselkurs. Probleme seiner Festlegung bei Entwicklungsprojekten, in: Wirtschaftswissenschaftliches Studium, 16, S. 309-311.

FASANO-FILHO, U. (1986), Currency Substitution and the Demand for Money: The Argentine Case, 1960-1976, in: Weltwirtschaftliches Archiv, 122, S. 327-339.

FAZ, Frankfurter Allgemeine vom 28. 07. 1987, 39, Nr. 171, Ungarn: Devisen-Schwarzmarkt, S. 11.

FEIGE, E. (1967), Expectations and Adjustments in the Monetary Sector, in: American Economic Review, 57, S. 462-473.

FELTENSTEIN, A.; FARHADIAN, Z. (1987), Fiscal Policy, Monetary Targets, and the Price Level in a Centrally Planned Economy: An Application to the Case of China, in: Journal of Money, Credit, and Banking, 19, S. 137-156.

FILC, W. (1987), Bestandsorientierte Wechselkurstheorien und Wirtschaftspolitik, in: Kredit und Kapital, 20, S. 48-72.

FINK, G.; et al. (1987), Die Wirtschaft in den RGW-Ländern und in Jugoslawien 1986/87, Sonderdruck aus: Monatsberichte des Österreichischen Instituts für Wirtschaftsforschung, Nr. 5, Wien 1987.

FRENKEL, J.A. (1976), A Monetary Approach to the Exchange Rate: Doctrinal Aspects and Empirical Evidence, in: Scandinavian Journal of Economics, 78, S. 200-224; wieder abgedruckt in: J.A. Frenkel; H.G. Johnson, eds., The Economics of Exchange Rates, Reading 1978, S. 1-25.

FRENKEL, J.A. (1977), The Forward Exchange Rate, Expectations and the Demand for Money: The German Hyperinflation, in: American Economic Review, 67, S. 653-670.

FRIEDMAN, M. (1953), The Case for Flexible Exchange Rates, in: M. Friedman, Essays in Positive Economics, Chicago 1953, S. 157-203.

FRIEDMAN, M. (1956), The Quantity of Money - A Restatement, in: M. Friedman, ed., Studies in the Quantity Theory of Money, Chicago 1956, S. 3-21; deutsch: Die Quantitätstheorie des Geldes: Eine Neuformulierung, in: M. Friedman, Die optimale Geldmenge und andere Essays, Frankfurt 1976, S. 77-99.

GABRISCH, H. (1983), Polens Krise und außenwirtschaftliche Entwicklung, Hamburg 1983.

GABRISCH, H. (1986), Polen 1985/86. Neue Stagnationstendenzen, in: K. Bolz, Hg., Die wirtschaftliche Entwicklung in den sozialistischen Ländern Osteuropas zur Jahreswende 1985/86, Hamburg 1986, S. 108-152.

GALASI, P. (1984), Schattenwirtschaft, Staat und Beschäftigung in den sozialistischen Ländern Osteuropas - eine ordnungspolitische Betrachtung, in: K. Gretschmann; R.G. Heinze; B. Mettelsiefen, Hg., Schattenwirtschaft. Wirtschafts- und sozialwissenschaftliche Aspekte, internationale Erfahrungen, Göttingen 1984, S. 230-242.

GARLAND, J. (1986), FRG-GDR Economic Relations, in: Joint Economic Committee Congress of the United States, East European Economies: Slow Growth in the 1980's, Vol. 3, Washington D.C. 1986, S. 169-206.

GAZETA BANKOWA, Warschau 1988.

GESETZ ZUR ÄNDERUNG UND ERGÄNZUNG DES DEVISENGESETZES der DDR vom 22. Juni 1979, GB/I, Nr. 17, S. 147 f.

GIRTON, L.; ROPER, D. (1981), Theory and Implications of Currency Substitution, in: Journal of Money, Credit, and Banking, 13, S. 12-30.

GLOWNY URZAD STATYSTYCZNY, ROCZNIK STATYSTYCZNY, laufende Jahrgänge, Warschau.

GLOWNY URZAD STATYSTYCZNY, MALY ROCZNIK STATYSTYCZNY, Warschau 1985.

GROSSMAN, G. (1977), The "Second Economy" of the USSR, in: Problems of Communism, 26, S. 25-40; wieder abgedruckt in: M. Bornstein, ed., Comparative Economic Systems: Models and Cases, Homewood 1965, 5. A. 1985, S. 220-241.

GROSSMAN, G. (1984), Die "zweite Wirtschaft" und die sowjetische Wirtschaftsplanung, Bundesinstitut für ostwissenschaftliche und internationale Studien, Bericht Nr. 6, Köln 1984.

GUPTA, S. (1980), An Application of the Monetary Approach to Black Market Exchange Rates, in: Weltwirtschaftliches Archiv, 11, S. 235-252.

GUTMANN, G. (1986), Geld und Währung im Wirtschaftssystem der DDR, in: Politik und Kultur, 13, S. 51-78.

GWIAZDA, A. (1986), Das Währungssystem der RGW-Länder, in: Aus Politik und Zeitgeschichte. Beilage zur Wochenzeitung Das Parlament, B 4/86 vom 25. Jan. 1986, S. 28-37.

HAFFNER, F. (1985), Ist die Schattenwirtschaft ein Reformansatz? Das Verhältnis der Wirtschaftsreformen in Osteuropa zur Schattenwirtschaft, in: DIW - Vierteljahresheft, 2, 1985, S. 177-187.

HAGEMANN, H.; KURZ, H.D.; SCHÄFER, W. (1981), Hg., Die Neue Makroökonomie. Marktungleichgewicht, Rationierung und Beschäftigung, Frankfurt 1981.

HARTWIG, K.-H. (1982), Output- und Beschäftigungseffekte einkommens- und währungspolitischer Maßnahmen in sozialistischen Planwirtschaften: Ein rationierungstheoretischer Ansatz, in: Zeitschrift für Wirtschafts- und Sozialwissenschaften, 102, S. 363-380.

HARTWIG, K.-H. (1983), Involuntary Liquid Assets in Eastern Europe: Some Critical Remarks, in: Soviet Studies, 35, S. 103-105.

HARTWIG, K.-H. (1985), Theoretische und empirische Ansätze zur Bestimmung der Geldnachfrage in sozialistischen Planwirtschaften, in: H.J. Thieme, Hg., Geldtheorie. Entwicklung, Stand und systemvergleichende Anwendung, 2. A., Baden-Baden 1987, S. 241-261.

HARTWIG, K.-H. (1987,1), Monetäre Steuerungsprobleme in sozialistischen Planwirtschaften, Stuttgart 1987.

HARTWIG, K.-H. (1987,2), Geldnachfrage in sozialistischen Planwirtschaften: Polen 1950-1984, in: Kredit und Kapital, 20, S. 378-401.

HARTWIG, K.-H.; THIEME, H.J. (1979), Schwankungen von Geldmenge, Umlaufgeschwindigkeit und Inflationsrate: Diagnose und Meßprobleme in unterschiedlichen Wirtschaftssystemen, in: H.J. Thieme, Hg., Gesamtwirtschaftliche Instabilitäten im Systemvergleich, Stuttgart 1979, S. 97-115.

HARTWIG, K.-H.; THIEME, H.J. (1984), Determinanten der Vermögensstruktur und Anpassungsprozesse im Systemvergleich, in: H.G. Krüsselberg, Hg., Vermögen im Systemvergleich, Stuttgart 1984, S. 89-120.

HARTWIG, K.-H.; THIEME, H.J. (1985), Determinanten des Geld- und Kreditangebots in sozialistischen Planwirtschaften, in: H.J. Thieme, Hg., Geldtheorie. Entwicklung, Stand und systemvergleichende Anwendung, 2. A., Baden-Baden 1987, S. 217-239.

HB, Handelsblatt vom 2. 4. 1987, 44, Nr. 65, Ungarn. Wertpapiere werden immer populärer. Gibt es schon bald eine Börse in Budapest?, S. 23.

HERI, E.W. (1986), Die Geldnachfrage. Theorie und empirische Ergebnisse für die Schweiz, Berlin 1986.

HOLZMAN, F.D. (1965), A Comparative View of Foreign Trade Behavior: Market versus Centrally Planned Economies, in: M. Bornstein, ed., Comparative Economic Systems. Models and Cases, 5. A., Homewood 1985, S. 367-386.

HOLZMAN, F.D. (1979), Some Systemic Factors Contributing to the Convertible Currency Shortages of Centrally Planned Economies, in: American Economic Review, Papers and Proceedings, 69, S. 76-80.

HOWARD, D.H. (1976), The Disequilibrium Model in a Controlled Economy: An Empirical Test of the Barro-Grossman Model, in: American Economic Review, 66, S. 871-879.

HOWARD, D.H. (1979), The Disequilibrium Model in a Controlled Economy, Lexington 1979.

HÜBNER, R. (1986), Die Struktur des Bankensystems und die Sparkassen in der DDR, in: Sparkasse, 103, S. 347-351.

INTERNATIONAL MONETARY FUND. ANNUAL REPORT ON EXCHANGE ARRANGEMENTS AND EXCHANGE RESTRICTIONS 1987, Washington D.C. 1987.

JANSEN, P. (1982), Das Inflationsproblem in der Zentralverwaltungswirtschaft, Stuttgart 1982.

JOHNSON, H.G. (1972), The Case for Flexible Exchange Rates, 1969, in: H.G. Johnson, Further Essays in Monetary Economics, London 1972, S. 198-222.

JOINES, D.H. (1985), International Currency Substitution and the Income Velocity of Money, in: Journal of International Money and Finance, 4, S. 303-316.

JUDD, J.P.; SCADDING, J.L. (1982), The Search for a Stable Money Demand Function: A Survey of the Post-1973 Literature, in: Journal of Economic Literature, 20, S. 993-1023.

KATSENELINBOIGEN, A. (1977), Coloured Markets in the Soviet Union, in: Soviet Studies, 29, S. 62-85.

KEYNES, J.M. (1936), The General Theory of Employment, Interest, and Money, London 1936.

KING, D.T.; PUTNAM, B.H.; WILFORD, D.S. (1978), A Currency Portfolio Approach to Exchange Rate Determination: Exchange Rate Stability and the Independence of Monetary Policy, in: B.H. Putnam; D.S. Wilford, eds., The Monetary Approach to International Adjustment, New York 1978.

KISS, T. (1968), Einige Fragen der internationalen Arbeitsteilung und des Wirtschaftswachstums, in: G. Kohlmey, Hg., Außenwirtschaft und Wachstum. Theoretische Probleme des ökonomischen Wachstums im Sozialismus und Kapitalismus, Bd. III, Berlin (Ost) 1968, S. 256-280.

KOHLMEY, G. (1968), Bemerkungen zur Theorie der komparativen Vorteile im Außenhandel, in: G. Kohlmey, Hg., Außenwirtschaft und Wachstum. Theoretische Probleme des ökonomischen Wachstums im Sozialismus und Kapitalismus, Bd. III, Berlin (Ost) 1968, S. 19-45.

KOLODKO, G.W.; MC MAHON, W.W. (1987), Stagflation and Shortageflation: A Comparative Approach, in: Kyklos, 40, S. 176-197.

KONSTANTINOV, I. (1983), The Transferable Ruble: The Currency of the Socialist Community, Übers. a. d. Russ., in: Problems of Economics, 36, S. 71-96.

KORNAI, J. (1980), Economics of Shortage, 2 Bde., Amsterdam 1980.

KORNAI, J. (1982), Growth, Shortage and Efficiency. A Macrodynamic Model of the Socialist Economy, Berkeley 1982.

KORNAI, J. (1986), Contradictions and Dilemmas. Studies on the Socialist Economy and Society, Übers. a. d. Ung., Cambridge, Mass. 1986.

KOSTRZEWA, W. (1987), Devisenschwarzmarkt in Polen - Seine Eigenschaften, sein Modell und seine Bedeutung für die polnische Wirtschaft, in: Institut für Weltwirtschaft an der Universität Kiel. Böttcher Stiftung Hamburg, Hg., Aufsatzwettbewerb Wirtschaftspolitik 1986, Kiel 1987, S. 5-47.

KOWALSKY, J.S. (1986), Rational Expectations of Economic Agents in Centrally Planned Economies - Do They Exist, How They Affect the Functioning of Economic Systems, in: Jahrbuch für Sozialwissenschaft, 37, S. 84-104.

KÜHNE, H.-D. (1968), Die Marxsche Theorie von der Funktion des Geldes als Weltgeld und deren Bedeutung für die Gestaltung und Beurteilung der Außenwirtschaftsprozesse in der Gegenwart, in: G. Kohlmey, Hg., Außenwirtschaft und Wachstum. Theoretische Probleme des ökonomischen Wachstums im Sozialismus und Kapitalismus, Bd. III, Berlin (Ost) 1968, S. 155-172.

KUSCHPETA, O. (1978), The Banking and Credit System of the USSR, Leiden 1978.

LAIDLER, D.E.W. (1969), The Demand for Money. Theories, Evidence, and Problems, 3. A., New York 1985.

LAMBRECHT, H. (1987), Die Wirtschaftsbeziehungen zwischen beiden deutschen Staaten, in: Bundesministerium für innerdeutsche Beziehungen, Hg., Materialien zum Bericht zur Lage der Nation im geteilten Deutschland 1987, Bonn 1987, S. 626-635.

LANEY, L.O.; RADCLIFFE, C.D. ; WILLETT, T.D. (1984), Currency Substitution: Comment, in: Southern Economic Journal, 50, S. 1196-1200.

LANGFELDT, E.; LEHMENT, H. (1980), Welche Bedeutung haben "Sonderfaktoren" für die Erklärung der Geldnachfrage in der Bundesrepublik Deutschland?, in: Weltwirtschaftliches Archiv, 116, S. 669-684.

LENIN, W.I. (1960), Zentralisierung des Finanzwesens, in: Lenin Werke, Bd. 27, Berlin (Ost) 1960, S. 378.

LEVCHUK, I. (1979), Money Circulation and the Role of Money under Socialism, Übers. a. d. Russ., in: Problems of Economics, 22, S. 71-87.

LEXIKON DER WIRTSCHAFT. FINANZEN (1986), W. Ehlert; H. Dietrich; G. Gebhardt; K. Tannert, Hg., Berlin (Ost) 1986.

LIESEL-TRIEBNIGG, E. (1984), Die Handhabung des Außenhandelsmonopols in der DDR, in: K. Erdmann, Hg., Wirtschaftsverfassung und Wirtschaftspolitik in der DDR, Berlin 1984, S. 179-187.

LOEF, H.-E. (1982), Geldnachfrage in einer offenen Volkswirtschaft: Bundesrepublik Deutschland 1970-1979, in: Kredit und Kapital, 15, S. 517-537.

LOHMANN, K.-E. (1986), Ökonomische Anreize im Staatssozialismus. Warteschlangen - geheime Reserven - Prämien, Berlin 1986.

LUCAS, R.E. (1972), Expectations and the Neutrality of Money, in: Journal of Economic Theory, 4, S. 103-124.

LUCAS, R.E. (1973), Some International Evidence on Output-Inflation Tradeoffs, in: American Economic Review, 63, S. 326-334.

MACHOWSKI, H. (1984), Aktuelle Probleme der Währungspolitik der RGW-Staaten, in: H. Besters, Hg., Währungspolitik auf dem Prüfstand, Baden-Baden 1984, S. 154-170.

MAIER, G. (1987), Die inlandswirksame Geldmenge in einer interdependenten Welt. Eine Untersuchung zur Abgrenzung der Geldmenge einer offenen Volkswirtschaft bei flexiblen Wechselkursen durchgeführt am Beispiel der Bundesrepublik Deutschland, Berlin 1987.

MAIER, H. (1987), Radikale gegen Technokraten. Der Kampf um die Reform der sowjetischen Wirtschaft ist noch nicht entschieden, in: Die Zeit, 42, Nr. 38 vom 11. 9. 1987, S. 32-33.

MALINVAUD, E. (1977), The Theory of Unemployment Reconsidered, Oxford 1977.

MARX, K. (1953), Grundrisse der Kritik der politischen Ökonomie (Rohentwurf) 1857-1858. Anhang 1850-1859, Berlin (Ost) 1953.

MARX, K. (1973), Der auswärtige Handel, in: F. Engels, Hg., Karl Marx. Das Kapital. Kritik der politischen Ökonomie, 3. Bd., Buch III: Der Gesamtprozeß der kapitalistischen Produktion, in: Karl Marx, Friedrich Engels Werke, Bd. 25, Berlin (Ost) 1973, S.247-250.

MATEJKA, H. (1974), Convertibility in East Europe, in: Annals of International Studies, 5, S. 175-190.

MC KINNON, R.I. (1979), Money in International Exchange. The Convertible Currency System, New York 1979.

MC KINNON, R.I. (1982), Currency Substitution and Instability in the World Dollar Standard, in: American Economic Review, 72, S. 320-333.

MILES, M.A. (1978,1), Currency Substitution: Perspective, Implications, and Empirical Evidence, in: B.H. Putnam; D.S. Wilford, eds., The Monetary Approach to International Adjustment, New York 1978, S. 170-183.

MILES, M.A. (1978,2), Currency Substitution, Flexible Exchange Rates, and Monetary Independence, in: American Economic Review, 68, S. 428-436.

MISALA, J. (1988), Inoffizielle Außenwirtschaftsbeziehungen. Symposium Inflation und Schattenwirtschaft im Sozialismus vom 08.09.1988, Universität Duisburg Gesamthochschule, Duisburg 1988.

MUELLBAUER, J.; PORTES, R. (1978), Macroeconomic Models with Quantity Rationing, in: Economic Journal, 88, S. 788-821.

MURPHY, R.G.; VAN DUYNE, C. (1980), Asset Market Approaches to Exchange Rate Determination: A Comparative Analysis, in: Weltwirtschaftliches Archiv, 116, S. 627-656, wieder abgedruckt in: Reprint Series, Nr. 152, Institute for International Economic Studies, Stockholm 1980.

NAWROCKI, J. (1987), DDR-Währung. Der Kurs ging in den Keller, in: Die Zeit, 42, Nr.6 vom 30. 1. 1987, S. 29.

NELDNER, M. (1987), Currency Substitution in West Germany. An Empirical Estimation of the Substitution Effect Using Slutsky-Elasticities, in: Journal of Institutional and Theoretical Economics, 143, S. 630-642.

NOWAK, M. (1984), Quantitative Controls and Unofficial Markets in Foreign Exchange: A Theoretical Framework, in: International Monetary Fund Staff Papers, 31, S. 404-435.

NOWAK, M. (1985), Schwarzmärkte für Devisen, in: Finanzierung & Entwicklung, 22, S. 20-23.

OECD (1985), Recent Trends in the International Financial Situation of Eastern Europe, in: Financial Market Trends, 30, S. 15-45.

O'HEARN, D. (1980), The Consumer Second Economy: Size and Effects, in: Soviet Studies, 32, S. 218-234.

ORTIZ, G. (1983), Dollarization in Mexico: Causes and Consequences, in: A. Armella; R. Dornbusch; M. Obstfeld, eds., Financial Policies and the World Capital Market: The Problem of Latin American Countries, Chicago 1983, S. 71-95.

PAWILNO-PACEWICZ, J. (1986), Messungsprobleme der Kassenhaltungsinflation in Polen. Ein kritischer Überblick. Arbeitsbericht Nr. 2 zum Forschungsprojekt "Gesamtwirtschaftliche Steuerungsprobleme in Marktwirtschaften und Planwirtschaften", Universität – Gesamthochschule Duisburg und SGPiS Warschau, Duisburg 1986.

PICKERSGILL, J. (1970), A Long-Run Demand Function for Money in the Soviet Union, in: Journal of Money, Credit, and Banking, 2, S. 123-131.

PICKERSGILL, J. (1976), Financial Planning in the Soviet Economy, in: J. Thornton, ed., Economic Analysis of the Soviet-Type System, Cambridge 1976, S. 141-155.

PICKERSGILL, J. (1982), Die Politische Ökonomie der sowjetischen Inflation, Übers. a. d. Engl., in: H. Vogel, Hg., Wirtschaftsprobleme Osteuropas in der Analyse. Ausgewählte Beiträge zum zweiten Weltkongress für Sowjet- und Osteuropastudien, Berlin 1982, S. 65-90.

POLKOWSKI, A. (1987), Polen. Erst die Beteiligung von Privatpersonen an Devisenversteigerungen macht einen Devisenmarkt möglich. Mehr Verkaufsangebote für Devisenanrechte, in: Handelsblatt, 44, Nr. 209 vom 30/31. 10. 1987, S. 12.

PORTES, R. (1976), Macroeconomic Equilibrium and Disequilibrium in Centrally Planned Economies, Discussion Paper in Economics, No. 45, Birbeck College, London 1976.

PORTES, R. (1981), Macroeconomic Equilibrium and Disequilibrium in Centrally Planned Economies, in: Economic Inquiry, 19, S. 559-578.

PORTES, R.; WINTER, D. (1978), The Demand for Money and for Consumption Goods in Centrally Planned Economies, in: Review of Economics and Statistics, 50, S. 8-18.

PORTES, R.; SANTORUM, A. (1987), Money and the Consumption Goods Market in China, in: Journal of Comparative Economics, 11, S. 354-371.

RAMIREZ-ROJAS, C.L. (1985), Currency Substitution in Argentina, Mexico, and Uruguay, in: International Monetary Fund Staff Papers, 32, S. 629-667.

RAMIREZ-ROJAS, C.L. (1986), Währungssubstitution in Entwicklungsländern, in: Finanzierung & Entwicklung, 23, S. 35-38.

RICARDO, D. (1817), On the Principles of Political Economy and Taxation, London 1817, deutsch: F. Neumark, Hg., David Ricardo. Grundsätze der politischen Ökonomie und der Besteuerung, Frankfurt 1972.

ROSE, K. (1963), Theorie der Außenwirtschaft, 9. A., München 1986.

SACHVERSTÄNDIGENRAT, Jahresgutachten (1978/79) zur Begutachtung der gesamtwirtschaftlichen Entwicklung.

SAURMAN, D.S. (1986), Currency Substitution, the Exchange Rate, and the Real Interest Rate (Non)Differential: Shipping the Bad Money In, in: Journal of Money, Credit, and Banking, 18, S. 512-518.

SCHLIESSER, W.; ZUFELDE, U. (1985), Zu den Funktionen des Geldes in der sozialistischen Planwirtschaft, in: Wirtschaftswissenschaft, 33, S. 692-712.

SCHMIDT, P.-G. (1985), Internationale Währungspolitik in sozialistischen Staaten, Stuttgart 1985.

SCHMITT, M. (1980), Zur Problematik der Ostwährungen und der Konvertierbarkeit des Rubel, in: Wirtschaftspolitische Chronik, 29, S. 193-221.

SCHULZ, H.-D. (1979), Vor dem Einkauf schnell zur Bank: Zur Einführung der Intershop-Gutscheine, in: Deutschland Archiv, 12, S. 451-453.

SCHUMANN, J. (1977), Außenhandel, III: Wohlfahrtseffekte, in: W. Albers; u.a., Hg., Handwörterbuch der Wirtschaftswissenschaft, Bd. 1, Stuttgart 1977, S. 403-426.

SELL, E. (1981), Vermögens- und erwartungstheoretische Kritik dynamischer Finanzmarktmodelle der Wechselkurserklärung, Frankfurt 1981.

SELL, E.; THIEME, H.J. (1980), Nebenwährungen bei zentraler Planung des Wirtschaftsprozesses, in: A. Schüller; U. Wagner, Hg., Außenwirtschaftspolitik und Stabilisierung von Wirtschaftssystemen, Stuttgart 1980, S. 127-141.

SEVERA, B.D. (1977), Banken und Kredit in den Staatshandelsländern, in: Die Bank, 17, S. 32-37.

SEVERA, B.D. (1983), Funktion der Wechselkurse in den COMECON-Ländern, in: Die Bank, 23, S. 152-156.

SHAMS, R. (1985), Wechselkurstheorie und -politik, München 1985.

SHEIK, M.A. (1976), Black Market for Foreign Exchange, Capital Flows and Smuggling, in: Journal of Development Economics, 3, S. 9-26.

SMITH, A.H. (1983), The Planned Economies of Eastern Europe, London 1983.

STATISTISCHES BUNDESAMT. Länderberichte, mehrere Jahrgänge.

STATISTISCHES JAHRBUCH DER DEUTSCHEN DEMOKRATISCHEN REPUBLIK 1985.

STEUER- UND ZOLLBLATT BERLIN, laufende Jahrgänge.

STRUMINSKI, J. (1987), Devisen-"Handel" unter den Ostblock-Firmen. Bis hin zur Nötigung, in: Handelsblatt, 44, Nr. 103 vom 1. 6. 1987, S. 2.

SZ, Süddeutsche Zeitung vom 6. 4. 1987, DDR-Rentner wegen Geldschmuggels verurteilt, 43, Nr. 80, S. 2.

SZ, Süddeutsche Zeitung vom 7. 7. 1987, 43, Nr. 152, Umtauschbeschränkung der DDR bedauert, S. 1 f.

TAIGNER, S. (1987), Polens Second Economy, in: Osteuropa Wirtschaft, 32, S. 107-121.

TANZI, V.; BLEJER, M.I. (1982), Inflation, Interest Rate Policy, and Currency Substitutions in Developing Economies: A Discussion of Some Major Issues, in: World Development, 10, S. 781-789.

THIEME, H.J. (1977), Gesamtwirtschafliche Instabilitäten: Erscheinungsformen, Ursachen und Konzepte ihrer Bekämpfung, in: H. Hamel, Hg., Bundesrepublik Deutschland - DDR. Die Wirtschaftssysteme, 4. A., München 1983, S. 262-337.

THIEME, H.J. (1980), Probleme der Definition und Messung von Inflationen in Systemen zentraler Planung, in: K.-E. Schenk, Hg., Lenkungsprobleme und Inflation in Planwirtschaften, Berlin 1980, S. 45-70.

THIEME, H.J. (1983), Geldpolitik im Wirtschaftssystem der DDR, in: G. Gutmann, Hg., Basisbereiche der Wirtschaftspolitik in der DDR. Geld-, Finanz- und Preispolitik, Asperg 1983, S. 187-212.

THIEME, H.J. (1985), Produktions- und Beschäftigungseffekte monetärer Impulse in sozialistischen Planwirtschaften, in: H.J. Thieme, Hg., Geldtheorie. Entwicklung, Stand und systemvergleichende Anwendung, 2. A., Baden-Baden 1987, S. 295-318.

TOBIN, J. (1958), Liquidity Preference as Behavior towards Risk, in: Review of Economic Studies, 25, S. 65-86.

TOBIN, J. (1963), An Essay on the Principles of Debt Management, in: W. Fellner; u.a., eds., Fiscal and Debt Management Policies, Englewood Cliffs 1963, S. 143-218; deutsch: Grundsätze der Staatsschuldenpolitik, Baden-Baden 1978.

TOBIN, J. (1965), Theory of Portfolio Selection, in: F. Hahn; F.P.R. Brechling, eds., The Theory of Interest Rates, London 1965, S. 3-51.

VAN BRABANT, J.M. (1985), Eastern European Exchange Rates and Exchange Policies, in: Jahrbuch der Wirtschaft Osteuropas, 11, S. 123-171.

VANOUS, J. (1980), Private Foreign Exchange Markets in Eastern Europe and the USSR, Conference Paper, Research Conference on the Second Economy of the USSR. Kennan Institute for Advanced Russian Studies, Washington D.C. 1980.

VAUBEL, R. (1980), International Shifts in the Demand for Money, their Effects on Exchange Rates and Price Levels, and their Implications for the Preannouncement of Monetary Expansion, in: Weltwirtschaftliches Archiv, 116, S. 1-44.

VETO. Tygodnik Kazdego Konsumenta, 5, Nr. 125, 22. August 1986; 1987.

VOLLMER, F.U. (1986), Informations- und Veränderungskosten in makroökonomischen Transmissionsmodellen, Frankfurt 1986.

VORTMANN, H. (1987), Preise und Kaufkraft, in: Bundesministerium für innerdeutsche Beziehungen, Hg., Materialien zum Bericht zur Lage der Nation im geteilten Deutschland 1987, Bonn 1987, S. 506-519.

WANLESS, P.T. (1985), Inflation in the Consumer Goods Market in Poland, 1971-1982, in: Soviet Studies, 37, S. 403-416.

WILCZYNSKI, J. (1974), Das sozialistische Wirtschaftssystem. Grundsätze der zentralen Planwirtschaften in der UdSSR und in Osteuropa unter dem neuen System, Köln 1974.

WILCZYNSKI, J. (1978), Comparative Monetary Economics. Capitalist and Socialist Monetary Systems and Their Relations in the Changing International Scene, London 1978.

WILES, P. (1981), Die Parallelwirtschaft. Eine Einschätzung des systemwidrigen Verhaltens (SWV) im Bereich der Wirtschaft unter besonderer Berücksichtigung der UdSSR, Bundesinstitut für ostwissenschaftliche und internationale Studien, Köln 1981.

WINIECKI, J. (1984), Permanent Problems of Disequilibria and Shortage in Centrally-Planned Economies, in: Skandinaviska Enskilda Banken, Quarterly Review, 13, S. 95-102.

WIRTSCHAFTSWOCHE (1987), Polen. Tanz um Devisen, 41, Nr. 48 vom 21. 12. 1986, S. 45.

WOLF, T.A. (1985), Exchange Rate Systems and Adjustment in Planned Economies, in: International Monetary Fund Staff Papers, 32, S. 211-247.

WORLD CURRENCY YEARBOOK, ehemals PICKS CURRENCY YEARBOOK, laufende Jahrgänge, P.P. Cowitt, Hg., New York.

WYCZALKOWSKI, M.R. (1966), Communist Economies and Currency Convertibility, in: International Monetary Fund Staff Papers, 13, S. 155-197.

WYCZANSKI, P. (1985), Schwarzmarktdevisen in Polen 1980-1982, Übers. a. d. Poln., in: Osteuropa, 35, A. 275-279.

ZWASS, A. (1970), Konvertibilität im RGW-Raum? Vorschläge und Rückschläge, in: Konjunkturpolitik, 16, S. 367-394.

ZWASS, A. (1974), Zur Problematik der Währungsbeziehungen zwischen Ost und West, Wien 1974.

ZWASS, A. (1979), Money, Banking & Credit in the Soviet Union & Eastern Europe, London 1979.

Schriften zum Vergleich von Wirtschaftsordnungen

Band 41 · Herrmann-Pillath · **China – Kultur und Wirtschaftsordnung**
1989. In Vorbereitung

Band 39 · Hartwig · **Monetäre Steuerungsprobleme in sozialistischen Planwirtschaften**
1987. VI, 146 S., 14 Abb., 14 Tab., kt. DM 44,-

Band 38 · Leipold/Schüller · **Zur Interdependenz von Unternehmens- und Wirtschaftsordnung**
1986. X, 280 S., 5 Abb., 3 Tab., kt. DM 86,-

Band 37 · Paraskewopoulos · **Konjunkturkrisen im Sozialismus**
Eine ordnungstheoretische Analyse
1985. XIV, 207 S., 34 Abb., 21 Tab., kt. DM 72,-

Band 36 · Schmidt · **Internationale Währungspolitik im sozialistischen Staat**
1985. XII, 447 S., 56 Tab., kt. DM 48,-

Band 35 · Derix · **Säkulare Inflation, kompetitive Geldordnung und »unbeschränkte Demokratie«**
Zur Bedeutung und Problematik der politischen Theorie der Inflation F. A. v. Hayeks
1985. XIV, 630 S., 4 Abb., 17 Tab., kt. DM 118,-

Band 34 · Krüsselberg · **Vermögen im Systemvergleich**
1984. XIV, 269 S., 12 Abb., 30 Tab., kt. DM 69,-

Band 33 · Schüller/Leipold/Hamel · **Innovationsprobleme in Ost und West**
1983. X, 232 S., 14 Abb., 12 Tab., kt. DM 42,-

Band 32 · Feucht · **Theorie des Konkurrenzsozialismus**
1983. IV, 222 S., kt. DM 48,-

Band 31 · Jansen · **Das Inflationsproblem in der Zentralverwaltungswirtschaft**
Eine Untersuchung unter besonderer Berücksichtigung der Sowjetunion und der DDR
1982. X, 319 S., kt. DM 38,-

Band 30 · Gutmann · **Das Wirtschaftssystem der DDR**
Wirtschaftspolitische Gestaltungsprobleme
1983. X, 461 S., 15 Abb., 78 Tab., kt. DM 49,-

Band 29 · Müller · **Die Staatliche Finanzkontrolle der Industriebetriebe in der DDR**
1980. XII, 229 S., kt. DM 34,-

Preisänderungen vorbehalten

Ökonomische Studien

Band 39 · Bruns · **Die Unternehmerimmigration als wirtschaftspolitisches Instrument in Kanada**
1988. XII, 198 S., 4 Abb., 26 Tab., 11 Übersichten, kt. DM 42,-

Band 38 · Raba/Schenk · **Investment Systems and Foreign Trade Implications in Hungary**
1987. 260 pp., 28 fig. and tab., soft cover DM 44,-

Band 37 · Harders · **Arzneimittelforschung und Industrieorganisation – DDR und Ungarn im Vergleich**
1985. XXII, 367 S., 42 Tab., kt. DM 48,-

Band 36 · Schenk · **Wirtschaftsordnung, Industrieorganisation und Koordination – Theorien und Ländervergleiche**
1985. XII, 211 S., 15 Abb., kt. DM 46,-

Band 35 · Raba/Schenk · **Organization and Interaction Patterns in Hungarian Industry**
1984. XIV, 214 pp., 16 tab., soft cover DM 48,-

Band 34 · Schenk · **Vergleichende System- und Industriestudien – Ein „Institutional Choice"-Ansatz**
1983. XIV, 248 S., 18 Abb., 3 Tab., kt. DM 44,-

Band 33 · Wass v. Czege/Tchakhmakhtcheva · **Die sowjetische Außenhandelsbürokratie**
Struktur · Entscheidungsprozeß · Verhalten
1982. XX, 352 S., 12 Abb., 3 Tab., kt. DM 46,-

Band 32 · Schenk · **Studien zur politischen Ökonomie**
1982. X, 187 S., 7 Abb., kt. DM 54,-

Band 31 · Schoppe · **Die sowjetische Westhandelsstruktur – ein außenhandelstheoretisches Paradoxon?**
1981. XX, 264 S., 19 Abb., 88 Tab., kt. DM 64,-

Band 30 · Schenk/Wass v. Czege · **Strukturwandel durch Intersystemare Unternehmenskooperation**
Das Beispiel des ungarischen Werkzeugmaschinenbaus
1980. XIV, 185 S., 23 Tab., kt. DM 32,-

Preisänderungen vorbehalten.

Bei Fragen zur Produktsicherheit wenden Sie sich bitte an:
If you have any questions regarding product safety,
please contact:

Walter de Gruyter GmbH
Genthiner Straße 13
10785 Berlin
productsafety@degruyterbrill.com